Ingrid Kretz

Home Sweet Home

Überlebenstipps für die ersten eigenen vier Wände

Über die Autorin

Ingrid Kretz, Jahrgang 1959, ist verheiratet mit Jochen, hat vier Kinder und lebt mit ihrer Familie in Dillenburg/Hessen. Früher arbeitete sie als Arzthelferin und Sachbearbeiterin, heute ist sie Familienfrau. Sie engagiert sich in der „Frühstückstreffen für Frauen“-Arbeit und singt in zwei Chören. Bislang hat sie Artikel in „komm!“ und „Perspektive“ verfasst. 1999 erschien ihr erstes Buch „Du bist so mutig, Salome“ im Brockhaus-Verlag.

Ingrid Kretz

Home Sweet Home

Überlebenstipps
für die ersten eigenen vier Wände

Gerth Medien

Die nachfolgenden Tipps und Informationen erheben selbstverständlich keinen Anspruch auf Vollständigkeit. Ebenso wird für gemachte Angaben, Hinweise, Rezepte und Internetadressen keine Haftung übernommen.

1. Auflage 2008
Bestell-Nr. 816 303
ISBN 978-3-86591-303-6
Umschlaggestaltung: Immanuel Grapentin
Umschlagfoto: Shutterstock
Illustrationen: Detlef Mueller
Bearbeitung: Nicole Schol
Satz: Die Feder GmbH, Wetzlar
Druck und Verarbeitung: Westermann Druck, Zwickau
Printed in Germany

Inhalt

Schmeckt nicht, gibt's nicht
Oder: Hier kocht der Chef!

Working at the Carwash
Oder: Rund um den (ersten) Job

Born to be wild
Oder: Was wirst du nun tun?

Für meine Kinder

Felix
Kim Stephanie
Salome
Laura-Sophie

„Ich aber bringe allen, die zu mir gehören,
das Leben – und dies im Überfluss."
Johannes 10,10

Vorwort

Die Idee zu diesem Buch wurde geboren, als meine Tochter irgendwann einmal meinte: „Mutti, wenn ich mal ausziehe, möchte ich deine Rezepte mitnehmen!" Ursprünglich wollte ich den Rezepten dann nur noch ein paar Informationen anfügen – aber plötzlich lag ein ganzes Buch vor mir.

Wenn du dich in das Abenteuer „Erste eigene Wohnung" stürzen willst, siehst du dich zweifellos mit vielen Fragen konfrontiert – aber ich hoffe, dass du auf viele davon in diesem Buch eine Antwort findest.

Das Besondere an diesem Buch ist, dass es eine ungewöhnliche Mischung ist aus

- ✗ praktischem Handbuch für den Alltag,
- ✗ Informationen zur gesunden Ernährung sowie Rezepten
- ✗ und Impulsen für das Leben.

Die sich bereits auf dem Buchmarkt befindenden mehr oder minder lustigen Ratgeber für die Zeit nach dem „Hotel Mama" beschränken sich mehr auf die praktische Seite. Mein Buch geht darüber hinaus und möchte noch andere Impulse geben: Es soll dich inspirieren, dein Leben in den ersten eigenen vier Wänden in den Griff zu bekommen, dein Bestes zu geben und dich an Gottes Maßstäben zu orientieren. Falls du deiner Mutter – oder deinem Vater – in den vergangenen Jahren immer mal wieder über die Schulter geschaut hast, sind einige der Tipps vermutlich alte Bekannte, aber du wirst hoffentlich doch auch vieles entdecken, das du bislang nicht wusstest.

Wenn du das hier liest, willst du deinen einmaligen, individuellen Weg gehen und bist aus dem Hotel Mama ausgecheckt (oder hast zumindest schon angekündigt, dass du dies tun willst). Ich wünsche dir, dass du deinen eigenen Stil findest, ein aktives und faszinierendes Leben zu führen. Die Infos und Gedanken in diesem Buch sollen eine Anregung sein, wie du dein Leben bewusst und mit fröhlicher Gelassenheit meistern kannst.

Ein chinesisches Sprichwort besagt: „Der Himmel ist eckig, die Erde ist rund." Im übertragenen Sinn kannst du deine „vier Ecken" zu einem Ort machen, an dem du dich „himmlisch" fühlen darfst. Es ist dein Zuhause, dein Ort der Entspannung – deine Chance, dass es eine runde Sache wird.

Viel Freude beim Lesen und Leben wünscht dir

Ingrid Kretz

Abschied vom Hotel Mama

„Leben – ich komme!" Ein erwartungsvolles Gefühl macht sich spätestens nach Ende deiner Pubertät in dir breit – du kannst die Welt auf deine ganz eigene, individuelle Art und Weise verändern! Du bist unverwechselbar und voller Energie. Du willst allen zeigen, dass das Leben nur darauf wartet, von dir erforscht zu werden! Niemand lächelt morgens mehr mitleidig, wenn du dir einen besonderen Cocktail aus Tomatensaft, Eigelb, Salz und Pfeffer rührst ... Außerdem werden Mama und Papa endlich aufhören, an dir herumzuerziehen. Spätestens jetzt muss damit Schluss sein!

Die zweite, unsichtbare Nabelschnur ist durchtrennt. Es ist Zeit auszuziehen! Wie oft hast du davon geträumt, dich in deinen eigenen vier Wänden lässiger, bunter, geschmackvoller, individueller und weniger kleinstädtisch einzurichten?! Während du noch gedanklich über selbstgezimmerten Wolken schwebst, kippst du dein Portemonnaie aus. Kassensturz. „Was ist finanziell überhaupt drin? Was brauche ich? Und muss ich irgendetwas beachten, wenn ich ein eigenverantwortliches Leben führen möchte?"

Dieses Buch bietet dir praktische Tipps rund ums Wohnen, Kochen und das zwischenmenschliche Miteinander. Ob es nun die Frage nach dem richtigen Outfit bei einem wichtigen Anlass ist oder wie du deine „künstlerische" Wohnung in wenigen Minuten „besuchertauglich" trimmst oder wie chillen auch noch in deinem vollgepackten Timeplaner möglich ist: Hier kannst du alles nachschlagen. Auch ein paar Kapitel über Gott und die Welt findest du in diesem Buch. Ob du nun Christ bist oder nicht: Ich möchte dir mit einigen Anregungen und Gedanken eine kleine Hilfestellung für die Gestaltung deines Alltags geben.

Du bist flügge geworden und machst dir darüber Gedanken, ob du weiterhin zu Hause wohnen bleiben kannst oder sollst. Wenn du auch nur ansatzweise die Möglichkeit hast, eigenständig für deinen Unterhalt zu sorgen, oder wenn aus Gründen der Berufsausbildung bzw. des Studiums ein Auszug notwendig ist, solltest du diese Chance nutzen. Manchmal ist es noch nicht mal der Wunsch nach Freiheit oder Unabhängigkeit, sondern ein notwendiges Übel, wenn man das Elternhaus verlässt. Bei einigen jungen Leuten ist der Auszug sogar die letzte Rettung, weil ihnen ihre Eltern aus den unterschiedlichsten Gründen jegliche Perspektive entziehen.

„Endlich tun und lassen, was ich will!"

„Endlich auf eigenen Füßen stehen!"

„Endlich mal essen und trinken, was ich schon immer wollte!"

„Endlich eigenverantwortlich leben!"

Gerade der letzte Punkt ist aber manchmal nicht so einfach, wie du es dir vorstellst. Wer sich im Bekanntenkreis mal umhört, erlebt, dass erwachsene

Kinder zwar in der eigenen Wohnung leben, aber der lieben Mama am Freitag die Wäsche hinwerfen und erwarten, dass sie diese Bitteschön bis Sonntagabend frisch gewaschen und gebügelt wieder mitnehmen können. Ganz schön praktisch, oder? Willst du auch so ein erwachsener Säugling werden? Natürlich nicht! Du willst in jeder Hinsicht Verantwortung für dich übernehmen. Um dir dabei ein wenig Unterstützung zu geben, habe ich dieses Buch geschrieben. Wenn du ein Hähnchen tranchieren willst, musst du schließlich auch nicht gleich Anatomie studieren! Eine Geflügelschere als Handwerkszeug wirkt Wunder. Deshalb möchte ich dich einladen, dieses Buch als Handbuch für die Fragen deines alltäglichen Lebens zu verwenden, wenn du das elterliche Nest verlässt.

Der Gedanke an eine eigene Wohnung beflügelt dich vermutlich zunächst einmal. Du malst dir eine Penthousewohnung mit Designermöbeln aus. Vielleicht bist du aber auch gar nicht so anspruchsvoll und begnügst dich mit gebrauchten Möbeln. Wie auch immer deine Vorstellung aussehen mag: Meist mischt sich in die erste Euphorie eine gewisse Skepsis, ob du dem Neuen, das du herbeisehnst, auch gewachsen bist.

Neues birgt aber auch neue Chancen! Mit dem Auszug aus dem Elternhaus kannst du:

- ✗ dein Leben überdenken,
- ✗ Wünsche formulieren,
- ✗ Schränke entrümpeln,
- ✗ Unwichtiges wegwerfen,
- ✗ schlechte Angewohnheiten ablegen,
- ✗ dich von Dingen trennen, die dir nicht guttun,
- ✗ Träume wahr werden lassen.

Bevor du ausziehst, kannst du ja dein Elternhaus, deine Nachbarn und die „alte“ Umgebung noch einmal fotografieren. Später sind diese Fotos eine tolle Erinnerung an dein erstes Zuhause.

Also, raus aus der Hängematte! Das Leben ist spannend!

Home Basics

Oder: Die ersten eigenen vier Wände

Rund um die erste eigene Wohnung

Ein-Zimmer-Apartment, WG oder Wohnung?

Was brauchst du wirklich?

Dein Wunsch rückt in greifbare Nähe – endlich auf eigenen Füßen stehen! Oder besser gesagt: in der eigenen Wohnung leben! Bevor du dich aufmachst, ein geeignetes Domizil zu finden, solltest du dir nachfolgende Fragen stellen und sie ehrlich beantworten. Das erleichtert dir die Suche erheblich:

- ✗ Was für eine Wohnung möchte ich?
- ✗ Was für eine Wohnung brauche ich?
- ✗ Welche passt zu meinem Geldbeutel?

Hast du dich entschieden, in eine bereits bestehende Wohngemeinschaft zu ziehen, ist die Frage rasch beantwortet. Doch ob du mit ein paar Leuten zusammenziehst oder deine erste Wohnung allein bewohnst – werde dir darüber klar, wie sie im Einzelnen aussehen soll. Brauchst du einen Keller? Legst du Wert darauf, dich im Sommer auf der Terrasse oder dem Balkon zu sonnen? Auch die Anzahl der Räume hängt nicht nur von den eigenen Wünschen ab, sondern hat manchmal auch praktische Gründe. Eine Wohnküche ist durchaus sehr gemütlich, kann aber bei fehlendem Ordnungssinn lästig sein. Verbringst du viel Zeit am Schreibtisch, etwa beim Lernen, solltest du dafür entsprechend Platz einplanen.

Die Frage nach der Wohnungsgröße ist fast untrennbar mit den anfallenden Kosten verbunden. Manchmal ist eine kleinere Wohnung unter Umständen sogar besser aufgeteilt. In einigen Wohnungen findet man sogar Einbauküchen, was den Vorteil hat, dass der Mieter selbst keine mehr kaufen muss. Natürlich schlägt sich dies im Mietpreis nieder.

In älteren Gebäuden gibt es hingegen manchmal noch Einfachverglasungen. Der dadurch entstehende Wärmeverlust ist groß: Im Winter heizt man sprichwörtlich zum Fenster hinaus! Überlege dir gut, ob du in einer solchen Wohnung leben möchtest.

Ist in einer Wohnung bereits Schimmelbildung an Wänden oder in Ecken zu sehen, solltest du sie erst gar nicht mieten. Schimmel ist gesundheitsschädlich.

Die Lage deiner zukünftigen Wohnung bestimmt auch, ob du öffentliche Verkehrsmittel in Anspruch nehmen musst. Wer kein eigenes Auto besitzt, sollte dies bei der Wohnungssuche berücksichtigen. Welche Einkaufsmöglichkeiten gibt es in der Nähe der Wohnung? Liegt die Wohnung an einer viel befahrenen Straße? Befindet sich möglicherweise in unmittelbarer Nachbarschaft eine Kneipe, bei der mit nächtlichem Lärm zu rechnen ist? Wie lange musst du fahren, um deine Arbeitsstelle oder die Universität zu erreichen?

Notiere alle wichtigen Punkte, um beim Vermieter und bei der Besichtigung der Wohnung jede offene Frage stellen zu können.

- Größe/Quadratmeter/Wohnräume
- Kosten pro Quadratmeter/Miete/Kalt- oder Warmmiete
- Ausstattung/Teppichboden/Küche/Bad/Dusche/Balkon etc.
- Lage/Umgebung/öffentliche Verkehrsmittel in der Nähe
- Nebenkosten/Strom/Heizung/Wasser/Müllgebühren
- ggf. Höhe der Maklergebühr/-courtage
- Kaution (max. drei Monatsmieten kalt sind zulässig)

Für Leute mit Handicap werden inzwischen auch behindertengerechte Wohnungen angeboten. Viele Wohnungsbaugesellschaften nehmen öffentliche Zuschüsse für ihre Mehrfamilienhäuser in Anspruch. Daran ist die Bedingung geknüpft, mindestens eine Wohnung auf Behinderte auszurichten. Hier hilft ein Anruf bei der Wohnungsbaugesellschaft, beim Vermieter oder Makler, ob eine entsprechende Wohnung zur Verfügung steht.

Wie findest du eine Wohnung?

In der örtlichen Tageszeitung werden mindestens einmal wöchentlich, in der Regel meist zum Wochenende hin, Wohnungsinserate veröffentlicht. Du brauchst keine Zeitung zu abonnieren, um die Inserate zu lesen. Sinnvoller ist es, sich an den betreffenden Wochentagen ein Exemplar zu kaufen. Die Zeitungen werden in der Regel in Supermärkten, Tankstellen und am Kiosk bzw. im Zeitschriftenhandel angeboten sowie in den Geschäftsstellen der Verlagshäuser. Sie hängen auch in den dortigen Schaukästen aus.

In Schulen, Fachhochschulen und Universitäten gibt es am Schwarzen Brett ebenfalls Informationen zum Wohnungsangebot. Außerdem bieten Makler und Wohnungsbaugesellschaften ihre Hilfe an. Falls du dich dafür entscheidest, die professionelle Hilfe eines Maklers in Anspruch zu nehmen, solltest du dich immer zuerst nach den entstehenden Vermittlungskosten erkundigen.

Auch das Internet bietet Möglichkeiten, nach einer Bleibe zu suchen. Unter den entsprechenden Stichworten bieten dort Wohnungsbörsen ihre Unterstützung an. Hier einige von vielen Adressen:

- www.studenten-wohnung.de
- www.studserv.de
- www.unister.de
- www.wohnung-mieten.de

Mietvertrag

Mietvertrag

Der Mietvertrag regelt detailliert die Rechte und Pflichten von Mietern und Vermietern. Dieses Schriftstück legt dir in der Regel der Vermieter vor. Darüber hinaus kannst du entsprechende Formulare auch im Schreibwarenhandel kaufen. Vor der Unterzeichnung solltest du den Vertrag in aller Ruhe zu Hause durchlesen. Auch und gerade das Kleingedruckte! Sobald der Mietvertrag von beiden Parteien (dir und deinem Vermieter) unterschrieben ist, gilt die Wohnung oder das Zimmer als angemietet. Von mündlichen Zusagen bzw. Verträgen würde ich dir abraten. Auch wenn diese Form durchaus verbindlich ist, sollte immer die schriftliche Variante gewählt werden.

Die Höhe der Miete, Nebenkosten, Schönheitsreparaturen, Kündigungsfrist und Mieterhöhungen sind ein paar der Punkte, die im Mietvertrag geregelt werden. Auch die Fragen bezüglich Haustieren oder Garten-/oder Kellernutzung kann darin enthalten sein. Inwieweit du als Mieter Schnee räumen oder zu Kehr-/Putzdiensten von Treppenhaus und Eingangsbereich herangezogen wirst und ob eine Hausordnung zu beachten ist, geht ebenfalls daraus hervor.

Einblick in die ortsüblichen Nebenkosten sind im „Betriebskosten-Spiegel für Deutschland“ über den Mieterbund erhältlich. Eine entsprechende PDF-Datei findest du unter www.mieterbund.de zum kostenlosen Herunterladen. Wenn diese Aufstellung auch kein rechtlich zugelassenes Gutachten ist, so ermöglicht es dir aber zumindest einen Überblick darüber, inwiefern die angegebenen Mieten und Nebenkostenabrechnungen ortsüblich, wirtschaftlich oder überhöht sind. Mieter und Vermieter erhalten dadurch eine Grundlage, um vielleicht auch über Einsparmöglichkeiten nachzudenken.

Wichtig ist, dass gerade in Mehrfamilienhäusern die vollständige Adresse der Wohnung mit Angabe von Stockwerk/Wohnungsnummer im Vertrag eingetragen ist. Außerdem ist darin schriftlich festgelegt, wie viele Schlüssel du bekommst und unter welchen Umständen der Vermieter deine Wohnung betreten darf (ja, das darf er wirklich). Bei Auszug sind sämtliche Schlüssel, auch selbst nachgemachte, wieder abzugeben.

Eine Wohnung oder ein Zimmer kannst du entweder befristet oder unbefristet mieten. Befristete Verträge sind in der Regel nicht vor Ablauf des genannten Datums kündbar. In Ausnahmefällen kann natürlich in beiderseitigem Einvernehmen der Vertrag vorher aufgelöst werden. Ein unbefristeter Vertrag bietet dir als Mieter den Vorteil, dass du bei Einhaltung der gesetzlichen Kündigungsfrist (in der Regel drei Monate) kurzfristig ausziehen kannst. Zum Thema „Mietrecht“ gibt es einen virtuellen Treffpunkt: www.mieterschutzportal.de. Dort findest du Infos, FAQs, Berichte und alles rund um das Thema „Miete“. Die Adressen örtlicher Mietervereine findest du im Telefonbuch. Sie haben meist Informationsbroschüren zu Mietverträgen vorrätig. Der Deutsche Mieterbund (DMB), Aachener Str. 313, 50931 Köln, ist ein Zusammenschluss der Mietervereine. Durch die Mitgliedschaft bei einem Mieterverein erwirbt man in der Regel auch eine Rechtsschutzversicherung für mögliche Streitfragen und Probleme in Sachen Miete.

Darüber hinaus findest du im Mietvertrag auch einen Hinweis auf „Schönheitsreparaturen". Damit sind meist das Streichen der Wände, Tapezieren, das Verschließen von Dübellöchern, Fenster streichen etc. gemeint. Wenn du handwerklich geschickt bist, kannst du diese Reparaturen auch selbst vornehmen. Interessant ist vielleicht noch, dass eine starre Fristenregelung im Mietvertrag bezüglich Schönheitsreparaturen (z. B.: „Diese Arbeiten sind ab Mietbeginn in der Regel in Küchen, Bädern ... spätestens nach drei Jahren ... zu tätigen.") unwirksam ist. Das Oberlandesgericht Düsseldorf stellte dies in einem Urteil aus dem Jahr 2004 fest.

Bei Wohnraum ist die Mietsicherheit (in der Umgangssprache: Kaution), die ein Vermieter als Pfand verlangen kann, auf drei Netto-Monatsmieten begrenzt.

Tipp

Lass dir den Empfang der Kaution quittieren! Schließlich willst du später mal dein Geld zurückhaben. Dafür ist der Beleg sehr wichtig. Nach Beendigung des Mietverhältnisses erhältst du den Betrag verzinst zurück, falls du keine Zahlungsverpflichtungen mehr an den Vermieter zu leisten hast.

Die im Vertrag geregelten Betriebs- oder Nebenkosten stellt vorwiegend der Vermieter in Rechnung. Müll-/Kanalgebühren, Heizung, Warmwasser etc. wird monatlich anteilig bezahlt. Am Jahresende bekommst du normalerweise eine Abrechnung, auf der zuviel oder zuwenig gezahlte Nebenkosten ausgewiesen werden.

Wichtig ist, dass du mit deinem Vermieter einen **Termin zur Wohnungsübergabe** ausmachst, damit du die Möglichkeit hast, noch vor dem Einzug fällige Schönheitsreparaturen wie etwa Tapezieren oder Teppichboden verlegen durchzuführen.

Reparaturen

Dein Vermieter weiß nicht von allein, wenn in deiner Wohnung etwas kaputtgegangen ist. Sage ihm am besten gleich, wenn etwas repariert werden muss, und bitte darum, dass er es rasch erledigt.

Normalerweise ist dein Vermieter auch für die Bezahlung zuständig. Es kann aber sein, dass in deinem Mietvertrag steht, dass Kleinreparaturen (maximal 75 Euro, im Einzelfall bis 100 Euro) von dir zu zahlen sind. Zu Kleinreparaturen zählen Dinge, die du täglich benutzt, wie etwa ein Rolladengurt. Falls der Vermieter für die Reparatur zuständig ist, solltest du nicht selbst den Handwerker beauftragen. Dies ist dann ebenfalls Sache des Vermieters. Tust du es trotzdem, musst du die Kosten übernehmen und vielleicht sogar dafür haften. Selbstverständlich kannst du einen Handwerker bestellen, falls *du* laut Vertrag für Kleinreparaturen verantwortlich bist.

Wohngeld

Wohngeld

Unter Wohngeld versteht man den Miet- und Lastenzuschuss für eine Wohnung, Eigentumswohnung oder ein vom Eigentümer selbst genutztes Haus. Es wird zu gleichen Teilen durch Bund und Länder finanziert. Wohngeld, so definiert es der Gesetzgeber, ist kein Almosen, sondern Berechtigte haben einen Rechtsanspruch auf diese Leistung.

Hast du ein geringes Einkommen, kannst du einen Antrag bei der Wohngeldstelle der zuständigen Stadt-, Gemeinde- oder Kreisverwaltung stellen, die auch das notwendige Formular bereithält. In der Regel wird Wohngeld nicht rückwirkend, sondern erst ab Antragstellung gewährt, daher solltest du dich frühzeitig darum bemühen. Alle notwendigen Infos bekommst du auch beim Bundesministerium für Verkehr, Bau- und Stadtentwicklung. Die „Ratschläge und Hinweise zum Wohngeld“, eine „Tabelle, aus der Wohngeld abgelesen werden kann“ und eine „Liste der Mietstufen der Gemeinden“ kannst du als Datei unter www.bmvbs.de übers Internet herunterladen oder als Broschüre beim BPA – Presse- und Informationsdienst der Bundesregierung, 11044 Berlin – anfordern. Außerdem hilft dir die zuständige Wohngeldstelle beim Ausfüllen des Formulars und beantwortet gerne deine Fragen.

Drei Faktoren entscheiden über die mögliche Bewilligung:

- dein Gesamteinkommen
- die Höhe der Miete bzw. Belastung
- die Personenzahl der zum Haushalt zu rechnenden Familienmitglieder

Bei der Höhe der Miete werden auch die Kosten für Wasserverbrauch, Müll, Abwasser und Treppenbeleuchtung berücksichtigt.

Beispiel:
Du lebst allein und hast ein monatliches Einkommen von 505,– Euro. Deine Miete bzw. Belastung beträgt im Monat 295,– Euro. Damit könntest lt. Wohngeldtabelle ein Wohngeld in Höhe von 121,– Euro monatlich bekommen.

Bestimmte Personengruppen sind jedoch vom Anspruch auf Wohngeld ausgeschlossen. Dazu zählen u. a. Bafög- und ALG II-Empfänger. Allerdings gibt es auch viele individuelle Fälle, etwa bei einem Zweitstudium oder Urlaubssemester, bei denen möglicherweise doch Anspruch auf Wohngeld besteht. Deshalb ist es sinnvoll, dass du dich ausreichend informierst.

Einrichtung

Wohnungseinrichtung

Geschafft! Du hast eine Wohnung oder ein Zimmer gefunden und den Mietvertrag abgeschlossen. Jetzt solltest du einen Nachsendeantrag bei der Deutschen Post stellen. Dieser kostet derzeit 15,20 Euro für sechs Monate und 25,20 Euro für die Dauer von zwölf Monaten. Die Nachsendung von Päckchen und Paketen muss aber noch extra gezahlt werden. Da die Post etwa fünf Arbeitstage benötigt, um deinen Antrag zu bearbeiten und alles Weitere in die Wege zu leiten, solltest du ihn früh genug stellen.

Nun kannst du endlich aufatmen – aber dir steht schon die nächste große Aufgabe bevor: Was musst du jetzt noch anschaffen? Nachfolgend liste ich einige nützliche Möbel und Gegenstände für die erste Wohnungseinrichtung auf, die sich natürlich individuell an der Größe des dir zur Verfügung stehenden Wohnraumes und dem Kleingeld orientiert, das du für solche Dinge erübrigen kannst. Ziehst du in eine WG, erübrigen sich natürlich manche Dinge, die ich aufgelistet habe. Hast du ein Ein-Zimmer-Apartment, solltest du besonderen Wert auf eine sinnvolle Planung legen, damit du den Raum optimal nutzt. Viele Dinge kannst du darüber hinaus gebraucht kaufen (über Freunde oder die Zeitung) oder übers Internet ersteigern.

Falls du beschließt, dir in einem Möbelhaus neue Möbel zu kaufen, brauchst du keine Anzahlung zu leisten, wenn du diese bestellst. Auch wenn das Möbelhaus dich dazu drängen will, solltest du keine Vorauskasse leisten, denn bei einer Anzahlung besteht immer das Risiko, dass du das investierte Geld ganz oder teilweise verlierst, sollte das Unternehmen Konkurs anmelden. Im Notfall einige dich auf maximal zehn Prozent Anzahlung der Kaufsumme. Darüber hinaus solltest du bei der Planung deines Umzugs die Lieferfrist von bestellten Möbeln/Küche (durchschnittlich 6–8 Wochen) mit einkalkulieren.

Schlafzimmer

Schlafraum

- ✗ Bett oder Schlafcouch: In einer sehr kleinen Wohnung ist eine Couch mit Schlaffunktion vorteilhaft. Achte dabei jedoch auf einen Lattenrost und eine gute Matratze (z. B. Federkern).
- ✗ Federbett: 140 x 200 cm, bei langer Körpergröße empfehle ich 155 x 220 cm, für Allergiker gibt es auch gute und günstige Kunstfaserfüllungen.
- ✗ Kopfkissen: Traditionell 80 x 80 cm, aber in der heutigen Zeit greifen immer mehr Menschen zu „kleinen" Kissen im Format 80 x 40 cm. Am besten mit einer Füllung aus Daunen und Federn. Falls du Allergiker bist, kannst du auch hier auf Kunstfaserfüllungen zurückgreifen.
- ✗ Schrank: Für Kleidung, Wäsche und Bettwäsche. Die innere Aufteilung besteht im Idealfall aus einer Kombination aus Kleiderschrank, Fächern und Schubladen. Für einen kleinen Raum ist ein Schrank mit Schiebetüren sinnvoll.
- ✗ Bettwäsche: Beziehe dein Bett etwa alle zwei bis drei Wochen neu. Dazu sollten 2 oder 3 Wäschesets zum Wechseln ausreichen.
- ✗ Betttuch oder Spannbetttuch: 2 bzw. 3 Stück, die farblich zur Bettwäsche passen.
- ✗ Nachttisch oder kleinen Beistelltisch: Für Wecker, Lämpchen, Betthupferl, Bücher etc.
- ✗ Nachttischlampe: Beim Kauf darauf achten, dass der Schalter sich an der Schnur befindet und nicht direkt an der Lampe (wegen störendem Strom beim Schlafen).

Badezimmer

Bad

- ✗ Spiegel
- ✗ Toilettenbürste
- ✗ Papierrollenhalter
- ✗ Wäschekorb (nur trockene Wäsche hineinlegen, damit keine Stockflecken entstehen)
- ✗ Badezimmerteppich oder Duschvorleger (er lässt sich prima in der Waschmaschine waschen)
- ✗ 6 Handtücher
- ✗ 1–2 Badetücher
- ✗ 6 Waschlappen
- ✗ 4 Gästehandtücher

Garderobe

Garderobe

- ✗ Kleiderhaken, ggf. Bügel
- ✗ Kommode oder Schuhschrank
- ✗ Spiegel
- ✗ Schirmständer

Deiner Fantasie sind keine Grenzen gesetzt; du kannst auch jederzeit mit pfiffigen, günstigen Einzelteilen eine tolle Garderobe zaubern. Wie bei vielen Anschaffungen, so entscheiden auch hier der Platz, Bedarf und Preis, welche Dinge gekauft werden.

Küche

Küche

Im Angebot vieler Möbelhäuser und Küchengeschäfte findest du immer wieder sehr preiswerte Küchenzeilen für den kleinen Haushalt. Außerdem lohnt sich der Blick in den Anzeigenteil der Tageszeitung. Hier kannst du mit gebrauchten Küchen oft gute Geschäfte machen. Natürlich besteht auch die Möglichkeit, unter der Rubik „Gesucht" selbst zu inserieren. Das erspart dir so manchen Weg zu den verschiedenen Händlern bzw. Verkäufern.

- ✗ kleiner Kühlschrank mit Kühl-/Gefrierkombination
- ✗ Herd oder falls nicht genügend Platz zur Verfügung steht: 2-Platten-Kocher oder Tischgrill
- ✗ Mikrowelle: Deine eigenen Bedürfnisse und Kochkünste beantworten die Frage, ob ein Mikrowellen/Grill-Kombigerät sinnvoll

ist. In diesem Gerät kannst du nicht nur Aufwärmen, Auftauen und Garen, sondern auch Grillen. Das Kombigerät ist jedoch nur sinnvoll, wenn du keinen Herd hast und häufiger selbst kochen möchtest. Geht es dir hauptsächlich darum, Essen in der Mikro aufzuwärmen, genügt ein einfaches, preiswertes Gerät.

- ✗ Spüle: Ist in der Wohnung keine Einbauküche oder Küchenzeile vorhanden und sind deinen finanziellen Möglichkeiten Grenzen gesetzt, brauchst du auf jeden Fall eine Spüle (im Idealfall mit Unterschrank).
- ✗ Mülleimer (falls nicht bereits in der Küche vorhanden)
- ✗ 2–3 Kochtöpfe: Du benötigst erfahrungsgemäß drei verschiedene Größen:
  - 5 Liter (für Suppen, Nudeln, Ragout)
  - 3 Liter (für Gemüse, Kartoffeln)
  - 1 Liter (für Saucen, Pudding)

  Achte beim Kauf darauf, dass sie einen ebenen Boden haben. Geringer Energieverbrauch und gute Wärmeverteilung sind darüber hinaus die Vorteile eines hochwertigen Bodens.
- ✗ 2 Bratpfannen: Du benötigst zwei Größen:
  - klein (20 cm Durchmesser; für Spiegelei, Crêpes)
  - groß (24–28 cm Durchmesser, mit Deckel; für Schnitzel, Steak, Fisch)

  Auch die Pfannen sollten einen glatten Boden sowie eine Antihaftversiegelung haben (für fettarmes, gesundes Braten und leichte Reinigung). Eine Pfanne mit hohem Rand kannst du auch für die Zubereitung von Ragouts verwenden
- ✗ 1 Kasserolle (das ist ein kleiner Topf mit Griff, in dem man z. B. Saucen erwärmt)
- ✗ 1 Bräter: Wenn du nur selten kochst oder nur kleine Portionen zubereitest, benötigst du diesen nicht zwingend. Du kannst ihn auch bei deinen Eltern oder Freunden ausleihen. In ihm werden z. B. große Braten auf dem Herd oder im Backofen gegart und daher ist er vielseitig verwendbar.
- ✗ Backformen für Obstboden und Torten (gibt's auch im Set)
- ✗ ein Kaffee- und ein Essservice für 4 bis 6 Personen mit Zuckerdose und Milchkännchen sowie Gemüseschüsseln und Sauciere
- ✗ Besteck für mindestens 6 Personen: jeweils 6 Messer, Gabeln, Löffel, Kaffeelöffel, Kuchengabeln
- ✗ Kuchenplatte
- ✗ Tortenheber
- ✗ Schälmesser und Brotmesser
- ✗ Salatbesteck

- ✗ zwei bis drei Allzweckmesser; kleine Messerchen für Zwiebeln, Obst, Tomaten; mittelgroße bis große für Fleisch, Fisch und Gemüse. Alternativ: ein Set, das die Grundausstattung beinhaltet. Richtig Spaß macht das Kochen, wenn du gute, scharfe Messer benutzen kannst. Sie haben natürlich auch ihren Preis, daher würde es sich anbieten, die Grundausstattung im Laufe der Zeit aufzustocken. Darüber hinaus solltest du bedenken, dass die Klingen in der Spülmaschine leider mit der Zeit stumpf werden. Sie lassen sich aber bei guten Messern problemlos nachschärfen.
- ✗ Kartoffelschäler (kann auch zum Schälen vor Spargel oder Möhren verwendet werden)
- ✗ Haushaltsschere
- ✗ großes Schneidebrett aus Holz oder Kunststoff

Tipp

Holzbretter nicht in der Spülmaschine reinigen, weil das Holz aufquillt und reißt.

- ✗ Schneebesen (mittlere Größe)
- ✗ Schöpfkelle
- ✗ Kartoffelstampfer
- ✗ Pfannenwender (ein Pfannenwender aus Kunststoff schont die Antihaftversiegelung der Pfanne)
- ✗ Saucenlöffel
- ✗ zwei Kochlöffel (einer davon sollte ein Loch und eine spitze Kante haben, diese hilft dabei, in die Unterkante der Töpfe zu gelangen)
- ✗ Messbecher
- ✗ einen Satz Küchenschüsseln (in unterschiedlichen Größen, aus Plastik oder Metall)
- ✗ großes Sieb (z. B. um Salat abtropfen zu lassen oder Spaghetti abzugießen),
- ✗ Dosenöffner (ein mechanischer ist billiger und lässt sich auch bei Ausflügen mitnehmen)
- ✗ Korkenzieher
- ✗ Flaschenöffner
- ✗ Teigschaber
- ✗ Küchenreibe
- ✗ Saftpresse
- ✗ Backpinsel
- ✗ Knoblauchpresse (ist für Fans von Knoblauch interessant, erspart das mühselige Kleinschneiden der Zehen)

- ✗ Eieruhr (falls am Herd keine vorhanden ist)
- ✗ Küchenwaage (im Idealfall eine digitale)
- ✗ Brotkasten (hast du weder Platz noch Geld dafür, bewahre das Brot in einem verschlossenen Beutel auf)
- ✗ eine Brotmaschine (wird nicht zwingend benötigt; ein Brotmesser reicht vollkommen aus)
- ✗ mehrere Wassergläser (sie sind universell einsetzbar),
- ✗ Wein- und Biergläser (können auch später angeschafft werden)
- ✗ Thermoskanne für Kaffee oder Tee

Tipp

Kaffee solltest du nicht in einer Kanne aufbewahren, in der vorher Tee war und umgekehrt. Es verfälscht den Geschmack.

- ✗ Handmixer (die Rühr- und Knethaken werden zum Kochen und Backen benötigt; ideal wäre es, wenn auch ein Pürierstab dazugehört)

Tipp

Falls du auf schönes Design Wert legst, kannst du dir ja die entsprechenden Küchenaccessoires zum Einzug, Geburtstag oder Weihnachten schenken lassen.

- ✗ Grundausstattung Gewürze: Salz, Pfeffer, Paprika, Curry, Salatkräuter (Dill, Petersilie, Schnittlauch), klare Fleischbrühe (Pulver oder Würfel), Oregano, Knoblauch
- ✗ Müllbeutel, Alufolie, Brotbeutel und Frischhaltedosen f. Frühstück
- ✗ Alleskleber, Tesafilm und Feuerzeug
- ✗ Spülmittel
- ✗ Spülbürste
- ✗ Topfreiniger
- ✗ Spültuch
- ✗ 6–10 Geschirrtücher
- ✗ mehrere kleine Handtücher
- ✗ Topflappen
- ✗ zwei Tischdecken und/oder mehrere Sets
- ✗ kleinen Esstisch
- ✗ zwei oder mehr Stühle

Keller

Keller

Falls du keinen Keller hast, befinden sich die folgenden Dinge vermutlich in deinem Badezimmer:

- ✗ Waschmaschine und ggf. ein Trockner
- ✗ Wäscheleine oder Wäscheständer, Wäscheklammern, Klammerbeutel
- ✗ Wäschekorb
- ✗ Haushaltsleiter (es genügt eine kleine, zusammenklappbare Haushaltsleiter; sie verhindert so manchen Sturz von wackeligen Stühlen)

Werkzeug

Werkzeug

Du bist handwerklich nicht sehr begabt? Null Problemo! Natürlich *musst* du kein Werkzeug besitzen, aber es ist sehr nützlich, wenn du mal schnell ein Bild an der Wand befestigen oder eine lockere Schraube festziehen willst:

- ✗ Hammer
- ✗ Zange
- ✗ kleiner Schraubenzieher
- ✗ kleine Nägel

Wohnzimmer

Wohnzimmer

Du hast sogar genügend Platz, um dir ein Wohnzimmer einzurichten? Klasse! Dann benötigst du zumindest die folgenden Einrichtungsgegenstände:

- ✗ Couch und/oder Sessel
- ✗ Anrichte oder Schrank
- ✗ Regale für Gläser, Bücher etc.
- ✗ Wohnzimmertisch

Deiner Fantasie und Kreativität sind keine Grenzen gesetzt! Ob du es nun traditionell liebst, eine Baumscheibe oder Glas bevorzugst: Alles ist erlaubt.

Umzug

Umzug ohne Stress

Ein gut organisierter Umzug setzt eine realistische Planung und Zeiteinteilung voraus. Es gibt zwei Möglichkeiten, wie du Unterstützung für den Umzug bekommen kannst:

Wer könnte dir helfen?

1. Eltern/Geschwister/Freunde

Sie helfen sicher gern, wenn sie rechtzeitig um Mithilfe gebeten werden. Am besten fragst du sie, sobald der Einzugstermin feststeht. Oft besitzt auch jemand ein Auto mit Ladefläche oder einen Kombi, in dem viele Kartons Platz finden. Brauchst du einen kleinen LKW oder Sprinter/Transporter, den dir aber leider niemand zur Verfügung stellen kann, gibt es noch Autoverleih-Firmen (Europcar, Sixt etc.). Der Preis fürs Ausleihen und zu fahrende Kilometer ist in der Regel überschaubar, weshalb dies einer Umzugsfirma vorzuziehen ist. Erkundige dich einfach mal nach den anfallenden Kosten. Manchmal lohnt sich ein Vergleich der Angebote. Einige Unternehmen bieten auch die Möglichkeit an, den LKW/PKW bei einer Niederlassung abzugeben, die sich in der Nähe des neuen Wohnortes befindet.

2. Umzugsfirma

Du solltest die voraussichtlich anfallenden Kosten vor der Auftragserteilung erfragen, das erspart dir so manch unangenehme Erfahrung. Darüber hinaus ist es unter Umständen möglich, dass die Gebühren an manchen Terminen innerhalb eines Monats (z. B. Anfang oder Ende) deutlich höher liegen. Ziehst du von einer eigenen Wohnung in eine andere um und musst z. B. eine Küche mitnehmen, kann es sinnvoller sein, Profis zu engagieren, wenn du keine kundigen Helfer hast. Stelle Preis-/Leistungsvergleiche an, und kläre ab, ob abgeschlagene Schränke etc. wieder ordnungsgemäß aufgebaut werden. Bei unsachgemäßem Transport haftet eine Umzugsfirma übrigens für entstandene Schäden.

Tipp

Ziehst du mitten in der Woche um, musst du daran denken, bei deinem Arbeitgeber rechtzeitig Umzugsurlaub zu beantragen. Das kann jedoch unter Umständen schwierig sein, wenn du gerade erst eine neue Stelle antrittst.

Umzugskartons

Wenn keiner deiner Bekannten oder Familienangehörigen Kartons übrig hat, dann schau doch mal in den Anzeigenteil der Tageszeitung, wo häufig gebrauchte Kartons angeboten werden. Eine weitere Möglichkeit ist, die Kartons neu oder gebraucht bei Umzugsfirmen zu kaufen. Eine andere und kostensparende Methode sind Bananenkartons. Supermärkte und Discounter freuen sich, diese sperrigen, stabilen Kartons loszuwerden, und verschenken sie. Da aber viele Personen diese Kartons auch für Hilfslieferungen in die Dritte Welt nutzen, bitte rechtzeitig nachfragen.

Denke immer daran, jede Kiste bzw. jeden Karton klar zu beschriften, z. B.: *Schlafzimmer/Bettwäsche* – also für welchen Raum sie bestimmt ist und den Inhalt des Kartons. Damit vermeidest du unnötiges Suchen und erleichterst dir im neuen Domizil das Einräumen der Schränke. Außerdem kannst du wichtige und dringend benötigte Dinge gleich finden, wenn du nach dem Umzug keine Zeit hast, die Artikel sofort einzuräumen.

Mit etwas System lässt sich beim Umzug Chaos vermeiden

Als Erstes solltest du Dinge einpacken, die du nur selten benötigst. Damit kannst du bereits Tage vor dem Umzug beginnen. Erst zum Schluss verpackst du die Dinge, die du bis dahin täglich brauchst.

Bei schweren Gegenständen solltest du die Kisten nur soweit befüllen, wie du sie tragen kannst. Zerbrechliche Dinge, wie etwa Geschirr, werden Stück für Stück mit Zeitungspapier umhüllt. Das ist zwar ein wenig mühsam, aber lohnenswert.

Mach dir auch bereits im Vorfeld Gedanken darüber, wer die Lampen anschließen kann. Ist Werkzeug vorhanden, um den neuen Schrank zu montieren? Brauchst du eine Verlängerungsschnur, um die Bohrmaschine zu benutzen? Musst du vielleicht in der neuen Wohnung einen empfindlichen Boden vor Kratzern und Flecken schützen, indem du eine Folie auslegst?

Alle Fragen dieser Art sind bereits im Vorfeld zu bedenken.

Tipp

Der Umzug bzw. Einzug stellt eine gute Gelegenheit dar, sich von unnützen Dingen zu trennen und Schränke zu entrümpeln. Bei Kleidung hat sich folgender Rat bewährt: Was du in den vergangenen drei Jahren nicht mehr angezogen hast, wirst du auch künftig nicht mehr tragen. Denke deshalb mal darüber nach, ob du noch tragbare Kleidung nicht an Bedürftige verschenken oder zur Altkleidersammlung geben kannst.

Wichtigen und persönlichen Dokumenten solltest du deine besondere Aufmerksamkeit schenken. Sorge deshalb dafür, dass sie nicht irgendwo in den Umzugskartons verschwinden! Nimm deine Zeugnisse, Urkunden und sonstige Dokumente am besten beim Auszug mit. Es ist einfacher, sie selbst aufzubewahren, als sie ein paar Jahre später im Elternhaus zu suchen.

Für den Umzugstag an folgende Dinge denken: Klebeband, Müllbeutel, Reinigungsutensilien, Werkzeuge, Getränke und Lebensmittel (auch für die Helfer), Toilettenpapier, Toilettenutensilien. Denke an praktische Kleidung und sicheres Schuhwerk!

Noch ein paar wichtige Dinge:

Strom

✗ Strom bzw. Gas: Denke dran, dich beim zuständigen Energieanbieter anzumelden!

Telefon

✗ Telefon: Ein Festnetzanschluss bietet eine Menge Vorteile. Weil es viele Anbieter gibt, lohnt sich hier ein Tarifvergleich. Am besten erkundigst du dich zuerst bei einem bekannten Anbieter, z. B. Telekom. Tarife lassen sich darüber hinaus leicht übers Internet vergleichen. Außerdem besteht noch die

Möglichkeit, telefonisch Kontakt mit den einzelnen Anbietern aufzunehmen (aber dafür solltest du eine Menge Zeit mitbringen ...). Von bestimmten Personengruppen (etwa Bafög-Empfänger, Schwerbehinderte, Azubis) wird erfahrungsgemäß auch eine geringere Grundgebühr verlangt. Einfach bei der Antragstellung nachfragen und gegebenenfalls beantragen.

Es gibt darüber hinaus unterschiedliche Tarife; daher solltest du darüber nachdenken, welche Telefongewohnheiten du hast bzw. welchen Tarif du wirklich benötigst. Durch Billigvorwahlen ist es möglich, die Kosten für Gespräche niedrig zu halten. Die Nummern werden vielfach in der Presse wöchentlich bekannt gegeben. Es ist auch möglich, direkt eine günstige Nummer vorschalten zu lassen. Infos und Nachrichten für kostengünstige Telefongespräche gibt's auch auf www.teltarif.de.

Internet

Lass dich auch beim Internet-Zugang z. B. von der Telekom beraten und erkundige dich bei deinen Freunden nach ihren Erfahrungen mit den verschiedenen Anbietern. Denn auch hier gibt es unterschiedliche Tarife. Prüfe und vergleiche daher die jeweiligen Leistungen. Wichtig ist, dass der günstigste Anbieter nicht auch gleichzeitig immer der beste ist: Ist die angegebene Übertragungsrate auch wirklich 24 Stunden am Tag und sieben Tage die Woche verfügbar? Ist der Kundenservice wirklich erreichbar? Ist er gratis oder sind die Gebühren horrend?

Post

✗ Post: Einige Tage vor dem eigentlichen Umzug solltest du einen Nachsendeantrag stellen. Dazu musst du bei der Post ein Formular ausfüllen oder den Auftrag online ausführen.

Ämter

✗ Bürgerbüro/Ordnungsamt: Wenn du deinen Wohnort wechselst, musst du dich dort anmelden. Bringe dazu Personalausweis und Reisepass mit, weil diese entsprechend geändert werden. Wer z. B. aus steuerlichen Gründen einen Erst- und Zweitwohnsitz hat, muss an beiden Orten gemeldet sein. Bei Studenten und Bafög-Empfängern können Leistungen oder Vergünstigungen der Universität/FH abhängig vom Erst- oder Zweitwohnsitz sein. Die entsprechenden Stellen (Universität, FH, Wohngeldstelle etc.) geben dazu Auskunft.

Auto/Motorrad

✗ Auto/Motorrad: Du musst deinen Wagen bzw. dein Motorrad auf der KFZ-Zulassungsstelle ummelden. Bringe dazu Fahrzeugschein und Fahrzeugbrief mit. Darüber hinaus musst du – wenn dein fahrbarer Untersatz auf deinen Namen zugelassen ist – bei einem Umzug in einen anderen Kreis ein neues Nummernschild beantragen und eintragen lassen.

✗ Auch die folgenden Unternehmen bzw. Organisationen müssen über den Umzug (neue Adresse und neue Telefonnummer) in Kenntnis gesetzt werden: Bank, Versicherungen, Krankenkasse, Arbeitgeber, Universität/Fachhochschule, GEZ, Zeitschriftenverlag, bei dem du ein Abo hast, ADAC bzw. AVD, Deutsche Rentenversicherung, Arbeitsamt (falls du arbeitslos bist), Bücherclub, Vereine, in denen du Mitglied bist, Kreiswehrersatzamt, Bundesamt für den Zivildienst.

✗ Die Rechnungen über Umzugskosten solltest du für die Einkommensteuererklärung aufheben.

Irgendwann sind Bett und Schränke aufgebaut und die Kartons ausgepackt, du hast die Wohnung geputzt, das Geschirr gespült und in die Küche eingeräumt. Jetzt ist es Zeit für eine Einweihungsparty!

Auf gute Nachbarschaft

Endlich ist dein Umzug beendet und du lebst in deiner eigenen Wohnung. Doch wer lebt über, unter oder neben dir? Vielleicht hast du deine Nachbarn ja bereits während des Einzugs kennengelernt? Wenn nicht, klingle doch mal bei ihnen und stell dich vor. Die Abendstunden sind dafür jedoch erfahrungsgemäß weniger geeignet. Wie wäre es mit dem Samstagnachmittag? Allerdings solltest du dich vorher telefonisch ankündigen. Das erspart dir die „kalte Schulter“ oder die verschlossene Tür wegen eines unerwünschten Spontanbesuches.

Wer lebt eigentlich über, unter oder neben dir?

„Was soll ich denn sagen? Ich kenne die doch noch gar nicht ...“, fragst du jetzt vielleicht verwundert. Nenne einfach deinen Namen und erkläre, in welcher Wohnung oder in welchem Nachbarhaus dein neues Zuhause ist. Du kannst deine Nachbarn fragen, ob du gerade störst. Kommt dein Besuch gelegen, sollte er trotzdem nicht länger als eine halbe Stunde dauern. Das reicht für den Anfang. Hast du aber den Eindruck, dass deine Nachbarn in Eile oder vielbeschäftigt sind, beende deinen Besuch lieber nach wenigen Minuten.

Darüber hinaus könntest du deine Mitmenschen darüber informieren, dass du z. B. erst abends Gelegenheit zum Geige spielen hast oder wegen deines Schichtdienstes nur zu ungewöhnlichen Zeiten duschen kannst.

Wenn dir an näherem Kontakt gelegen ist, kannst du auch eine Einladung zu einem Begrüßungsdrink oder zum Nachmittagskaffee aussprechen. Dazu muss deine Wohnung noch nicht vollständig eingerichtet und die Umzugskartons nicht komplett ausgepackt sein. Es kann nämlich durchaus den nachbarschaftlichen Kontakt erleichtern, wenn man sich in der unkomplizierten Atmosphäre einer noch nicht durchgestylten Wohnung kennenlernen kann.

Nachbarn bei sich willkommen heißen

„Was soll ich denn den Nachbarn anbieten?" Ein paar Getränke und einen kleinen Imbiss. Vormittags empfehle ich, hauptsächlich alkoholfreie Getränke (Saft, Wasser, Kaffee oder Tee), gekühlten Sekt und Kanapees bereitzustellen. Letzteres sind belegte Brötchen oder dekorativ angerichtete Häppchen; eben alles, was man im Stehen aus der Hand essen kann. Kanapees kannst du selbst herrichten oder beim Metzger vorbestellen. Selbstbelegte Brötchen sind eine preiswertere Lösung und auch von ungeübten Händen leicht vorzubereiten. Hast du für Nachmittags eingeladen, kannst du Kaffee oder Tee und Kuchen reichen. Wenn du viele Nachbarn zum Antrittsbesuch einlädst, ist es sinnvoll, eine Zeitspanne (z. B. zwischen 10 und 12 Uhr oder 14 und 18 Uhr) anzugeben. Die Besucher werden dann nicht alle zur gleichen Zeit kommen, und du hast Gelegenheit, mit jedem Gast ein paar Worte zu wechseln.

Manchmal stellt man auf diesem Weg fest, dass ziemlich nette Leute in der Nachbarschaft wohnen. Fehlt beim Backen z. B. plötzlich ein Ei, wird die Nachbarin dir bestimmt gerne eines zur Verfügung stellen. Allerdings frage bei dieser Gelegenheit nach, ob du wieder eines zurückbringen sollst. Es könnte sonst sein, dass deine Nachbarin enttäuscht auf den Ersatz wartet.

Paul Watzlawick erzählt in einem Buch eine kleine Geschichte, in der ein Mann in seiner Wohnung ein Bild aufhängen möchte. Er besitzt aber keinen Hammer, um den Nagel in die Wand zu schlagen – sein netter Nachbar allerdings schon. Aber dann machen sich Zweifel in ihm breit, ob ihm sein Nachbar den Hammer wirklich geben wird, denn dieser ist ja irgendwie zuletzt ein wenig komisch gewesen. Er hat ihn nicht gegrüßt und eilig hat es der Nachbar auch gehabt. Der Mann grübelt weiter und fragt sich, was der Nachbar denn gegen ihn hat. Er steigert sich in seine Gedanken über den wahrscheinlich abschlägigen Gefallen und seine eigene Großzügigkeit derart hinein, dass er zum Nachbarhaus hinübereilt. Als auf sein Klingeln geöffnet wird, ruft er dem verdutzten Mann zu, er möge gefälligst seinen Hammer behalten und außerdem sei er nicht auf seine Hilfe angewiesen! (nach P. Watzlawick: „Anleitung zum Unglücklichsein")

Ein gutes Miteinander

Bemühe dich also immer um ein „gutes Miteinander". Das heißt nicht, dass man mit jedem Nachbarn befreundet sein muss. Doch für ein wenig höflichen Smalltalk solltest du dir schon Zeit nehmen: „Guten Tag! Wie geht es Ihnen?" und anderes. Begegnet man sich im Verlauf des Tages häufiger, reicht ein Lächeln. Konflikte mit der Nachbarschaft werden am besten gleich beigelegt: Hast du Kritik vorzutragen, weil jemand immer auf dem Parkplatz parkt, der dir eigentlich zugeteilt wurde, oder weil jemand regelmäßig zu laut Musik hört, dann solltest du lieber keinen Brief schreiben, sondern das persönliche Gespräch vorziehen. Bleibe immer freundlich, aber bestimmt.

Mit etwas gutem Willen lässt sich so manche Unstimmigkeit aus dem Weg räumen.

Ebenso kann es hilfreich sein, einen vertrauenswürdigen Nachbarn über die bevorstehende Urlaubsreise zu informieren, damit er einen Blick auf die Wohnung wirft, deinen Briefkasten leert oder deine Blumen versorgt.

Planst du eine größere Party, kannst du deine Nachbarn im Vorfeld davon in Kenntnis setzen, dass möglicherweise ein wenig mehr Geräusch entsteht. Doch selbst dann solltest du darauf achten, dass der Lärmpegel ab 22 Uhr gesenkt wird. Nicht, dass deine Nachbarn erst hilflos mit der weißen Fahne wehen müssen, damit du deine Stereoanlage ein paar Dezibel herunterdrehst! Das ist gerade bei Grillpartys an lauen Sommerabenden ein wenig schwierig.

Wie wäre es, wenn du deine Nachbarn gleich mit einlädst?

Is' was, Doc?

Hausarzt

Hausarzt

Musst du dir aufgrund eines Wohnortwechsels einen neuen Hausarzt suchen, kannst du Kollegen, deine Familie oder Freunde um eine Empfehlung bitten. Kann dir niemand einen Tipp geben, findest du im Branchenbuch eine ganze Reihe von praktischen Ärzten bzw. Ärzten für Allgemeinmedizin. Im Normalfall solltest du den Arzt bzw. die Ärztin einmal aufsuchen, um dir einen ersten Eindruck zu verschaffen. Bei direkter Antipathie hast du auf diese Weise die Gelegenheit, dich für eine andere Arztpraxis zu entscheiden. Du möchtest ja, wenn es zu einem Notfall kommt, von einem Arzt behandelt werden, dem du vertrauen kannst.

Alle ein bis zwei Jahre solltest du dich von deinem Hausarzt einmal durchchecken lassen. Dazu gehört eine körperliche Untersuchung sowie eine Blut- und Urinuntersuchung. Siehe Hinweise im Abschnitt *Versicherung/Krankenkasse.*

Das Hausarztmodell

10,- Euro Eigenanteil zahlst du pro Quartal für ärztliche Behandlung. Wenn du dieses Geld sparen möchtest, kannst du am freiwilligen „Hausarztmodell" teilnehmen, das einige Krankenkassen anbieten (erkundige dich einfach bei deiner danach). Der selbstgewählte Hausarzt ist in diesem Fall erster Ansprechpartner bei einer Erkrankung und veranlasst und koordiniert mögliche weitere Untersuchungen bei Fachärzten, Krankenhausbehandlung und sonstige Verordnungen. Hält dein Hausarzt weitere Untersuchungen durch einen Kollegen für notwendig, stellt er dir eine Überweisung aus. Der behandelnde Facharzt sendet dann deinem Hausarzt einen Bericht über gemachte Untersuchungen und Ergebnisse zu. Natürlich kannst du auch ohne Überweisung einen Facharzt zu Rate ziehen. In diesem Fall musst du jedoch die 10-Euro-Praxisgebühr auch an den Facharzt zahlen und dein Hausarzt enthält in der Regel keinen Bericht über die Untersuchungen.

Das „Hausarztmodell" soll mögliche Doppeluntersuchungen durch selbst veranlasste Facharztbesuche, Laborbefunde etc. verhindern. Genaue Auskunft über Einzelheiten der hausarztzentrierten Versorgung gibt dir dein Arzt oder deine Krankenkasse.

Zahnarzt

Zahnarzt

Selbst wenn die meisten Menschen ausgesprochen ungern zum Zahnarzt gehen, ist es empfehlenswert, ein- bis zweimal jährlich den Zahnarzt zur Kontrolle aufzusuchen, auch wenn du dafür erst einmal 10 Euro Praxisgebühr zahlen musst. In der Regel verhinderst du auf diese Weise größere „Eingriffe“ und Löcher in deinen Zähnen. Muss dann bei einem solchen Besuch nichts weiter gemacht werden als die Entfernung des Zahnsteins, erhältst du sogar die Praxisgebühr wieder zurück. Die Zahnsteinentfernung ist ein Mal im Jahr kostenlos, beim zweiten Mal musst du sie selbst zahlen. Größere zahnärztliche Maßnahmen, etwa eine prothetische Versorgung, werden in einem Heil- und Kostenplan dokumentiert. Daraus gehen dann die vorgesehene Behandlung (z. B. Krone, Brücke) und die voraussichtlichen Kosten hervor. Diesen Heil- und Kostenplan legst du deiner Krankenkasse vor, die ihn dann genehmigen muss. Sie trägt außerdem darauf ein, in welcher Höhe Kosten übernommen werden. Den Differenzbetrag stellt nach Abschluss der Behandlung der Zahnarzt dann *dir* in Rechnung. Selbstverständlich kannst du auch noch andere Dinge frei wählen, wie etwa eine zusätzliche Verblendung bei Zahnersatz. Diese zusätzliche Leistung geht aber ebenfalls zu deinen Lasten. Siehe auch Kapitel *Versicherungen/Krankenkasse.*

Impfungen

Impfung

In früheren Zeiten starben Menschen an Krankheiten, die uns heute weitgehend unbekannt sind. Diphtherie? Nie gehört!? Wundstarrkrampf? Was ist das denn!? Eine kleine Infektion konnte durch einen Wundstarrkrampf (Tetanus) zum Tode führen. Forschern gelang es, Impfstoffe herzustellen, sodass diese und viele andere Erkrankungen weitgehend aus unseren Breiten verschwanden. Durch die Globalisierung und Reisen in die entlegensten Winkel der Welt werden wir aber heute immer wieder mit solchen Krankheiten konfrontiert. Durch Kontakt mit Land und Leuten, denen Impfungen unbekannt oder wegen Armut nicht möglich sind, erkranken immer wieder Menschen z. B. an Kinderlähmung.

Die meisten jungen Leute in unserem Land sind bereits im Kleinkindalter geimpft worden. Ein Blick in den eigenen Impfpass zeigt, wann und was verabreicht wurde (Masern, Mumps, Hib, Hepatitis B etc.). Der Hausarzt klärt dich gern über eine sinnvolle Immunisierung auf. Hervorzuheben sind ein paar **wichtige Impfungen:**

- ✗ Polio (Kinderlähmung)
- ✗ Diphtherie (Auffrischimpfung nach 5–10 Jahren)
- ✗ Tetanus (Auffrischimpfung nach 5–10 Jahren)
- ✗ Röteln
- ✗ Masern
- ✗ Mumps

Wenn unklar ist, ob du bereits Röteln hattest, kannst du dies durch eine Blutuntersuchung feststellen lassen. Röteln sind an sich eine harmlose Kinderkrankheit. Kommt aber eine Schwangere mit jemandem in Kontakt, der an Röteln erkrankt ist (oft geschieht das, ohne dass man etwas davon bemerkt), kann dies lebensbedrohliche Folgen für das ungeborene Kind haben. Vergessen wird auch manchmal, dass selbst heutzutage - wenn auch selten - junge Menschen noch an Kinderkrankheiten sterben (z. B. Masern), wenn sie wegen der fehlenden Impfung daran erkranken.

Die Kosten für die meisten empfohlenen aktiven Impfungen werden in der Regel von den gesetzlichen Krankenkassen getragen. Eine Anfrage bei der zuständigen Kasse klärt über die Leistungen auf.

Bei **Reisen ins Ausland** geben Reisebüros, Apotheken, Gesundheitsämter oder Tropenärzte Auskunft über sinnvollen Impfschutz für das jeweilige Land. Schutz vor Malaria, Gelbfieber, Typhus und andere bei uns oft unbekannte Erkrankungen sind zum Beispiel für Reisen nach Afrika dringend anzuraten. Gesundheitsämter, Tropenärzte und Tropeninstitute sowie viele Hausärzte nehmen diese Impfungen vor. Die Kosten musst du allerdings selbst tragen; sie sind nicht Bestandteil der normalen Kassenleistungen. Selbstverständlich kannst du die Belege darüber dennoch bei der zuständigen Krankenkasse einreichen. Unter Umständen wird dir ein Teil der Kosten erstattet. Bei beruflich bedingten Auslandsreisen trägt möglicherweise der Arbeitgeber die Impfkosten.

Impfungen gegen Zecken betreffen nur die Erkrankung FSME, die in Deutschland wenig und wenn, hauptsächlich süddeutsche Regionen betrifft. Es gibt gegen eine Borrelien-Infektion und andere von Zecken übertragene Krankheiten bisher keinen Impfstoff.

Eine **Grippeimpfung** verhindert wiederum keinen grippalen Infekt, sondern ist eine vorbeugende Maßnahme gegen die echte Grippe, Influenza genannt. Personen mit geschwächtem Immunsystem, alte Menschen und Säuglinge sollten mit ihrem Arzt darüber sprechen, ob eine solche Impfung notwendig ist. In der Regel wird zwischen September und November eines Jahres geimpft. Der Schutz hält etwa sechs bis zwölf Monate an. Danach muss die Impfung erneuert werden.

Die kleine Hausapotheke

Für alle Notfälle lege dir eine kleine Hausapotheke mit ein paar Arzneimitteln und medizinischem Zubehör zu. Diese solltest du in einem verschließbaren Schränkchen oder einem Kasten unterbringen. Wichtig: Der Inhalt muss gut erreichbar, trocken und kühl lagern – und für Kinder unerreichbar! Darüber hinaus bitte die Arzneien immer in der Originalverpackung belassen und nicht in andere Behälter umfüllen. Damit vermeidest du Verwechslungen. Weiterhin sollte die Hausapotheke in einem trockenen Raum untergebracht sein, daher ist das Bad aufgrund der Feuchtigkeit nicht geeignet.

Grundsätzlich gehören die folgenden Artikel in deine Hausapotheke:

Bestandteile

- ✗ Pflaster
- ✗ sterile Verbandpäckchen
- ✗ Fieberthermometer
- ✗ Pinzette
- ✗ Schere
- ✗ Schmerz- und Fiebertabletten (z. B. Paracetamol) – hält das Fieber länger als 3–4 Tage an, Arzt aufsuchen
- ✗ Hustentropfen – hält der Husten länger als eine Woche an und geht mit Fieber und Müdigkeit einher: zum Arzt gehen
- ✗ Schleimhaut abschwellendes Nasenspray oder Nasendusche
- ✗ Sportsalbe gegen Prellungen und Verstauchungen
- ✗ Wund- und Heilsalbe
- ✗ Gel und Tropfen gegen Insektenstiche, Juckreiz und Sonnenbrand (z. B. Fenistil)
- ✗ Kohletabletten (z. B. Loperamid) gegen Durchfall/Magen-Darm-Beschwerden

- ✗ Kühlkissen (Cold-Pack) – werden im Gefrierfach gelagert; zum Kühlen und Abschwellen von Verletzungen
- ✗ Wärmflasche oder Kirschkernkissen – die Wärmflasche sollte mit heißem, aber nie mit kochendem Wasser gefüllt und gut verschlossen werden; das Kirschkernkissen im Backofen 10 Minuten bei 150 °C erwärmen oder in der Mikrowelle maximal 3 Minuten bei 600 Watt erhitzen

Im Laufe der Zeit kommt erfahrungsgemäß das eine oder andere Medikament hinzu. Aus diesem Grund solltest du einmal jährlich das **Verfallsdatum** der Medikamente überprüfen und diese gegebenenfalls entsorgen. Apotheken nehmen diese Mittel auch zurück.

Erste Hilfe

Erste Hilfe

Arterienverletzung

Erkennbar durch stoßartig austretendes Blut. Arzt rufen und Arterie oberhalb der Verletzung abbinden oder zudrücken.

Erstickungsgefahr

Befindet sich ein Fremdkörper im Hals, stellt man sich am besten hinter den Verletzten und umschließt seinen Oberbauch mit beiden Armen. Faust ballen und mit der anderen Hand umschließen. Jetzt kräftig mit dieser Faust zwischen Nabel und Rippenbogen drücken (Druck nach oben). Der Brustkorb selbst soll dabei nicht zusammengedrückt werden. Dies funktioniert auch bei einem liegenden Verletzten.

Darüber hinaus kannst du versuchen, den Betroffenen – bei vornüber gebeugtem Oberkörper – mit kräftigen Schlägen zwischen die Schulterblätter zum Husten zu bringen, um so den Fremdkörper zu entfernen. Schläge auf den Rücken sind bei aufrechtem Oberkörper nicht empfehlenswert, da der Fremdkörper dadurch unter Umständen tiefer in die Luftröhre rutscht.

Erstickungsgefahr bei einem kleinen Kind: In Mund und Hals des Kindes sehen, Fremdkörper mit den Fingern entfernen. Hilft dies nicht, Kind mit Beinen nach oben halten, Kopf muss nach unten hängen, jetzt mit der Hand gegen den Rücken klopfen. Helfen diese Handgriffe nicht, sofort Arzt oder Rettungsdienst informieren.

Insektenstich

Den Stachel möglichst sofort entfernen und Kühlen mit Cold-Pack oder „Fenistil"-Gel auftragen; bei auftretender Atemnot oder allergischer Reaktion sofort zum Arzt.

Knochenbruch

Entsprechende Stelle provisorisch ruhigstellen und Arzt oder Krankenhaus aufsuchen.

Mund-zu-Mund-Beatmung

Den Kopf des Verletzten nach hinten legen und im eigenen Atemrhythmus Luft in den Mund (oder auch die Nase) blasen.

Prellung/Verstauchung

Leichte Verletzungen mit Sportsalbe einreiben oder mit Cold-Pack kühlen (Apotheke).

Schnitt- und offene Wunden

Mit Pflaster oder Mullkompresse, elastischer Binde und Leukoplast abdecken, ggf. Betaisodona-Salbe auftragen.

Stromschlag

Zuerst die Sicherung ausschalten! Verletzten nicht anfassen, solange noch der Strom eingeschaltet ist. Mit einem Holzstiel kannst du den Verletzten jedoch von der Stromquelle wegschieben. Arzt oder Rettungsdienst alarmieren.

Verbrennungen

Mindestens zehn Minuten unter kaltem Wasser kühlen und mit keimfreiem Tuch abdecken oder Eisbeutel auflegen. Statt eines Eisbeutels kann man auch einen feuchten Waschlappen kurz im Gefrierfach kühlen. Bei größeren Brandwunden Rettungsdienst anrufen und Verletzten ggf. warmhalten.

Vergiftung

Übelkeit, Erbrechen, Bauchschmerzen, Durchfall, Atem- und Kreislaufbeschwerden, Schweißausbrüche, Schwindel, Krämpfe, Bewusstseinstrübung bis hin zu Atem- und Kreislaufstillstand sind die wichtigsten Anzeichen. Arzt, Krankenhaus oder Giftzentrale anrufen.

Ohne die Anweisung einer kompetenten Stelle (Giftnotrufzentrale oder Arzt), solltest du dem Betroffenen nichts zu trinken geben, vor allem keine Milch. Auch das Herbeiführen von Erbrechen ist nicht immer nützlich und sollte nur auf Anweisung vorgenommen werden.

Zeckenbiss

Sitzt die Zecke noch an der Haut, wird sie vorsichtig mit einer Pinzette oder einer speziellen Zeckenzange herausgezogen. Die Zecke wird dabei vorsichtig und möglichst dicht über der Haut erfasst und mit einer Drehbewegung und gleichzeitig ruckendem Ziehen mehr herausgedreht als abgezogen. Wichtig ist, dass die Zecke dabei nicht gequetscht wird.

Man kann auch vorher ein Kältespray aufsprühen. Das erleichtert das Herausziehen. Bitte kein Öl, Fett oder Kleber auf die Zecke oder Einstichstelle geben. Wichtig ist auch, dass die Bissstelle nach Entfernen der Zecke desinfiziert wird (z. B. mit Jod oder Alkohol).

Die meisten Zeckenbisse sind harmlos. Kommt es jedoch innerhalb der darauffolgenden vier Wochen zu auffälligen Hauterscheinungen oder unklaren Krankheitsbeschwerden, kann dies auf eine Borreliose hindeuten. Nur ein Arzt kann eine sichere Diagnose stellen.

Wichtige Telefonnummern für den Notfall in der Nähe des Telefons und in der Hausapotheke notieren.

Polizei: 110
Feuerwehr, Rettungsdienst, Notarzt: 112

Bitte halte dich an folgendes Schema: Wer? – Wo? – Was? – Wie viele? – Welche? – Warten auf Rückfragen!

Die konkreten Nummern von Krankenhaus, Hausarzt, Zahnarzt, Apotheke, Taxiunternehmen und Giftzentrale entsprechend deinem Wohnort notieren.

Notdienstkalender
Darin werden die Ärzte und Apotheken aufgeführt, die an Wochenenden, nachts und an Feiertagen Dienst haben. Du findest sie in der zuständigen Tageszeitung oder kannst den Kalender kostenlos in Apotheken erhalten. Beim Roten Kreuz und ähnlichen Verbänden werden immer wieder Erste-Hilfe-Kurse, auch zum Auffrischen, angeboten.

Einige Hinweise zur Vermeidung von Verletzungen

- ✗ nur auf richtige, fest stehende Leitern steigen
- ✗ Elektrogeräte nicht mit nassen Händen anfassen
- ✗ die Haare nicht in der Badewanne fönen
- ✗ Elektrogeräte am besten nur vom Fachmann reparieren lassen
- ✗ beim Bohren von Löchern in Wände über möglichen Verlauf von Wasserleitung oder Elektrokabel informieren
- ✗ richtiges Handwerkszeug benutzen
- ✗ entsprechende Arbeitskleidung anziehen

Hausmittelchen

Beruhigung von Nerven und Magen

Entspannendes Wannenbad mit Baldrian bei Bauchkrämpfen.

Durchfall/Magen-Darm-Erkrankung

Bei sehr starkem Durchfall sollte 24 Stunden lang auf Nahrung verzichtet werden. Dabei sollte jedoch viel getrunken werden, vor allem heiße Getränke wie beispielsweise ungesüßter Schwarz- und Kamillentee.

Bei Brechdurchfall helfen manchmal Salzstangen mit Cola (am besten die Kohlensäure vorher durch Schütteln entfernen).

Entzündungen oder unterschiedliche Schmerzen

Als gutes Hausmittel ohne Nebenwirkungen und völlig ungefährlich für den Körper eignen sich Quarkwickel, da sie dem Körper die Giftstoffe entziehen. Man nimmt ein Tuch, z. B. ein Abtrockentuch, streicht fingerdick Mager- oder Speisequark darauf und legt es auf die betreffende Körperstelle. Mit zwei trockenen Tüchern, Handtüchern oder Decke umwickeln und 45–60 Minuten einwirken lassen. Aber Vorsicht: Meist hat sich der Quark danach in eine übelriechende, bröckelige Masse verwandelt. Körperstelle abwaschen und trocknen.

Mit Quarkwickeln lassen sich auch verschiedene andere Hauterkrankungen wie Neurodermitis, Sonnenbrand oder Insektenstiche behandeln. Sie haben sich ebenfalls bei Halsentzündungen und bei Brustentzündungen stillender Mütter bewährt.

Erkältung bzw. Schnupfen

Zwei Zitronen auspressen und, wer mag, mit Wasser und Zucker vermischt trinken. Enthält viel Vitamin C.

Alternativ kann man Zwiebeln kleinschneiden, kurz in Wasser aufkochen und die Dämpfe inhalieren.

Erschöpfung

Ein altes Hausmittel meines Opas bei Erschöpfung und Müdigkeit, besonders nach einer Grippe: Ein rohes Ei und einen Teelöffel Traubenzucker in einem Glas Rotwein verquirlen. Langsam und schluckweise trinken. Autofahrer sollten an den Alkoholgehalt dieses „Getränkes“ denken.

Fieber

Bei hohem Fieber Wadenwickel: Handtuch in lauwarmes Essigwasser tauchen (5 Esslöffel Essig auf einen Liter Wasser), auswringen und um die Wade legen. Zwei trockene Handtücher darumwickeln. Beide Waden behandeln und wechseln, wenn sie warm geworden sind.

Darüber hinaus viel Flüssigkeit zu sich nehmen!

Fußschweiß

Keine Strümpfe aus Kunststoff tragen. Socken täglich wechseln. Lederschuhe tragen. Wichtig ist noch, dass die Schuhe ebenfalls täglich gewechselt werden, da sie Gelegenheit haben müssen, vollständig zu trocknen.

Grippe

Arzt verständigen, viel Kräutertee trinken und wenig essen. Bettruhe einhalten.

Halsschmerzen

Eine Tasse heiße Milch mit zwei Esslöffeln Honig verrührt hat fast die gleiche Wirkung wie Antibiotika. Zuerst die Milch erhitzen und erst dann den Honig dazugeben, damit die Wirkung erhalten bleibt. Schluckweise trinken.

Darüber hinaus kann man Kartoffeln kochen, zerdrücken (nicht zu heiß, damit man sich nicht verbrennt!) und in ein Taschentuch wickeln. Dieses dann um den Hals legen und mit einem Schal umwickeln.

Alternativ: Quarkwickel (siehe: „Entzündungen“).

Heiserkeit

Mit Salbeitee gurgeln und alles vermeiden, was den Hals- und Rachenbereich reizen könnte (Alkohol, Nikotin, Pfeffer und Salz).

Alternativ könnte man den Dampf von heißem Salzwasser entweder durch einen umgedrehten Trichter oder unter einem Handtuch einatmen.

Hitzschlag

Oft kündigt er sich bereits durch Gänsehaut, Erbrechen, Reizbarkeit, Schwindel oder Ermüdung an. Typische Zeichen sind eine hohe Körpertemperatur, Bewusstseinsstörungen und warme trockene Haut. Wichtig ist, sofort den Körper in einem kühlen Raum mit kalten und feuchten Umschlägen abzukühlen. Sofort den Arzt verständigen, weil möglicherweise ein Transport in die Klinik notwendig ist.

Insektenstiche

Stich sofort mit der Schnittstelle einer rohen Zwiebel, einer Zitrone oder einer Mischung aus Essig und Salz einreiben.

Kopfschmerz (aufgrund nervlicher oder geistiger Anspannung)

Mehrmals täglich Hände und Unterarme in kaltes Wasser tauchen. Wichtig: ausreichend schlafen, da Schlafentzug (aber auch zu viel Schlaf!) Kopfschmerzen fördern. Außerdem sinken durch Schlafentzug die Widerstandskräfte. Da auch Flüssigkeitsmangel Kopfschmerz und Schwindel fördert, auf ausreichende Flüssigkeitszufuhr achten: zwei bis drei Liter pro Tag.

Darüber hinaus kann man die Schläfen mit Eukalyptusöl einreiben.

Nasennebenhöhlenkatarrh

Heißes Wasser in eine Schüssel mit etwas Kamillentinktur geben. Mit geschlossenen Augen und einem über den Kopf gehängten Handtuch ein Dampfbad nehmen und tief durch die Nase einatmen. Dasselbe kann man auch mit drei Esslöffeln Holundersaft und zehn Tropfen Minzöl in heißem Wasser sowie einem Esslöffel Salz und heißem Wasser machen.

Magenbeschwerden oder Muskelentzündung

Heilerde kann innerlich und äußerlich angewendet werden (siehe Packungsbeilage). Wirkt beruhigend bei Magenbeschwerden oder erleichternd als Umschlag bei Muskelentzündung.

Schlafstörungen

Bei Einschlafstörungen Baldriantee trinken oder ein Lavendelbad nehmen (darüber hinaus gibt es Baldrian auch in Kapselform). Weiterhin sollte man abends wenig essen, vor allem nicht mehr nach 20 Uhr. Kaffee und schwarzer Tee enthalten Koffein bzw. Teein, die aufputschend wirken. Wer also nach dem Genuss von Kaffee oder schwarzem Tee nicht gut schläft, sollte abends am besten auf diese Getränke verzichten.

Ein wirkungsvolles, aber sicher nicht wohlschmeckendes altes Hausmittel: Abends eine Tasse Milch mit einer Zwiebel erwärmen und trinken.

Ein weiteres altes Hausmittel, das vermutlich auch nicht jedermann trinken möchte: Ein Glas Bier erwärmen und einen Teelöffel Honig darin auflösen. Der im Bier enthaltene Hopfen wirkt beruhigend.

Schnittwunden

Kleine Schnittwunden sollten zunächst etwas bluten. Dadurch werden Keime aus der Wunde gespült. Puder, Salben oder andere Hausmittel sollten lieber nicht verwendet werden.

Alaunstifte stillen kleinere Schnittwunden.

Sonnenstich

Nach einem langen Sonnenbad macht dieser sich durch Schwindel, Unruhe, Übelkeit oder Nackensteife bemerkbar. In einem kühlen Raum ruhen und die Kleidung öffnen. Mit feuchten kalten Umschlägen Körper kühlen.

Verspannungen

Ein Kirschkernkissen im Backofen 10 Minuten bei 150 °C erwärmen oder in der Mikrowelle maximal 3 Minuten bei 600 Watt erhitzen. Das Kirschkernkissen auf die betreffende Stelle, z. B. Nacken, legen und mindestens 30 Minuten einwirken lassen. Wärme fördert die Durchblutung und löst damit Verspannungen.

Verstopfung

Ballaststoffreiche Kost wie Kartoffeln, Obst und Gemüse essen, viel Bewegung und reichlich trinken. Empfehlenswert ist auch morgens ein Glas nicht zu kaltes Wasser auf nüchternen Magen.

Warzen

Es ist zumindest einen Versuch wert: Warzen an den Händen morgens (auf noch nüchternen Magen) ablecken. Die sich über Nacht im Speichel entwickelte Säure kann helfen, die Warzen zum Abheilen zu bringen. Es sollte über einen längeren Zeitraum probiert werden.

Weitere Ideen: Der weiße Saft aus Löwenzahnstengeln oder Rizinusöl (Apotheke) zwei bis drei Wochen lang zweimal täglich auf die Warze reiben.

Wunden

Kleinere Wunden werden ausgewaschen, indem man ein sauberes Tuch in warmen Kamillentee taucht. Die ätherischen Öle der Kamille töten Krankheitskeime und verhindern Entzündungen. Wenn man Jod verwendet, darf man es nur um die Wunde herum auftragen.

Tierhaltung

Viele Vermieter sehen es nicht gern, wenn Tiere in der Wohnung gehalten werden. Ein Blick in den Mietvertrag schafft manchmal Klarheit. Ansonsten solltest du dich an die Hausordnung halten oder direkt mit deinem Vermieter darüber sprechen.

Solltest du dir aufgrund deiner beruflichen Situation wirklich ein größeres Tier anschaffen?

Sei dir jedoch bewusst, dass auch ein Tier Zuwendung und Pflege braucht. Daher überlege dir die Anschaffung eines Tieres sehr gut. Bist du tagsüber viele Stunden außer Haus, solltest du vielleicht lieber auf einen Hund oder eine Katze verzichten. Außerdem solltest du dir bereits im Vorfeld darüber Gedanken machen, wer die Versorgung deines Schützlings übernimmt, wenn du im Urlaub oder krank bist. **Und was ist, wenn du dein Haustier mit in den Urlaub nehmen möchtest**: Drohen deinem Hund oder deiner Katze im Urlaubsland vielleicht irgendwelche Krankheiten? Sind die Strapazen der Reise oder die ungewohnte neue Umgebung für ihn vielleicht zu viel? Darfst du in deiner Ferienwohnung überhaupt Tiere halten? Falls du deinen Liebling mit in den Urlaub nehmen möchtest, benötigst du beim Grenzübertritt auch bestimmte Unterlagen. Seit 2004 gibt es den sogenannten EU-Heimtierausweis, der vom Tierarzt ausgestellt wird und 80 Euro kostet. Er dokumentiert den gültigen Impfschutz gegen Tollwut und erhält die Kennzeichnungsnummer des erforderlichen Mikrochips, ein Foto und weitere Angaben zu Hund und Katze. Er erleichtert dir zumindest den Grenzübertritt. Welche Papiere und Impfungen für deinen kleinen Liebling im Einzelnen noch benötigt werden, kann dir zum Beispiel der ADAC sagen. Du solltest dich übrigens früh genug mit diesem Thema beschäftigen, da gerade bei Reisen ins außer-

Dein Tier auf Reisen

europäische Ausland zahlreiche Impfungen und Gesundheitsunterlagen erforderlich sind.

Grundsätzlich gilt beim Thema „Haustier“, dass ein Wellensittich, Hamster oder Aquarium in der Regel nicht zum Unfrieden im Haus beitragen wird und diese pflegeleicht sind. Einige Tierarten leben jedoch in Freiheit **paarweise** zusammen und sollen deshalb auch in der Wohnung möglichst nicht einzeln gehalten werden. Dazu gehören Wellensittiche, Kanarienvögel oder Kaninchen, um nur einige zu nennen. Geschultes Personal im Fachhandel berät gerne und kann dich darüber informieren, wenn ein zweites Tier hinzugekauft werden sollte. Andererseits akzeptiert ein bisher einzeln gehaltenes Tier nicht immer einen später dazukommenden vermeintlichen Konkurrenten.

Flecken

Flecken auf dem Boden, die durch ein Malheur deines Hundes entstanden sind, bearbeitest du mit Seifenlauge unter Zusatz von Essig. Mit klarem Wasser nachspülen. Katzenhaare lassen sich mit Hilfe eines feuchten Schwamms besser von Polstermöbeln entfernen.

Futter

Gehört deine Miezekatze zu den verwöhnten Tieren, die nicht jedes **Futter** fressen? Kein Problem! Träufle doch mal etwas Öl aus der Thunfischdose über ihr Fressen. Der Futternapf wird bestimmt leer. Rohes Fleisch und rohen Fisch solltest du jedoch grundsätzlich nicht an deine Tiere verfüttern, da dadurch Würmer und andere Krankheiten übertragen werden können. Außerdem gilt, dass das, was uns Menschen ein Genuss ist, einem Tier schaden kann. Schokolade ist zum Beispiel nicht für deinen Hund geeignet. Abgesehen von Zucker enthält sie Theobromin, ein Stoff, der in größeren Mengen giftig ist und sogar zum Tod des Hundes führen kann.

Natürlich lässt du deinen Wellensittich auch mal im Zimmer umherfliegen. Er findet das jedoch erfahrungsgemäß so toll, dass er nicht mehr in seinen Käfig zurück möchte. Lässt er sich nicht einfangen, kannst du den Raum abdunkeln. Der Vogel bleibt dann ruhig sitzen, du kannst ihn vorsichtig einfangen und in seinen Käfig zurückbringen.

Das Ende

Auch die **Lebenszeit** eines Zwergkaninchens oder eines Meerschweinchens ist begrenzt. Bitte entsorge den Kadaver (so nennt man leider ein totes Tier) nicht im Hausmüll oder gelben Sack! Jede Stadt oder Gemeinde hat Bestimmungen, wo dein Tier seine letzte Ruhestätte findet. Es braucht ja nun wirklich nicht gerade ein Hundefriedhof zu sein. Die Mitarbeiter der Stadt- oder Gemeindeverwaltung informieren dich gern.

Gartenpflege

Dein grüner Daumen

„Ich und Gartenpflege? Wieso das denn? Ich wohne doch nur zum Vergnügen hier! Und außerdem benutze ich den Rasen doch nur im Sommer!“ Steht in deinem Mietvertrag vielleicht etwas von „Gartenpflege“?! Lass den Kopf nicht hängen und begib dich an die frische Luft! Es ist gar nicht so schwer und lästig, wie es manchmal aussieht. Stell doch einfach ein paar Schafe auf den Rasen und schon „määäht“ sich's von alleine!? Übrigens: Vielleicht kannst du hier schon ein wenig für später üben, wenn du mal im eigenen Häuschen mit etwas Grün drumherum wohnst.

Gartenarbeit kommt in der Regel zwischen Frühjahr und Herbst auf dich zu. Der Rasen wird in ein- bis zweiwöchigem Abstand gemäht. Unkraut jäten und vielleicht mal eine Hecke oder einen Strauch schneiden kann unter Umständen auch dazu gehören. Die Unterschiede zwischen einer Staude oder Blume und Unkraut wird dir bestimmt dein Vermieter oder Nachbar erklären können.

Vielleicht muss auch mal ein Rankgerüst mit Holzschutzmittel gestrichen werden. Das ist aber eher die Ausnahme. Im Herbst wird dann das letzte Laub zusammengerecht, solange der Boden noch frostfrei ist.

Normalerweise sorgt der Vermieter für die notwendigen Gartengeräte. Wohnen noch andere Mieter im Haus, wird die Arbeit erfahrungsgemäß zwischen den unterschiedlichen Parteien aufgeteilt. Es kann aber auch sein, dass du den Garten in Schuss hältst und dafür etwas weniger Miete zahlst. Bei diesem Gedanken geht dir die Arbeit bestimmt gleich leichter von der

Hand. Selbstverständlich sollten diese Fragen zwischen dir und deinem Vermieter geklärt werden.

Wolfram Franke: „Gartenpraxis Schritt für Schritt. Alle wichtigen Arbeiten im Detail“. BLV Verlagsgesellschaft 2001.

Im Idealfall pflegt dein Vermieter jedoch den Garten selbst und du darfst auf dem Rasen Fußball spielen, Grillpartys geben und Purzelbäume schlagen. Ich sage dazu nur: Träume weiter!

Ohne Moos nix los

Oder: Von Fiskus und Finanzen

Behörden und Ämter

Halte die wichtigen Termine und Abgabefristen in einem Kalender fest

Von Geburt an begleiten dich Dokumente, Zeugnisse, Bescheide, Verträge und Rechnungen durchs Leben – unabhängig davon, ob dir das nun gefällt oder nicht. Manches davon ist auch an bestimmte Fristen gebunden. Ein Terminkalender verschafft dir immer einen guten Überblick über die Dinge, die du rechtzeitig erledigen möchtest. Er sollte an einem Platz liegen bzw. hängen, an dem du ihn täglich im Blick hast (z. B. Küche). Hier trägst du wichtige Termine ein: Arzt, Zahnarzt, Geburtstage, Zahlungsfristen, Jubiläen, Wettkämpfe, Trainingszeiten, Urlaub etc.

Bankgeschäfte

Einzugsermächtigung

Bei immer wiederkehrenden Zahlungen (Kfz-Steuer, Miete etc.) bietet es sich an, den entsprechenden Stellen eine Einzugsermächtigung zu erteilen. Wenn du am Monatsende deine Kontoauszüge überprüfst, kannst du feststellen, ob irgendjemand unrechtmäßig Beträge abgebucht hat. Die betreffende Lastschrift kannst du ohne weiteres zurückbelasten lassen. Aus Kostengründen (der Aussteller der Lastschrift trägt die Gebühr) solltest du jedoch zuerst das Gespräch mit der entsprechenden Stelle suchen.

GEZ (Gebühreneinzugszentrale)

Schon GEZahlt?

Für ein Autoradio, Radio- und/oder Fernsehgerät, unter Umständen sogar für einen Computer mit Internetzugang sind Rundfunkgebühren zu bezahlen. Formulare liegen bei Banken und Sparkassen sowie bei der Post aus. Übers Internet erhältst du sie unter: www.gez.de. Unter bestimmten Voraussetzungen (wenn du bspw. Bafög-Empfänger oder Empfänger von Sozialhilfe bist oder eine Schwerbehinderung hast) kann man jedoch von der Gebühr befreit werden. Infos dazu findet man ebenfalls auf der Homepage der GEZ. Außerdem gibt es Foren im Internet, in denen man Infos zu speziellen Problemen mit der GEZ finden kann.

Kontrolleure der GEZ, die an der Haustür klingeln und Fragen stellen, brauchst du übrigens nicht in deine Wohnung zu lassen!

Einkommensteuererklärung

Bist du lohn- oder einkommenssteuerpflichtig (weil du Einkünfte hast), musst du ab einem bestimmten Einkommen ein Mal jährlich eine Steuererklärung an dein Finanzamt senden. Das Ausfüllen des Formulars ist nicht so schwierig, wie es aussieht:

Die alljährliche Einkommensteuererklärung

- ✗ Eltern oder Freunde helfen bestimmt gern.
- ✗ Finanzbeamte sind zur Auskunft verpflichtet (aber nicht dazu, dir Tipps zu geben, wie man Steuern spart) und sie beantworten gern deine Fragen.
- ✗ Du kannst auch in einer Buchhandlung Ratgeber erwerben, z. B. von Konz: „1000 ganz legale Steuertricks". Einem Laien wie dir werden darin anhand zahlreicher Beispiele viele Fragen zum Thema „Steuer" verständlich erklärt und beantwortet.
- ✗ Wer komplizierte Angaben machen muss und professionelle Hilfe braucht, geht am besten zum/r SteuerberaterIn. Dort erhältst du gegen Gebühr auch Erläuterungen zu einer möglichen Steuerersparnis.
- ✗ Vordrucke gründlich durchlesen und nach Anweisung ausfüllen.
- ✗ Auf jeden Fall gilt: Immer schön ehrlich bleiben!

Bekommst du die benötigten Formulare nicht automatisch mit der Post zugesandt, kannst du sie beim Finanzamt anfordern oder bei anderen öffentlichen Stellen abholen (z. B. beim Einwohnermeldeamt). Seit einiger Zeit ist es darüber hinaus auch möglich, die Einkommensteuererklärung auf elektronischem Wege - per Computer - abzugeben. Entsprechende Informationen dazu erhältst du beim zuständigen Finanzamt.

Die Beschäftigung mit der jährlichen Einkommensteuererklärung beginnt jedoch nicht erst dann, wenn du dich mit den Formularen auseinandersetzt. Du musst bereits das ganze Jahr über Lohn-/Gehaltsabrechungen aufheben und wirst von deinem Arbeitgeber zu Beginn eines Jahres die Lohnsteuerbescheinigung des Vorjahres erhalten. Darüber hinaus solltest du übers Jahr auch alle Quittungen für Ausgaben sammeln, die sich steuermindernd auswirken könnten. Dazu zählen Quittungen von Arbeitsbekleidung, Fahrkarten zur Arbeitsstelle, Parkgebühren und Fachbücher, Rezeptgebühren, Krankheitskosten etc. Du kannst diese Quittungen entweder in einem großen Umschlag oder einem Karton sammeln. Siehe Kapitel *Dein kleines Büro.*

Für jemanden, der ein niedriges Einkommen, aber beispielsweise hohe Fahrtkosten zur Arbeitsstelle hat, kann unter Umständen das Ausfüllen einer Steuererklärung dennoch sinnvoll sein, obwohl er nicht dazu verpflichtet wäre. Es wäre nämlich durchaus möglich, dass sich solche Kosten steuermindernd auswirken und ein mögliches Guthaben entsteht, das nur auf Antrag - eben im Rahmen der Steuerklärung - erstattet wird.

Menschen mit Handicap können außerdem Aufwendungen, die durch die Behinderung entstehen, geltend machen. Dazu legt man der Steuererklärung eine Kopie des Schwerbehindertenausweises bei. Je nach Grad der Behinderung kann man einen Pauschalbetrag in Anspruch nehmen oder/und Einzelnachweise für „Außergewöhnliche Belastungen“ vorlegen.

Welche Variante man dabei wählt, muss jeder für sich prüfen. Selbst wenn man vergessen hat, im Vorjahr bei der Steuererklärung Aufwendungen einzutragen, die im Zusammenhang mit der Behinderung stehen, können noch nachträglich Steuervergünstigungen geltend gemacht werden. Am besten erklärt man dies kurz in einem Brief an das Finanzamt.

Wird die Schwerbehinderung eines Arbeitnehmers anerkannt, kann dieser sich unter Vorlage seines Schwerbehindertenausweises im Bürgerbüro/der Stadt- oder Gemeindeverwaltung den Freibetrag direkt in die Lohnsteuerkarte eintragen lassen. Der Arbeitgeber berücksichtigt diesen dann bei der Gehaltsabrechnung, und man muss nicht bis zur Steuererklärung warten, um Geld einzusparen.

Außerdem ist es mit Hilfe des Schwerbehindertenausweises möglich, sich ganz oder teilweise von der Kraftfahrzeugsteuer befreien zu lassen.

Behördengänge

Öffnungszeiten der Behörden

In manchen Fällen (z. B. Antrag auf Personalausweis oder Reisepass) muss man persönlich bei einer Behörde erscheinen. Falls du die Öffnungs- und Sprechzeiten nicht kennst und nicht „mal schnell“ dort vorbeifahren kannst, kein Problem: Du kannst diese auch telefonisch erfragen. Wenn du dir die Zeiten dann auf einer Pinnwand oder im Kalender notierst, erspart dir das wiederkehrende Anfragen.

Schriftwechsel mit Ämtern und Behörden

Formulare oder: Keine Angst vor dem Beamtendeutsch

Es ist sinnvoll, den Schriftwechsel mit Behörden und Ämtern sofort zu erledigen und ihn nicht vor sich herzuschieben. Darüber hinaus solltest du auch Kopien von Schreiben und zu liefernden Unterlagen anfertigen und in einem Aktenordner abheften, damit du den betreffenden Vorgang immer greifbar hast. Viele fürchten sich davor, die Behördenformulare auszufüllen, da sie auf den ersten Blick sehr verwirrend sein können. Aber meist muss man sie sich nur richtig durchlesen, um das Behördendeutsch zu verstehen und die entsprechenden Angaben zu machen. Bleiben trotzdem Unklarheiten, einfach telefonisch mal bei der betreffenden Behörde nachfragen. Das erspart Verzug und unerfreuliche Erinnerungsschreiben.

Wer ist für was zuständig?

Ein kleiner Überblick über Zuständigkeiten der einzelnen Ämter

Viele Stadt- und Gemeindeverwaltungen haben inzwischen ein Bürgerbüro. Erfreulicherweise wird dabei nicht nur Wert auf eine Verbesserung des Dienstleistungsservices gelegt, sondern auch auf bürgerfreundliche Öffnungszeiten. Dort gibt man dir dann gerne Auskunft, welche Abteilung für welche Angelegenheit zuständig ist.

Nachfolgend ein **kleiner Überblick über Zuständigkeiten** von Ämtern, Banken und Versicherungen.

Arbeitsamt

Arbeitslosigkeit, Arbeitslosengeld/Hartz IV, berufsfördernde Maßnahmen, Arbeitsvermittlung, berufliche Rehabilitation, Kindergeld, Kraftfahrzeughilfe für Behinderte

Amt für Ausbildungsförderung

Bafög

Banken und Sparkassen

Kontoführung, Kredite, Aktien, Sparkonten, Anlageberatung, Versicherungen

Bauamt

Bau- und Umbauanträge

Finanzamt

Lohnsteuer, Einkommensteuer, Gewerbesteuer, Kfz-Steuer

Fundbüro

Verloren/Gefunden

Gesundheitsamt

Impfungen und Impfberatung, Aids-Beratung, Drogenberatung, Gesundheitspass, Unterstützung von Selbsthilfegruppen

Gewerbeamt
Gewerbeanmeldung, Gewerbeschein

Jugendamt
Unterhaltshilfe, Beratung von Eltern und Kindern

Kfz-Zulassungsstelle
An-, Um- und Abmeldung von Fahrzeugen

Krankenkasse
Krankenversicherung und Zusatzversicherungen, Kuren, Heil- und Hilfsmittel, Pflegegeld, Rehabilitationsmaßnahmen, Beglaubigungen

Kreiswehrersatzamt
Wehr- und Zivildienst

Landratsamt
U. a. Antrag auf Erteilung einer Fahrerlaubnis; bei bestimmten Behinderungen ist ein ärztliches Gutachten über die Fahrtauglichkeit beizufügen

Ordnungsamt/Bürgerbüro
Personalausweis (Erstausstellung ist kostenlos), Ersatz- oder internationaler Führerschein, Reisepass (gebührenpflichtig), Beglaubigungen, Anwohnerparkausweis, Fischereischein, Jagdschein, polizeiliches Führungszeugnis (gebührenpflichtig), Schwerbehinderten-Parkausweis, Lohnsteuerkarte und Ersatz (zuständig ist die Stadt-/Gemeindeverwaltung, bei der man am 30.09. des Vorjahres seinen Wohnsitz hatte), Aufenthaltsbescheinigung, Ausländerangelegenheiten, Einbürgerung, Wahlangelegenheiten, An-, Ab- und Ummeldungen bei Adressänderung und Wohnortwechsel (Personalausweis u. Reisepass für entspr. Einträge mitbringen)

Polizei
Anzeigen von Einbruch, Diebstahl, Körperverletzung, Unfall im Straßenverkehr etc.

Rentenversicherung
Kuren, Rehabilitationsmaßnahmen, Rentenanträge, Renten

Sozialamt
Sozialhilfe, Schuldnerberatung

Stadt-/Gemeindeverwaltung
Müllgebühren

Standesamt
Aufgebot, Eheschließung, Namensänderung

Im Ausland ist das **Konsulat** oder **Generalkonsulat** der erste Ansprechpartner, wenn es Probleme oder Fragen gibt. Wer Hilfe benötigt, dem vermittelt das Konsulat Kontakte zu den heimatlichen Behörden. Ausnahmen sind einige kleinere Länder, in denen die Deutsche Botschaft zugleich die Aufgaben der Konsulate übernimmt.

Die **Botschaft** ist auf diplomatischer Ebene für die politische Beziehung zwischen der Bundesrepublik und dem Gastland kompetent. Nur bei Terrorismus oder Katastrophen kann die Botschaft erste Anlaufstelle sein.

Wie meldest du dein Auto an-, um- und ab?

Alles rund um deinen fahrbaren Untersatz

Dafür ist die Kfz-Zulassungsstelle die richtige Adresse. Mitzubringen sind:

- ✗ Fahrzeugbrief (Besitzurkunde, gut aufbewahren!)
- ✗ Deckungskarte (Nachweis über Versicherung – du bekommst diese bei deiner Autoversicherung)
- ✗ Personalausweis
- ✗ viel Zeit und Geduld

Nach erfolgter Anmeldung bekommst du einen Fahrzeugschein, mit dem dir das Nummernschild der Schilderprägestelle (befindet sich meistens im gleichen Haus) ausgehändigt wird. Viele Autohändler bieten jedoch auch an, beim Kauf eines (Neu-)Wagens diese Aufgabe zu übernehmen.

Fahrzeugschein

Du solltest den **Fahrzeugschein** immer bei dir führen, wenn du mit deinem Wagen unterwegs bist, da dich Polizeibeamte danach fragen werden, wenn du in eine Verkehrskontrolle gerätst oder einen Unfall hast. Außerdem musst du ihn vorlegen, wenn dein Wagen zum TÜV muss. Der **Fahrzeugbrief** dagegen weist den Besitzer des Wagens aus und sollte zu Hause oder sogar zur Sicherheit in einem Schließfach einer Bank aufbewahrt werden. Ziehst du in einen anderen Landkreis um, musst du ein neues Nummernschild beantragen und die Adressänderung ebenfalls von der Kfz-Zulassungsstelle in den Fahrzeugschein eintragen lassen. Natürlich sind alle Eintragungen durch die Kfz-Zulassungsstelle und die Nummernschilder gebührenpflichtig.

Fahrzeugbrief

Wo bekommst du Ersatz?

Was kannst du tun, wenn du wichtige Unterlagen verloren hast?

Zuständig bei Verlust von:

- ✗ **Bahncard:** Deutsche Bundesbahn, Passfoto mitnehmen, Ersatz ist gebührenpflichtig
- ✗ **Führerschein:** Ordnungsamt, Passfoto mitnehmen, Ersatz ist gebührenpflichtig
- ✗ **Krankenkassen-Versichertenkarte:** Krankenkasse, telefonische Mitteilung genügt
- ✗ **Kreditkarten wie Eurocard/Mastercard***:* bei Banken/Sparkassen; wenn du bemerkst, dass du deine Kreditkarte verloren hast bzw. dass diese gestohlen wurde, musst du sie sofort sperren lassen: telefonisch unter 0 18 05-02 10 21 bzw. 116 116
- ✗ **Kreditkarten wie American Express, Visa, Dinersclub:** informiere die entsprechende Organisation und lasse die Karten ebenfalls sofort sperren; die Telefonnummern der jeweiligen Organisation befinden sich in den Unterlagen oder im Aushang der Banken/Sparkassen
- ✗ **Personalausweis oder Reisepass:** Ordnungsamt/Einwohnermeldeamt, Passfoto mitnehmen, Ersatz ist gebührenpflichtig

Die Finanzen

Dein Konto

Der Umgang mit dem dir zur Verfügung stehenden Geld – und unter Umständen ist das nicht gar so viel – ist eine echte Herausforderung.

Ein **Girokonto** solltest du, falls du noch keines besitzt, bei einer Bank deiner Wahl eröffnen. Dein Gehalt, dein Bafög, dein Arbeitslosengeld, Papas Finanzspritze oder jede sonstige Unterstützung wird dir dorthin überwiesen.

Damit du einen Überblick bekommst, welche Fixkosten du hast, erstelle eine **Liste sämtlicher Ausgaben**, die entweder monatlich oder einmal im Jahr automatisch anfallen.

Ständig wiederkehrende Kosten sind vor allem:

- ✗ Benzinkosten
- ✗ Fahrtkosten für öffentliche Verkehrsmittel
- ✗ GEZ/Radio- und Fernsehgebühren
- ✗ Heizkosten
- ✗ Kfz-Steuer
- ✗ Miete
- ✗ Mitgliedsbeiträge zu Vereinen
- ✗ Strom/Gas
- ✗ Telefon
- ✗ Versicherungen (Auto, Haftpflicht, Unfall, Krankenversicherung etc.)
- ✗ Wasser
- ✗ Zeitungsabonnement u. v. m.

Für Ausgaben, die nur halbjährlich oder jährlich anfallen, solltest du monatlich etwas Geld auf ein **Sparbuch** bzw. **Sparkonto** überweisen. Damit schützt du dich vor unangenehmen Überraschungen und Haushaltslöchern: „Hilfe – an diese Versicherung hatte ich ja gar nicht mehr gedacht! Woher soll ich das Geld dafür denn jetzt nehmen?“

Dauerauftrag

Erteile dem Empfänger von regelmäßig anfallenden, feststehenden Summen (z. B. Miete, Versicherungen etc.) bei deiner Bank einen **Dauerauftrag.** Ändert sich der Betrag, kannst du deine Bank darüber informieren und sie wird die Summe berichtigen. Beim Online-Banking kannst du den Dauerauftrag selbst ändern. In vielen Banken haben Kunden inzwischen die Möglichkeit, die Änderungen an einem Überweisungsterminal selbst vorzunehmen.

Bei **variablen Beträgen** muss von dir eine Überweisung ausgefüllt werden. Verspätete Zahlungen haben oft Verzugszinsen zur Folge. Ein Eintrag im Terminkalender hilft, die Zahlung rechtzeitig zu veranlassen.

Einzugsermächtigung

Natürlich gibt es auch die Möglichkeit, dem Empfänger eine **Einzugs-**

ermächtigung zu erteilen (beispielsweise bei der Telefonrechnung). Wichtig ist, dass du die Beträge anhand der Kontoauszüge auch kontrollierst.

Sollte dir wirklich ein Betrag zu Unrecht abgebucht worden sein, ist es noch bis zu sechs Wochen später möglich, die Summe zurückzubelasten. Hier sprichst du am besten mit deiner Bank. Sie informiert dich detailliert über die aktuellen Fristen.

Zu den Kosten, die erfahrungsgemäß variieren, gehören:

- ✗ Geschenke
- ✗ Hobbys
- ✗ Kleidung
- ✗ Körperpflegemittel
- ✗ Putzmittel
- ✗ Reinigung
- ✗ Telefonrechnung
- ✗ Verpflegung u. v. m.

Geld kannst du nicht nur direkt bei deiner Bank, sondern auch am **Geldautomaten** einer anderen Bank abheben. Denke daran, dass eine andere Bank oft recht hohe Benutzungsgebühren berechnet. Empfehlung: Möglichst vom Geldautomaten deiner Bank oder einer ihrer Zweigstellen abheben.

Die Geheimzahl deiner Scheckkarte am besten nirgends notieren, und falls doch, vor allem nicht auf oder in der Nähe der Scheckkarte. Bei Verlust der Scheckkarte musst du sie sofort bei deiner Bank oder unter der Telefonnummer 0 18 05-021 021 oder 116 116 sperren lassen. Diese Service-Telefonnummern sind rund um die Uhr erreichbar. Wenn du die Sperre wieder aufheben möchtest, wende dich an deine Bank. Wird dir die Karte gestohlen, empfiehlt es sich, unmittelbar eine Anzeige bei der Polizei zu machen. Bei einer Verlustmeldung an deine Bank erhältst du in der Regel innerhalb von 48 Stunden eine Ersatzkarte – unabhängig von deinem Aufenthaltsort.

Besitzt du andere Kreditkarten (z. B. Eurocard oder VisaCard), kannst du diese ebenfalls sperren lassen.

- ✗ Notfallnummer der MasterCard: Inland 0 18 05-58 52 52
- ✗ Visa: Inland 08 00-81 49 100

Die weiteren entsprechenden zentralen Telefonnummern, auch für das Ausland, kannst du den Unterlagen entnehmen, die man dir zugesandt hat, als du die Karte erhieltest. An vielen Geldautomaten sind außerdem Aufkleber mit den wichtigsten zentralen Notfall-Telefonnummern angebracht.

Das sogenannte **Homebanking** wird über Computer und Internet abgewickelt. Informiere dich bei deiner Bank darüber, insbesondere über die Datensicherheit.

Haushaltsbuch

Haushaltsbuch

„Wozu brauche ich denn ein Haushaltsbuch? Und wo, bitte schön, bekomme ich denn so was?“ Wenn du vermeiden willst, dass am Ende des Geldes noch viel Monat übrig ist, solltest du darüber nachdenken, ein Haushaltsbuch zu führen. „So was langweiliges!“, befürchtest du jetzt. „Altmodisch! Hausbacken!“

Generell ist es von großem Nutzen, Einnahmen und Ausgaben fortlaufend in ein Haushaltsbuch einzutragen. Du erhältst einen realistischen Überblick über deine Finanzen – vor allem über die Ausgaben. Hast du sehr wenig Zeit, täglich alles aufzuschreiben, lege die Kassenbons in das Buch und vermerke ggf. darauf, welche Dinge du gekauft hast. Natürlich brauchst du nicht jeden Salatkopf oder jeden Eierkarton darin zu notieren. „Lebensmittel“ genügt in einem solchen Fall durchaus, und das gilt auch für „Kosmetika“ wie Deo, Puder oder Haarspray.

Wenn du möglichst wenig Mühe mit dem Haushaltsbuch haben willst, solltest du abends immer die Ausgaben des Tages notieren. Auf diese Weise weißt du sofort, wenn du etwas zu großzügig mit deinem Geld umgegangen bist. Falls du dies nicht schaffst, solltest du aber am Ende eines Monats jeweils die Einnahmen und Ausgaben addieren. Am Differenzbetrag kannst du jetzt ablesen, ob etwas mehr Sparsamkeit angebracht ist. Vor allen Dingen siehst du genau, wie viel Geld du z. B. für Kosmetika ausgegeben hast und bei welchen Anschaffungen Einsparungsmöglichkeiten bestehen.

Wenn du es gerne etwas moderner hast, kannst du im Zeitalter des PC auch entsprechende Computerprogramme wie das „WISO Haushaltsbuch 2007“ oder das „Haushaltsbuch“ von *Lexware* verwenden.

Tipp

Plane in deine Finanzen einen monatlichen Sparauftrag ein. Selbst kleine monatliche Ansparungen erlauben irgendwann die Erfüllung eines großen Traumes und ersparen dir teure Kredite!

Zahle bar

Damit du einen besseren Überblick über deine Ausgaben bekommst, solltest du nach Möglichkeit bar bezahlen. Abgesehen von deinen monatlichen Verpflichtungen, die du per Einzugsermächtigung und Abbuchungsauftrag zahlst, fallen natürlich gerade beim großen Wocheneinkauf oder beim abendlichen Ausgehen weitere Summen an. Hier behältst du den Überblick am besten, indem du bei solchen Gelegenheiten bar bezahlst. Ob du es glaubst oder nicht: Das vereinfacht wirklich dein Leben, obwohl die EC-Karte zugegebenermaßen sehr bequem ist.

Lege einfach eine Summe fest, die du am Monatsersten abhebst und mit der du deine monatlichen Ausgaben bestreiten willst bzw. musst (du kannst sie ja in einen Umschlag in deinem Küchenschrank stecken). Vielleicht wirst du zwei oder drei Monate benötigen, um herauszufinden, wie viel Geld du wirklich brauchst, aber dann wird dir das Geld im Umschlag dabei helfen, deine Ausgaben im Blick zu behalten.

Eine Studentin schreibt nach Hause und fragt: „Wo bleibt das Geld?“
Ihre Mutter antwortet: „Hier!“

Spartipps

Spartipps

Du wärst überrascht, wie viel Geld monatlich für Kleckerbeträge draufgeht.

- ✗ Du vergisst deinen Einkaufskorb und musst jede Woche eine Einkaufstüte kaufen.
- ✗ Du kaufst dir täglich auf der Arbeit belegte Brötchen, holst dir einen Döner oder lässt den Pizzaboten kommen.
- ✗ Wenn du tanken fährst, nimmst du gleich noch eine Dose Cola oder einen Schokoriegel mit.
- ✗ Und wenn du dann im Supermarkt den großen Wocheneinkauf erledigst, schlenderst du noch mal in der Süßwarenabteilung vorbei.

Einkaufsliste

Notiere alles, was du einkaufen musst, auf einer **Einkaufsliste**! Diese erinnert dich im Supermarkt an all die zwingend notwendigen Dinge und hilft dir, Überflüssiges im Regal stehen zu lassen. Viele raten auch, nicht hungrig einkaufen zu gehen, da man dann erfahrungsgemäß mehr einkauft, als man braucht. Weiterhin solltest du beachten, dass sogenannte No-Name-Produkte oft qualitativ besser sind als erwartet. Teure Produkte findest du hingegen meist in Augenhöhe. Deshalb empfehle ich dir, die oberen und insbesondere die unteren Regale zu beachten!

Geschäfte bieten Woche für Woche **Sonderangebote** an. Achte aber dennoch darauf, ob es sich wirklich um ein Sonderangebot handelt oder ob das Produkt nur als solches dargestellt wird. Hier hilft nur vergleichen und der altbewährte Dreisatz beim Ausrechnen des Normalpreises. Darüber hinaus solltest du auch nichts kaufen, nur weil es billig ist und du es vielleicht mal in ein paar Jahren gebrauchen könntest.

Sonderangebote

Fabrikverkauf ermöglicht es dir besonders, Markenartikel zu reduzierten Preisen zu erwerben. Die Hersteller von Sportartikeln, Elektrogeräten, Schuhen, Kleidung und vielem mehr sind in Büchern verzeichnet, die man im Buchhandel erwerben kann. Darin sind auch Öffnungszeiten genannt und Anfahrtsbeschreibungen zu finden. Die Unternehmen findest du auch im Internet.

Fabrikverkauf

Auf dem **Wochenmarkt** werden Obst und Gemüse sehr oft kurz vor Kassenschluss günstiger verkauft. Manche Bäckerei reduziert ebenso ihre Preise, um Brot und Brötchen loszuwerden. Gibt es Produkte vom Vortag, so sind sie zwar manchmal nicht mehr ganz so knackig, dennoch rein qualitativ aber nicht minderwertig. Hier kannst du oft die Hälfte des ursprünglichen Preises sparen. Feilschen hilft auch beim Kauf eines teuren Artikels oder eines Produktes mit kleinen Mängeln (z. B. wenn eine kleine Naht offen ist) oder bei Barzahlung. Freitags ist mancher Verkäufer außerdem bereits in Wochenendstimmung und es lassen sich mit diskretem Feilschen ein paar Euro sparen.

Wochenmarkt

Auf Dauer sparst du weiterhin eine Menge Geld, wenn du dir dein Pausenbrot von zu Hause mitbringst und nicht jeden Mittag ins „Goldene M" gehst oder den Pizzaboten bemühst. Obst und Joghurt peppen dann dein „Menü" auf.

Zu Hause essen

Im Zeitalter von Amazon und Co. muss man sich nicht einmal aus dem Haus begeben, um sich mit Büchern, DVDs, CDs oder den neuesten elektronischen Spielereien einzudecken. Warum die Bücher nicht in der Stadtbibliothek ausleihen oder auf Websites wie www.tauschticket.de oder www.booklooker.de deine „alten" Videos, Games oder CDs und Bücher beinahe kostenlos mit anderen tauschen bzw. solche Dinge kaufen und verkaufen? Natürlich will ich dir nicht auch noch den letzten Spaß rauben, aber manchmal lohnt es schon, mal ein Auge darauf zu werfen, wie viel Geld man wirklich für solche Dinge ausgibt.

Unterhaltungsartikel

Grundsätzlich gilt aber für alle Anschaffungen: **Vergleiche die Preise!** Ob es nun um eine „kleine" Anschaffung wie den letzten Kinohit auf DVD geht oder das neue Auto: Auf Websites wie www.billiger.de oder www.guenstiger.de findest du Preisvergleiche unzähliger Produkte. Und muss es wirklich immer das aktuellste Handy-Modell sein oder der neueste Super-Kühlschrank? Tut es nicht ein Auslaufmodell oder ein Ausstellungsstück auch?

Vergleiche die Preise!

Gerade heute war im Radio wieder zu hören, dass die Ölpreise ein Rekordhoch erreicht haben und dass das Heizen wieder teurer wird. Vermutlich

Energiesparen

fährst du keine Benzinschleuder, die 20 Liter Super auf 100 Kilometern verbraucht, aber auch du kannst ein bisschen Energie sparen. Ein Fernseh- oder HiFi-Gerät verbraucht beispielsweise im Stand-by-Modus fast genauso viel Strom wie dann, wenn die Geräte eingeschaltet sind. Selbst der Powerknopf ist nämlich keine Garantie dafür, dass ein elektronisches Gerät vom Netz getrennt ist! Kaufe dir daher eine Steckerleiste mit Ausschaltknopf und schließe deine Elektrogeräte – wenn möglich (bei einem Kühlschrank macht dies nun einmal wenig Sinn) – daran an. Nur so kannst du dir sicher sein, dass „Aus“ auch wirklich aus ist. Aber auch bei Stand-by verbrauchen Elektrogeräte unterschiedliche Mengen an Strom und Energie:

- ✗ Wenn du deine Räume lüftest, solltest du die **Heizung** ausstellen und das Fenster 10 bis 15 Minuten weit öffnen. Dies bringt darüber hinaus mehr, als stundenlanges Kippen. Wenn du tagsüber nicht in deiner Wohnung bist, solltest du die Heizung herunterschalten. Das gilt übrigens auch für nachts.
- ✗ Achte darauf, dass deine **Wasserhähne nicht tropfen** und die Wasserspülung im WC nicht defekt ist, sodass es immer leicht rieselt. Du wärst überrascht, wie viel Wasser auf diese Weise „verloren geht“. Warum nicht eine Sparfunktion im WC einbauen, damit du nicht jedes Mal die kompletten 10 Liter verbrauchst, die im WC-Kasten sind?
- ✗ Stelle deine Töpfe beim **Kochen** immer auf die Herdplatten, die den gleichen Durchmesser haben wie der Boden des Topfes. Und wenn du Wasser und andere Flüssigkeiten erhitzt, sparst du Energie, wenn du den Deckel auf den Topf legst.
- ✗ Stelle deine **Waschmaschine** nur an, wenn sie wirklich voll ist. Darüber hinaus solltest du Vorwäsche und 95 °C-Schalter nur verwenden, wenn deine Wäsche wirklich stark verschmutzt ist.
- ✗ Ja, **Baden** ist zugegebenermaßen wirklich gemütlicher als Duschen – du verbrauchst aber auch etwa doppelt soviel Wasser!

Darüber hinaus gilt: Warum bei größeren Anschaffungen nicht mal feilschen? Wir sind hier zwar nicht auf einem türkischen Basar und irgendwie widerstrebt es uns, aber wenn du beim (Fach-)Händler einmal kritisch (und mutig) nachhakst, bekommst du vielleicht etwas Nachlass auf die neue Stereoanlage oder das Auto.

Kredite

Was ist, wenn du dir doch mal **Geld leihen** musst, beispielsweise wenn du ein neues Auto kaufen willst? Am besten gehst du zu deiner Hausbank und lässt dir ein Angebot machen. Zum Vergleich solltest du noch das Angebot eines anderen Kreditinstitutes einholen. Je nach Art der Anschaffung kann z. B. ein Dispositionskredit oder ein Darlehen sinnvoll sein. Deine Bank informiert dich über Kreditart, Laufzeit, Höhe der Raten, Zinssatz und Voraussetzungen.

In der Werbung kannst du von morgens bis abends hören (und lesen), wie easy es ist, an jeder „Straßenecke“ einen Kredit zu bekommen. Verschwiegen wird allerdings, dass du ebenso schnell in der Schuldenfalle steckst. Leben auf Pump macht abhängig und unfrei! Die Vorfreude auf einen auf später verschobenen Kauf ist nicht zu unterschätzen. Denke aber dennoch gründlich darüber nach, ob die Neuanschaffung wirklich notwendig ist! Brauchst du die neue Küche wirklich oder genügt auch eine einfache Küchenzeile? Musst du wirklich in diesem Jahr den teuren Urlaub machen oder solltest du lieber noch ein Jahr sparen? Und warum nicht einmal im Internet die Preise verschiedener Fluggesellschaften vergleichen? Heute kommst du schon für 20 Euro nach Stockholm, Dublin oder Barcelona und zurück.

Also Hände weg von dubiosen Anbietern in Zeitungen und Zeitschriften! Eine angesehene Bank möchte dich als Kunde langfristig behalten und wird dir einen seriösen Kredit anbieten. Außerdem bietet sie Wege aus der Schuldenfalle an. Deshalb rate ich dir, rechtzeitig das Gespräch mit deiner Bank/Sparkasse zu suchen. Das gilt auch, wenn du dich aus irgendwelchen Gründen verschuldet hast oder in Zahlungsschwierigkeiten steckst.

Die Verbraucherzentrale bietet ebenfalls eine kostenlose Schuldnerberatung an. Die Adressen findest du im örtlichen Telefonbuch und im Internet unter www.bag-schuldnerberatung.de und www.meine-schulden.de.

Sparen

Gezielt vorsorgen

Sparen bedeutet, dass man weniger Geld ausgibt, als man einnimmt. Damit ist jedoch nicht das Geld gemeint, das am Ende des Monats noch übrig ist, sondern das Ergebnis einer geplanten, regelmäßigen Aktivität. Es ist klug, für unvorhergesehene Situationen zu sparen, auch wenn uns unsere Gesellschaft immer wieder ermutigt, darauf zu verzichten und das Geld gleich auszugeben: „Kaufe jetzt, zahle später“ oder: „Kaufen Sie jetzt, zahlen Sie die erste Rate erst in 6 Monaten!“ Darüber hinaus vermittelt uns sparen oftmals das Gefühl des Verzichts, weil uns das Geld, das gespart wird, nicht direkt zur Verfügung steht. Es ist irgendwie, als würde einem das Geld genommen. Doch sparen ist eine Investition in die Zukunft. Das Geld steht uns zwar heute nicht zur Verfügung, aber dafür später. Und wenn wir mit der richtigen Strategie sparen, dann arbeitet das Geld für uns und kommt uns zu einem späteren Zeitpunkt zugute. Prinzipiell gilt, dass du nach Möglichkeit 10 % deines Einkommens zur Seite legen solltest.

Grundsätzlich gibt es drei große Sparziele:

- ✗ Sparen für den Notfall
- ✗ Sparen für Ersatzanschaffungen/Anschaffungen
- ✗ Langfristiges Sparen/Altersvorsorge

1. Sparen für den Notfall

Da wir nie wissen können, ob wir nicht morgen ein neues Auto benötigen oder uns nächsten Monat gekündigt wird, ist es sinnvoll, für solche Notfälle monatlich etwas Geld zurückzulegen.

2. Sparen für Ersatzanschaffungen/Anschaffungen

Vermutlich sind wir alle überrascht, wenn die Waschmaschine plötzlich und unerwartet ihren Geist aufgibt, aber im Grunde wissen wir schon im Voraus, dass die Lebensdauer der technischen Geräte in unserer Wohnung begrenzt ist. Aus diesem Grund sollten wir die Kosten für die Wiederanschaffung dieser Geräte miteinplanen.

Schau dich doch einmal in deiner Wohnung um. Wie viele elektronische Geräte stehen dort herum: Waschmaschine, Herd, Kühlschrank, Fernseher, Computer, Stereoanlage und, und, und ... Und das sind nur die großen! Dazu kommen noch die kleinen Haushaltshelfer: Toaster, Kaffeemaschine, Bügeleisen, Waffeleisen, Radio ... Wenn du einmal kurz darüber nachdenkst und die einzelnen Kaufsummen zusammenrechnest, dann merkst du, dass da eine ganz schöne Summe zusammenkommt.

3. Langfristiges Sparen/Altersvorsorge

Ja, ich weiß, die Rente ist doch noch so lange hin und bauen willst du in den nächsten zehn Jahren auch nicht. Aber warum nicht schon jetzt mit dem Sparen beginnen – umso größer ist die Summe, die dir dann am Ende zur Verfügung steht. Wenn nämlich langfristig gespart wird, dann bedeutet dies, dass das Geld für uns arbeitet. Es wirft Erträge (also Zinsen) ab, ohne dass wir dafür gearbeitet haben. Und je länger der Anlagezeitraum ist – je länger du das Geld liegen lässt –, umso mehr arbeitet es durch den Zinseszinseffekt für dich. Das bedeutet, dass du die Erträge aus der Anlage wieder weiter mit anlegen kannst und die Erträge dann auch wieder weiter Erträge abwerfen.

Dein kleines Büro

Ordner für deine Unterlagen

Eine merkwürdige Formulierung, oder? Damit möchte ich nur sagen, dass du einige Unterlagen aufbewahren solltest (musst). Ein bis zwei DIN-A4-Ordner mit entsprechendem Register reichen für den Anfang aus. Damit du den Überblick behältst, solltest du die Register systematisch und alphabetisch ordnen. Beispiele für wichtige Dokumente:

- ✗ Beitrittserklärungen zu Vereinen
- ✗ Belege und Rechnungen, die für die nächste Einkommensteuererklärung benötigt werden; siehe Abschnitt *Einkommensteuererklärung*
- ✗ Durchschrift von Einzugsermächtigungen und Abbuchungserklärungen
- ✗ Durchschrift der Einkommensteuererklärung und Kopien aller beigefügten Unterlagen
- ✗ Garantiekarten
- ✗ Gehalts-/Lohnabrechnungen
- ✗ Kaufverträge (Auto, Motorrad etc.)
- ✗ Kontoauszüge (Banken halten kostenlos entsprechende Ordner für ihre Kunden bereit, in denen die Kontoauszüge abgeheftet werden können)
- ✗ Rechnungen von Möbeln, Elektrogeräten, Computer, Auto, hochwertiger Kleidung etc. wegen möglicher Reparaturen oder Reklamationen
- ✗ Versicherungsunterlagen (Kranken-, Renten-, Unfall-, Hausrat-, Haftpflichtversicherung etc.)
- ✗ Verträge (Arbeits- oder Bausparverträge, Vermögenswirksame Leistungen etc.)
- ✗ Zeugnisse

Heftest du deine Kontoauszüge, Belege und bezahlten Rechnungen immer sofort ab, hast du eine bessere Übersicht über deine Finanzen. Sind die Unterlagen einmal richtig einsortiert, erleichtert dir das die Ablage von hinzukommenden Schriftstücken.

Versicherungen

Gesetzliche Versicherungen

Im Mai 2005 wurde in der internationalen Presse eine Liste von Prominenten veröffentlicht, die sich angeblich ihre edelsten Körperteile versichern ließen. Darunter befand sich die Stimme von Bruce Springsteen, der sechs Millionen Dollar erhält, falls er nicht mehr singen kann. Unglaublich hörte sich die Summe von einer Milliarde US-Dollar an, für die die Sängerin Mariah Carey sich ihre Beine versichern ließ. Grund war wohl ein lukrativer Werbevertrag mit einem Rasierklingen-Hersteller. Dass damit die jährliche Beitragshöhe entsprechend ausfällt, braucht hier wohl nicht näher erwähnt zu werden.

Es gibt wenige Versicherungen, die gesetzlich vorgeschrieben sind. Dazu gehören:

- ✗ Krankenversicherung
- ✗ Rentenversicherung
- ✗ Arbeitslosenversicherung
- ✗ Pflegeversicherung
- ✗ Kfz-Haftpflichtversicherung

Als Sozialversicherung bezeichnet man die Kranken-, Renten-, Arbeitslosen- und Pflegeversicherung. Grundsätzlich richtet sich die Versicherungspflicht nach der Art der Tätigkeit, die man ausübt. Arbeitgeber und Arbeitnehmer teilen sich den Beitrag. Er wird in der Regel durch den Arbeitgeber vom Gehalt an die zuständige Krankenkasse abgeführt.

Krankenkasse

Wer braucht eine Krankenversicherung?

Im Sozialgesetzbuch hat der Gesetzgeber festgelegt, wer krankenversichert sein muss. Dazu gehören Arbeitnehmer, Arbeitslose, Studenten, Rentner etc. Bist du z. B. Student, ist es möglich, dass du während deines Studiums, längstens jedoch bis zum 27. Lebensjahr, kostenlos bei deinen Eltern mitversichert sein kannst. Die Krankenkasse prüft anhand deiner Angaben, ob ein solcher Anspruch besteht oder ob du dich selbst versichern musst. Danach richtet sich natürlich auch die Beitragszahlung. Stehst du in einem Ausbildungs- oder Beschäftigungsverhältnis, sind ebenfalls Sozialbeiträge (dazu gehört die Krankenversicherung) zu zahlen.

Zu den Leistungen der gesetzlichen Krankenkassen gehören neben der ärztlichen und zahnärztlichen Behandlung auch die Übernahme der Krankenhauskosten, Rehabilitationsmaßnahmen, Früherkennung von Krankheiten, Zahnersatz und Krankengeld.

Welche Leistungen bieten Krankenkassen?

Ich habe hier nur einen Teil der Leistungen aufgeführt. Nicht alle Leistungen werden in voller Höhe übernommen. Zahnersatz (Krone, Brücke etc.) bedarf der vorherigen Genehmigung durch die Kasse. Der behandelnde Zahnarzt erstellt einen Heil- und Kostenplan, aus dem die vorgesehene Behandlung und die voraussichtlichen Kosten hervorgehen. Der Zuschuss der Kasse kann bis zu 65 % der Gesamtkosten betragen, wenn jährlich einmal der Zahnarzt aufgesucht wurde. Diese Besuche werden im Bonusheft, das deine Krankenkasse dir zur Verfügung stellt, dokumentiert, und du legst es der Kasse mit dem Heil- und Kostenplan vor. Ebenso werden deiner Kasse mit einem Kostenvoranschlag bestimmte Heil- und Hilfsmittel, wie etwa Bandagen oder ein Rollstuhl, zur Genehmigung eingereicht.

Personen mit geringem Einkommen können auf schriftlichen Antrag höhere Zuschüsse oder Befreiung von Zuzahlungen zu Arzneimitteln oder Krankenhaus erhalten. Auskünfte dazu geben die Krankenkassen.

Wie findest du die richtige Krankenkasse für dich?

Du hast die Möglichkeit, die gesetzliche Krankenkasse (z. B. AOK, DAK, BEK, Techniker Ersatzkasse, Betriebskrankenkassen etc.) selbst zu wählen. Die Unterschiede bestehen im Beitragssatz und im Leistungskatalog. Die meisten Leistungen sind vom Gesetzgeber vorgeschrieben. Unterschiede bestehen etwa bei Heil- und Hilfsmitteln, Kuren und Rehabilitationsmaßnahmen oder der Erstattung von alternativen Behandlungsmaßnahmen (Heilpraktiker, Akupunktur). Broschüren der Krankenkassen und ihre Webseiten geben Aufschluss über die Leistungen, Tarife und ihren Service.

Ein Beitritt muss schriftlich erklärt werden. Das kannst du direkt in der Geschäftsstelle der Krankenkasse tun, du kannst dir aber auch die Formulare über den Postweg zusenden lassen oder ein/e Mitarbeiter/in der Kasse bietet einen Hausbesuch bei dir an. Durch einen Anruf bei der Krankenkasse erfährst du, welche Unterlagen du bereithalten solltest. Die Mitgliedsbescheinigung ist dann dem Arbeitgeber oder der Universität/Fachhochschule vorzulegen.

Wichtig: Änderungen im Versicherungsverhältnis (z. B. Wechsel des Arbeitgebers, Beginn oder Ende des Studiums, Arbeitslosigkeit, Ausbildung, Arbeitsunfähigkeit, freiwillig- oder pflichtversichert etc.) müssen der Krankenkasse sofort mitgeteilt werden (ist auch telefonisch möglich). Daraufhin wird man dir dann mitteilen, ob weitere Unterlagen eingereicht werden müssen.

Erhältst du als Arbeitnehmer eine Bescheinigung des Arztes über Arbeitsunfähigkeit, reiche sie bitte unmittelbar bei deiner Krankenkasse und beim Arbeitgeber ein. Dies verhindert den Verlust oder die Verzögerung von Krankengeld. Bei längerer Arbeitsunfähigkeit wird nach Ende der Lohnfortzahlung Krankengeld gezahlt, in der Regel nach sechs Wochen. Es beträgt etwas weniger als der bisher erhaltene Nettolohn.

Deinen behandelnden Arzt kannst du frei wählen. Bei einem Wechsel kannst du verlangen, dass dein bisheriger Arzt Röntgenbilder oder Kopien von Untersuchungen/Arztberichten herausgibt, damit keine Untersuchungen doppelt gemacht werden müssen. Üblicherweise fordert der neue Hausarzt die Akte des Patienten an bzw. bekommt der Patient seine Befunde gegen Unterschrift ausgehändigt.

Hausarztmodell

10,- Euro Eigenanteil zahlst du pro Quartal bei ärztlicher/zahnärztlicher Behandlung. Wenn du dieses Geld sparen möchtest, kannst du am freiwilligen „Hausarztmodell" teilnehmen. Der selbstgewählte Hausarzt ist in diesem Fall erster Ansprechpartner bei einer Erkrankung und veranlasst und koordiniert mögliche weitere Untersuchungen bei Fachärzten, Krankenhausbehandlung und sonstige Verordnungen. Das „Hausarztmodell" soll mögliche Doppeluntersuchungen durch selbst veranlasste Facharztbesuche, Laborbefunde etc. verhindern. Genaue Auskunft über Einzelheiten der hausarztzentrierten Versorgung gibt dir dein Arzt oder deine Krankenkasse (denn nicht alle Kassen beteiligen sich daran).

Wie kommst du in den Genuss der Leistungen?

Heil- und Hilfsmittel sind mit einer ärztlichen Verordnung und einem Kostenvoranschlag bei der zuständigen Krankenkasse zu beantragen. Für Reha-Maßnahmen oder Kuren etc. sind ebenfalls schriftliche Anträge bei der zuständigen Kasse zu stellen.

Es ist vorteilhaft, bereits beim Antrag sein Anliegen ausführlich vorzubringen. Die Erfahrung zeigt, dass viele Anträge generell einfach erst einmal abgelehnt werden. Die zuständigen Stellen hoffen, auf diese Weise bereits Gelder einsparen zu können. Lass dich davon aber nicht entmutigen!

Hat die Krankenkasse dir einen ablehnenden Bescheid (z. B. über eine beantragte Kur) erteilt, kannst du innerhalb einer festgesetzten Frist Widerspruch einlegen. Die Krankenkasse prüft deinen Antrag erneut und legt ihn einem Gutachter vor (Medizinischer Dienst). Wird nochmals abschlägig entschieden, kannst du noch ein Obergutachten verlangen. Bis hierhin ist für dich alles kostenlos. Solltest du aber trotz einer erneuten Ablehnung auf die Erfüllung deines Antrages Wert legen, musst du Sozialklage führen. Hier bist du gut beraten, Kosten und Nutzen abzuwägen. Ohne eine Rechtsschutzversicherung können erhebliche Prozesskosten auf dich zukommen.

Sozialverband VdK

Wer mindestens zwei Jahre im Sozialverband VdK Mitglied ist (www.vdk.de), kann sich in einem solchen Fall glücklich schätzen. Der Verein unterstützt unter anderem Menschen mit Behinderungen, chronisch Kranke, Senioren und Rentner sowie Kriegs-, Wehrdienst- und Zivildienstopfer. Mitarbeiter des VdK führen auf Wunsch den Schriftwechsel und der Verband vertritt deine Interessen am Sozialgericht. Die Erfolgsaussichten mit dem VdK im Rücken sind recht gut.

Rentenversicherung

Für Berufstätige werden in der Regel ebenfalls vom Gehalt Beiträge an die gesetzliche Rentenversicherung abgeführt. Ausgenommen hiervon sind geringfügig Beschäftigte (bis 400 Euro) oder Beamte. Die Beitragszahlung dient nicht nur der Altersvorsorge oder Rente wegen Erwerbsunfähigkeit, sondern man erwirbt Ansprüche auf medizinische Leistungen (Rehabilitationsmaßnahmen, Kuren) zur Erhaltung der Gesundheit. Witwen-/Witwer- und Hinterbliebenenrenten gehören ebenfalls zu den Leistungen. Über die Möglichkeiten freiwilliger Beitragszahlungen informieren die Deutsche Rentenversicherung sowie deren Versichertenälteste. Versichertenälteste sind Personen, die Menschen vor Ort bei der Antragstellung helfen und über Leistungen informieren. Die Adressen erhält man von der Krankenkasse, durch die Tageszeitung oder direkt von der Deutschen Rentenversicherung.

Welche Leistungen deckt die Rentenversicherung ab?

Pflegeversicherung

Die Beiträge zur Pflegeversicherung dienen zur Absicherung gegen Folgen der Pflegebedürftigkeit in Form von unterstützenden Hilfeleistungen. Dazu gehören u. a. Pflegegeld, Pflegekurse für Angehörige, häusliche und stationäre Pflege, technische Hilfen oder Pflegehilfsmittel. Anspruch auf Leistungen erwirbt, wer mindestens fünf Jahre vor Antragstellung in der Pflegekasse versichert war. Für die Pflegeversicherung werden die Beiträge direkt vom Gehalt abgeführt.

Wozu dient die Pflegeversicherung?

Ansprechpartner für Leistungen der Pflegeversicherung ist die Krankenkasse. Durch den Medizinischen Dienst der Krankenversicherung wird der Grad der Hilfsbedürftigkeit festgestellt. Dies geschieht durch einen Hausbesuch des/r Arztes/Ärztin beim Pflegebedürftigen. Die Geld- oder Sachleistungen der Pflegeversicherung richten sich dann nach der festgestellten Pflegestufe (von „erheblich pflegebedürftig“ bis „schwerstpflegebedürftig“). Pflegeleistungen werden frühestens ab Antragsdatum gezahlt.

Wie bei allen von Krankenkasse oder Rentenversicherung abgelehnten Anträgen hast du auch hier die Möglichkeit, innerhalb einer festgelegten Frist Widerspruch einzulegen.

Schwerbehinderte, die ein selbstbestimmtes Leben führen möchten und im Alltag auf die Mithilfe Dritter bzw. Pflegepersonal angewiesen sind, haben zudem die Möglichkeit, das Personal selbst zu beschäftigen. Der Vorteil liegt darin, dass sie Hilfe und Pflege gezielt auf ihre eigenen Bedürfnisse hin bestimmen können. Informationen darüber gibt es bei Krankenkassen, Rentenversicherungsträgern und den genannten öffentlichen Stellen im Kapitel *Behinderung*.

Arbeitslosenversicherung

Wozu dient die Arbeitslosenversicherung?

Wer mehr als einer geringfügigen Beschäftigung nachgeht, gehört zum Personenkreis derer, die Beiträge zur Arbeitslosenversicherung zahlen müssen. Lediglich Soldaten, Beamte und einige andere Personengruppen sind von der Versicherungspflicht ausgenommen. Mit den Beiträgen zur Arbeitslosenversicherung erwirbt man Ansprüche nicht nur auf Arbeitslosengeld, sondern auch etwa auf die Förderung der beruflichen Weiterbildung, Kurzarbeitergeld, Unterstützung der Beratung und Vermittlung oder Zuschüsse und Förderung Behinderter am Arbeitsleben. Dies sind nur ein paar Beispiele des Leistungsspektrums. Die Beiträge (von Arbeitnehmer und Arbeitgeber) werden vom Gehalt bzw. Lohn einbehalten und an die Agentur für Arbeit abgeführt. Pflegende Angehörige oder Selbstständige haben inzwischen die Möglichkeit, sich freiwillig zu versichern. Träger der Arbeitslosenversicherung ist die Bundesagentur für Arbeit.

Was tun, wenn du arbeitslos wirst?

Wer arbeitslos wird, sollte sich *umgehend* mit seiner zuständigen Agentur für Arbeit/Arbeitsamt in Verbindung setzen. Sperrzeiten oder der Verlust von Leistungen können sonst die Folgen sein. Mitzubringen sind der Personalausweis und das Kündigungsschreiben. Bei drohender Arbeitslosigkeit ist es ratsam, sofort Kontakt mit der Agentur für Arbeit aufzunehmen und Rat einzuholen.

Kfz-Haftpflichtversicherung

Was ist die Aufgabe der Kfz-Haftpflichtversicherung?

Bevor du dich mit deinem Motorroller oder Auto auf der Straße bewegen darfst, musst du deinen fahrbaren Untersatz versichern. Die Kfz-Haftpflichtversicherung ist in unserem Land für alle Fahrzeuge gesetzlich vorgeschrieben. Sie deckt Schäden, die man mit seinem Fahrzeug verursacht: Personenschäden (z. B. Heilungskosten bei Personenschäden), Sachschäden (z. B. Reparaturen am anderen Fahrzeug), Vermögensschäden und immaterielle Schäden (z. B. Schmerzensgeld).

Was ist die Aufgabe der Teil- und Vollkaskoversicherung?

Teil- und Vollkaskoversicherung sind dagegen freiwillig und ersetzen Schäden am *eigenen* Kraftfahrzeug. Die Teilkaskoversicherung beinhaltet die Versicherung z. B. gegen Sturm, Hagel, Glasbruch oder Wildunfälle sowie Diebstahl des gesamten Fahrzeugs oder Teile davon. Die Vollkaskoversicherung ersetzt zusätzlich Schäden am Fahrzeug durch Kollision oder eigenes Verschulden. Es werden Schäden durch Dritte ersetzt, die keine Versicherung haben oder den entstandenen Schaden nicht bezahlen können. Bei beiden Kaskoversicherungen gibt es noch unterschiedliche Höhen von Selbstbeteiligungen (also der Summe, die man im Schadensfall selbst übernehmen muss). Im Schadensfall ist es sinnvoll, seinen Versicherungsberater anzurufen und abzuwägen, inwieweit man die Kosten der Versicherung meldet oder doch selbst trägt. Der Grund dafür ist einfach: Durch einen Unfall verliert man erfahrungsgemäß einen Teil seines Schadensfreiheitsrabattes und wird beitragsmäßig hochgestuft, das heißt, man muss eine höhere Versicherungssumme zahlen.

Die Höhe der Beiträge

Die Beitragshöhe von Kfz-Haftpflichtversicherung sowie der Kaskoversicherungen orientieren sich u. a. am Alter des Versicherungsnehmers, Fahrzeugtyp, Art der Verwendung sowie gewünschter Deckung und Schadenfreiheitsrabatt. Es lohnt sich daher, die Preise und Leistungen der unterschiedlichen Anbieter zu vergleichen.

Gehörst du zur Gattung der Führerscheinneulinge, zahlst du in der Regel Höchstbeiträge, da du aufgrund deiner „Unerfahrenheit" und Jugend noch nicht in den Genuss von Schadensfreiheitsrabatten kommst. Manche Fahranfänger melden aus Kostengründen ihren Wagen auf ein Elternteil an. Auch dieser Zweitwagen erhält dann einen Schadensfreiheitsrabatt von 140 %, aber da bei der Berechnung der Beiträge noch sogenannte „weiche Merkmale" (wie die Tatsache, dass deine Eltern nun einmal älter sind und in diesem Bereich mehr Erfahrung haben bzw. vielleicht noch keinen Unfall hatten) einfließen. Fahranfänger sparen auf diese Weise eine beträchtliche Summe Geld.

Alkohol und Drogen am Steuer

Noch eine wichtige Info: Alkohol und Drogen am Steuer gefährden den Versicherungsschutz! Zwar bezahlt die Versicherung bei einem Unfall zunächst den Schaden, stellt dir aber bei vorsätzlich oder grob fahrlässig verursachtem Unfall (z. B. durch Alkohol oder Drogen) die Auslagen in Rechnung.

Gesetzliche Unfallversicherung

Welche Leistungen bietet eine Unfallversicherung

Die gesetzliche Unfallversicherung wird durch den Arbeitgeber (bei Berufstätigen) oder in öffentlichen Einrichtungen (Universität/FH, Schule, Kindergarten etc.) durch Bund, Länder und Gemeinden finanziert. Arbeitsunfälle, Unfälle, die auf dem Weg zur oder von der Arbeit passieren, sowie Berufskrankheiten sind mit einem umfassenden Rehabilitationssystem und Entschädigungen abgesichert. Bei bleibenden Schäden werden Erwerbsminderungs- und/oder Invalidenrenten gezahlt. Wer das Risiko mindern möchte, trotz einer solchen Rente, die unter dem Sozialhilfesatz liegen kann, zum Sozialfall zu werden, kann eine private Unfallversicherung abschließen.

Freiwillige Versicherungen

Absicherung deiner Person und Besitztümer

Ob du nun ein Boot besitzt, mit deinem Pferd unterwegs bist, dir als Sportschütze die Zeit vertreibst, einem Kumpel beim Umzug hilfst oder Tauchen gehst: Du kannst dich gegen alles und jeden versichern. Es gibt unzählige freiwillige Versicherungen, die man abschließen kann. Dazu gehören z. B.:

- ✗ Hausratversicherung
- ✗ Privathaftpflichtversicherung
- ✗ Unfallversicherung
- ✗ Auslandskrankenversicherung
- ✗ Berufsunfähigkeitsversicherung
- ✗ Lebensversicherung
- ✗ Private Rentenversicherung

Die Liste lässt sich beliebig fortsetzen. Ich gehe nur auf die gängigsten Versicherungen ein. Grundsätzlich geht es jedoch in jedem Fall darum, die eigene Person bzw. die eigenen Besitztümer gegen mögliche Schadensfälle abzusichern. Auch hier gilt – wie bei den gesetzlichen Versicherungen: Vergleiche – wenn möglich – die Beitragskosten der unterschiedlichen Anbieter!

Hausratversicherung

Was wird versichert und wovor?

In der Regel besitzt du als Student oder Berufsanfänger keine wertvolle Wohnungseinrichtung, teuren Schmuck oder eine Münzsammlung. Wenn du jedoch für dich die Frage beantworten willst, ob du nicht doch eine Hausratversicherung abschließen solltest, erstellst du eine Liste aller Gegenstände, die sich in deiner Wohnung befinden. Der Neuwert dieser Dinge ist Grundlage eines möglichen Vertrages.

Die Hausratversicherung deckt Schäden ab, die etwa durch Sturm, Einbruch, Blitzschlag, Leitungswasserschäden etc. entstehen. Alle Dinge, die zur Einrichtung (z. B. Möbel, Bilder, Teppiche) gehören oder zum Gebrauch (z. B. Haushaltsgeräte oder Kleidung) und Verbrauch (z. B. Heizöl, Nahrungsmittel) bestimmt sind, fallen unter die Hausratversicherung. Selbst Sparbücher, Urkunden oder andere Wertgegenstände werden berücksichtigt.

Beispiel: Der Schlauch deiner Waschmaschine löst sich und erspart dir damit eine Reise zu den Niagarafällen ... deine Wohnung steht jetzt allerdings unter Wasser.

Selbst wenn du zu Beginn deines Alleinlebens noch keine Hausratversicherung abschließt, solltest du dir dann und wann darüber Gedanken machen. Computer oder Elektronikgeräte sind oft von beträchtlichem Wert und im Laufe der Zeit wird erfahrungsgemäß die Wohnungseinrichtung vervollständigt. Bei einer bestehenden Versicherung kannst du die Prämien und Bedingungen immer wieder deiner Lebenssituation anpassen. Spätestens bei einem Umzug lohnt sich dann das erneute Nachdenken über eine Hausratversicherung.

Privathaftpflichtversicherung

Schütze dich vor unangenehmen Überraschungen!

Sofern man sich nicht mehr in der Schulausbildung oder einem Ausbildungsverhältnis befindet, endet in der Regel automatisch die Mitversicherung in der Privathaftpflichtversicherung der Eltern. Durch diese Versicherung werden Schäden abgedeckt, die man selbst einem Dritten zufügt.

Beispiel: Während eines Besuches bei deinem besten Freund fällt dir deine Zigarette auf seine Polstergarnitur und brennt ein unansehnliches Loch in den Stoff. Dein Freund kauft einen neuen Sessel und möchte die Kosten von dir ersetzt bekommen. Wenn du eine Privathaftpflichtversicherung abgeschlossen hast, kannst du die Rechnung dort einreichen, damit sie darüber erstattet wird. Ohne Versicherung trägst du die Kosten.

Es ist also sinnvoll, eine eigene private Haftpflichtversicherung abzuschließen, um sich vor unangenehmen Überraschungen, sprich finanziellen Risiken, zu schützen!

Unfallversicherung

Gegen „Unfälle" im privaten Bereich

Vor den finanziellen Folgen von Unfällen, die im privaten Bereich oder in der Freizeit passieren, kann man sich durch eine private Unfallversicherung absichern. Diese Versicherung bietet sich auch für Menschen an, denen wegen Vorerkrankungen eine Berufsunfähigkeitsversicherung verweigert wird. Ebenso geeignet ist eine private Unfallversicherung für Kinder und Personen, die nicht berufstätig sind oder keinen anerkannten Beruf ausüben.

Auslandskrankenversicherung

Rund um gesundheitliche Notfälle im Ausland

Diese Versicherung ist für Urlaubsreisen sehr zu empfehlen! Sie ist sehr kostengünstig und kann für die Zeit des Urlaubs oder, wenn man während des Jahres mehrfach unterwegs ist, auf Dauer abgeschlossen werden. Bei besonders langen Urlaubstrips und speziellen Hobbys ist der Versicherer bereits bei Vertragsabschluss darüber zu informieren.

Die Auslandskrankenversicherung sollte auf jeden Fall den Reiserücktritt und den Rücktransport im Krankheitsfall beinhalten.

Gerade ein aus medizinischen Gründen notwendiger Rücktransport aus dem Urlaubsland in die Heimat hat schon so manchen Reisenden in große finanzielle Nöte gestürzt, weil er sich nicht privat abgesichert hatte. Solche Transporte gehören nämlich nicht zum Leistungsumfang der gesetzlichen Krankenversicherung.

Es gibt ein Abkommen zwischen Deutschland und den meisten europäischen Ländern, das die ärztliche und zahnärztliche Versorgung während eines Urlaubs regelt. Bei einer Reise ins europäische Ausland gaben die gesetzlichen Krankenkassen bisher auf Anforderung einen Auslandskrankenschein aus. Inzwischen genügt die Versichertenkarte, auf deren Chip alle wichtigen Daten gespeichert sind. In der Praxis hat sich jedoch gezeigt, dass gerade ambulante Behandlungen und Medikamente von den Urlaubern vorfinanziert werden müssen, weil der Arzt im Urlaubsland die Abrechnung mit der Krankenkasse ablehnt. In der Regel ist eine eventuelle Erstattung der entstandenen Arztkosten durch die gesetzliche Krankenkasse nur auf den gültigen deutschen Satz beschränkt.

Bei stationärer Behandlung ist es wahrscheinlicher, dass diese Kosten direkt zwischen der ausländischen Klinik und hiesiger Krankenkasse abgerechnet werden.

Neben privaten Versicherungen bieten inzwischen auch gesetzliche Krankenkassen den umfassenden Schutz an. Näheres kann man dort oder im Reisebüro erfragen.

Berufsunfähigkeitsversicherung

Beruflich vorplanen

Aufgrund einer längerfristigen Erkrankung oder eines Unfalls kann es passieren, dass man den erlernten Beruf nicht mehr ausüben kann. Diesen Bereich deckt die Berufsunfähigkeitsversicherung ab. Sie soll dazu dienen, dass der gewohnte soziale Status gesichert bleibt. Eine Möglichkeit, wie dies geschieht, ist eine monatliche Rente. Über Beitragshöhen und die entsprechenden Leistungen im Versicherungsfall geben Versicherungsgesellschaften Auskunft.

Man sollte sich jedoch erkundigen, inwieweit die Berufsunfähigkeitsversicherung sinnvoll ist, wenn bereits Erkrankungen bestehen (die man bei Vertragsabschluss angeben muss!). In solchen Fällen sind auch die Beitragskosten erfahrungsgemäß höher.

Lebensversicherung

Sichere dich und deine Familie ab

Mit einer Lebensversicherung kann man zwar sein Leben nicht erhalten oder verlängern, aber persönliche Risiken absichern. Sie läuft über viele Jahre; die Summe wird dann zum Ende der Laufzeit ausgezahlt. Gründe für einen Abschluss können Altersvorsorge, finanzielle Absicherung der Familie, steuerliche Vorteile oder Absicherung für die Finanzierung einer Immobilie sein.

Man kann zwischen zwei unterschiedlichen Arten von Lebensversicherungen entscheiden: Risikolebensversicherung und Kapitallebensversicherung. Welche man abschließt, hängt von den Zielen ab, die man damit verfolgt. Die Kapitallebensversicherung sichert das Todesfallrisiko ab und spart

Kapital an, das man etwa für die Altersvorsorge nimmt. Die tatsächliche Auszahlungssumme richtet sich nach der Überschussbeteiligung. Möchte man die Angebote verschiedener Versicherungsgesellschaften vergleichen, bittet man jeweils um eine Hochrechnung der Auszahlungssummen. Die Kapitallebensversicherung dient meist dazu, die Familie im Todesfall finanziell abzusichern. Ihre Beiträge liegen meist höher als die Beiträge für die Risikolebensversicherung.

Es gibt bei der Kapitallebensversicherung eine weitere besondere Form: die Direktversicherung. Der Arbeitgeber zahlt den Beitrag als Teil des Verdienstes direkt an die Versicherung. Die Direktversicherung kann wegen des sehr niedrigen Steuersatzes bei bestimmten Einkommen sehr interessant sein.

Private Rentenversicherung

Sichere das Alter ab

Die kommende Überalterung unserer Gesellschaft und die damit verbundene rückläufige Rentenhöhe sind zwei der Gründe, warum immer mehr Menschen zusätzlich eine private Rentenversicherung abschließen. Diese dient nicht nur zur Absicherung einer Immobilie oder als steuerbegünstigte Geldanlage, sondern insbesondere der eigenen garantierten Altersversorgung, allerdings ohne Todesfallschutz. Die Leistungen und die Beiträge der Anbieter unterscheiden sich deutlich. Aus diesem Grund sind eine gründliche Beratung sowie eine Prüfung der Angebote geraten.

Preise und Leistungen vergleichen

Vergleiche Preise und Leistungen

Will man Preise und Leistungen von Krankenversicherung, Kfz-Versicherung und den freiwilligen Versicherungen vergleichen, kann man sich an die Krankenkassen oder entsprechenden Versicherungsgesellschaften wenden. Viele Versicherungen wurden auch bereits von der Stiftung Warentest ausgewertet, verglichen und die Ergebnisse wurden veröffentlicht. Auch im Internet kann man Informationen über die unterschiedlichen Preise und Leistungen erhalten, z. B. unter www.focus.de/zusatzversicherung.

Aus der Vielzahl der privaten Versicherungsanbieter sollte man sich lediglich eine Handvoll bekannter Gesellschaften aussuchen, damit man einen gewissen Überblick behält. Darüber hinaus kann man auch von den persönlichen Erfahrungen und Ratschlägen von Eltern oder Freunden profitieren.

Falls sich das Versicherungsbüro eines Anbieters in deiner Nähe befindet, hat dies den Vorteil, dass du dich auch direkt persönlich mit dem Versicherungsvertreter in Verbindung setzen kannst. Einen direkten Ansprechpartner solltest du im Schadensfall einem unbekannten Telefongesprächspartner auf jeden Fall vorziehen!

VL – Vermögenswirksame Leistungen

Finanzielle Vorteile nutzen

Vater Staat zieht dir nicht nur Geld in Form unzähliger Arten von Steuern aus der Tasche, sondern gibt Personen, die eine bestimmte Möglichkeit des Sparens – die sogenannten Vermögenswirksamen Leistungen – nutzen, sogar Zuschüsse. Auszubildende, Arbeitnehmer, Soldaten und einige andere Beschäftigte haben Anspruch auf Extra-Euros durch die öffentliche Hand und in den meisten Fällen auch durch den Arbeitgeber.

Voraussetzung für die Inanspruchnahme von Vermögenswirksamen Leistungen ist der Abschluss eines VL-Sparplanes in Form von:

- ✗ Bank-Sparplan
- ✗ Bausparvertrag
- ✗ Aktienfonds
- ✗ Lebensversicherung
- ✗ Betriebliche Altervorsorge
- ✗ Tilgung eines Bausparvertrages

Im Tarifvertrag ist festgelegt, ob und in welcher Höhe sich dein Chef an deinem Sparplan beteiligt (die Summe kann bis zu 40 Euro monatlich betragen). Falls du eine neue Stellung antrittst bzw. angetreten hast, kann es unter Umständen sein, dass die Zahlung erst nach Ablauf der Probezeit erfolgt.

Die Durchschrift deines Vertrages über einen der oben genannten VL-Sparpläne legst du deinem Arbeitgeber vor. Er überweist in der Regel über einen Zeitraum von sechs Jahren die Sparraten auf deinen Vertrag. Nach anschließend maximal einem Jahr Sperrfrist steht dir die gesamte Summe zur Verfügung.

Eine besondere Stellung nehmen Lebensversicherungen ein. Hier erfolgt eine steuerfreie Auszahlung nach einer Mindestanlagedauer von 12 Jahren.

VL und Einkommensteuererklärung

Wichtig: Wenn du in den Genuss der Arbeitnehmersparzulage kommen willst, musst du diese mit der Steuererklärung beantragen. Dazu musst du die „Bescheinigung über vermögenswirksame Leistungen für 20XX“ (Anlage VL) einreichen. Die Sparzulage wird gutgeschrieben, bis die Festlegungsfrist abgelaufen ist (also nach Ablauf des Vertrages). Die Anlage VL wird dir von der Bank/Bausparkasse zugesandt, bei der die vermögenswirksamen Leistungen direkt von deinem Arbeitgeber eingezahlt wurden.

Außerdem kannst du die Wohnungsbauprämie für einen Bausparvertrag erhalten. Für die Gutschrift der Wohnungsbauprämie richte deinen Antrag an die Bausparkasse.

Für die Förderung der Sparzulage bzw. die Prämie gibt es jedoch Einkommensgrenzen. Im Jahr 2007 gab es die Arbeitnehmersparzulage nur bis zu einem Jahresgehalt von 17.900 Euro, die Wohnungsbauprämie nur bis zu einem Einkommen von 25.600 Euro (für einen alleinstehenden Arbeitnehmer).

Eine gute Beratung durch die Bank oder Bausparkasse erleichtert dir die Entscheidung für eine Anlageform. Der staatliche Zuschuss kann bis zu 114,30 Euro ausmachen. Es ist sogar möglich, Bausparen und Fondssparen miteinander zu kombinieren. Die Zinsen für die einzelnen vermögenswirksamen Leistungen sind daher unterschiedlich. Sie betragen für Sparer mit Aktienfondsplänen 18 %. Für einen Bausparvertrag erhältst du zurzeit 9 % plus Wohnungsbauprämie. Im Moment ist der Renditezins beim Bank-Sparplan variabel.

Während zum Beispiel bei einem Bank-Sparplan kein Minus möglich ist, können Aktienfonds ein Verlustrisiko bergen. Ein Bausparvertrag kann sehr interessant sein, weil du nach Ablauf der Bindefrist über das Guthaben frei verfügen kannst. Du bist nicht dazu verpflichtet, ein Eigenheim zu kaufen oder zu modernisieren. Der Vorteil der betrieblichen Altersvorsorge liegt darin, dass der Vertrag nicht alle sechs Jahre erneuert werden muss und man so Steuern und Sozialabgaben, die für die VL gezahlt werden, spart. Ein Nachteil ist, dass man als Sparer erst im Rentenalter an sein Geld kommt.

Hier alles nochmals in Kürze:

- ✗ VL mit Arbeitgeber/Tarifvertrag klären
- ✗ Vertrag abschließen und deinem Arbeitgeber die Durchschrift vorlegen
- ✗ jährlich Gutschrift von Arbeitnehmersparzulage und
- ✗ ggf. von Wohnungsbauprämie beantragen
- ✗ sechs Jahre einzahlen und anschließende Sperrfrist (max. 1 Jahr) abwarten

Mit kleinen monatlichen Sparbeiträgen kommt ein kleines Vermögen zusammen und du kannst deine Wünsche wahr werden lassen.

Behinderung

Eine besondere Herausforderung

Gesund zu sein ist für viele Menschen selbstverständlich. Doch die Selbstverständlichkeit hört spätestens da auf, wo man selbst betroffen ist. Ob von Geburt an, durch Krankheit, Unfall oder durch welche Umstände auch immer erworben – eine körperliche, seelische oder geistige Behinderung stellt jederzeit eine besondere Herausforderung dar.

Alessandro Zanardi wird der bedeutungsvolle 15. September 2001 bestimmt immer im Gedächtnis bleiben. Bei einem Formel-1-Rennen auf dem Lausitzring verunglückte der bekannte italienische Fahrer bei Tempo 320 km/h schwer. Sein Rennwagen wurde bei diesem Unfall derart stark beschädigt, dass dem Fahrer beide Beine oberhalb der Knie entfernt werden mussten. Durch den beherzten Einsatz von Ärzten und Helfern konnte dem in Lebensgefahr schwebenden Rennfahrer zumindest das Leben gerettet werden. Obwohl Zanardi innerhalb von Sekunden zum Schwerbehinderten wurde, fasste er später neuen Lebensmut. In der internationalen Presse wurde bewundernd über seine fortschreitende Genesung und die Versorgung mit Beinprothesen berichtet. Die Liebe zum Leben, zu seiner Familie und zum Motorsport ließen Zanardi nicht los und heute jagt er in einem umgerüsteten Rennwagen in der Tourenwagen-Klasse erneut nach dem Sieg.

Ämter und Institutionen, die weiterhelfen

Falls du ebenfalls von einem Handicap betroffen bist, unterstützen dich die folgenden Adressen und Internetseiten dabei, Rat und Hilfen für mehr Lebensqualität in Anspruch nehmen zu können. Die Liste ist willkürlich zusammengestellt und erhebt keinen Anspruch auf Vollständigkeit. Es würde den Rahmen sprengen, alle zuständigen Ämter, Arbeitsgemeinschaften oder Verbände aufzuführen. Vielmehr weist sie den Weg an Dienste, die dir weitere Informationen und Adressen zur Verfügung stellen können.

Bundesministerium für Arbeit und Soziales
Öffentlichkeitsarbeit und Internet
Mohrenstr. 62
10117 Berlin
Bürgertelefon: 0 18 05-67 67 15 (0,12c/min aus dt. Festnetz)
Schreibtelefon für Gehörlose/Hörgeschädigte: 0 18 05-67 67 16
Im Internet: www.bma.bund.de

Infos zu beruflicher Teilhabe, Frühförderung, Berufsbildungswerke, Berufsförderungswerke, umfassende Rehadat-Adressdatenbank (Infosystem).

Deutscher Behindertenrat
c/o Sozialverband Deutschland
Stralauer Str. 63
10179 Berlin
Telefon: 0 30 – 72 62 22-0
Im Internet: www.deutscher-behindertenrat.de

Zusammenschluss aller wichtigen Organisationen behinderter und chronisch kranker Menschen.

Sozialverband VdK Deutschland e. V.
Wurzerstr. 4a
53175 Bonn
Telefon 02 28 – 8 20 93-0
Im Internet: www.vdk.de

Vertritt als der größte Sozialverband Deutschlands die Interessen von Menschen mit Behinderungen, von chronisch Kranken, Patienten etc. gegenüber der Politik und an den Sozialgerichten. Man muss nicht behindert sein, um Mitglied werden zu können.

Beauftragte der Bundesregierung für die Belange behinderter Menschen
Karin Evers-Meyer
11017 Berlin
Telefon 0 18 88 – 5 27 29 44
Im Internet: www.behindertenbeauftragte.de

Die Beauftragte ist mit ihren hauptamtlichen Mitarbeitern für die Belange behinderter Menschen zuständig. Sie versuchen, gleichwertige Lebensbedingungen herbeizuführen und geschlechtsspezifische Benachteilungen zu beseitigen. Ihre Aufgabe ist es, dafür zu sorgen, dass die Verantwortung des Bundes gegenüber den Bürgern in allen gesellschaftlichen Bereichen gewahrt wird.

Deutscher Behindertensportverband e. V.
DBS
Friedrich-Alfred-Str. 10
47055 Duisburg
Telefon: 02 03 – 71 74 17-0
Im Internet: www.dbs-npc.de

Viele interessante Informationen über Breitensport, Leistungssport, Reha-Sport, DBSJ-Jugend, Lehrwesen, Antidoping, geistige Behinderung etc. Der DBS ist Fachverband im Deutschen Sportbund (DBS) für den Sport von Menschen mit Behinderungen, gleichzeitig NPC (National Paralympic Committee), Mitglied im Internationalen Paralympischen Komitee (IPC) und hat eine sich selbstverwaltende Jugendorganisation, die Deutsche Behinderten-Sportjugend (DBSJ). Wer Fragen zum Behindertensport hat oder vielleicht eine Sportgemeinschaft in seiner Nähe sucht, findet hier kompetente Gesprächspartner.

Versorgungsämter

Jedes Bundesland hat für den Wohnort zuständige Versorgungsämter mit Bürgerservice. Hier nur zwei Adressen von vielen:

Für Rheinland-Pfalz:
Landesamt für Versorgung, Jugend und Soziales
Am Rodelberg 21
55131 Mainz
Telefon: 0 61 31 - 96 70
Im Internet: www.versorgungsamt.de

Für Hessen:
Hessisches Amt für Versorgung und Soziales Gießen
Südanlage 14A
35390 Gießen
Telefon: 06 41 - 79 36 0
Im Internet: www.rp-giessen.de

Auf der folgenden Internetseite findest du alle Versorgungsämter nach Ländern geordnet: www.versorgungsaemter.de

Das Versorgungsamt ist zuständig für die Feststellung einer Behinderung, eines Leistungsanspruches oder der Erteilung eines Bescheides, es berät und hilft Behinderten, Gewalt-, Kriegs- und Wehrdienstopfern sowie deren Hinterbliebenen.

Schwerbehindertenausweis

Ein **Schwerbehindertenausweis** wird auf Antrag vom Versorgungsamt für Menschen mit einer mindestens 50 %igen Behinderung ausgestellt. Der Antrag kann formlos oder mit einem amtlichen Antragsformular beim zuständigen Versorgungsamt erfolgen. Von dort werden ärztliche Unterlagen angefordert und geprüft, ob und welcher Grad der Behinderung (10–100 %) einzutragen ist. Als Grundlage dienen außerdem ein ärztliches Gutachten und das Schwerbehindertengesetz (SGB IX).

Als schwerbehindert gilt man mit einer Behinderung von mindestens 50 %. Dieser Ausweis dient als Nachweis und dazu, Nachteile auszugleichen: verstärkter Kündigungsschutz, Steuervergünstigung des Einkommens, höherer Urlaubsanspruch, Vergünstigungen bei Beförderung im öffentlichen Nahverkehr und einige andere Erleichterungen (z. B. ermäßigter Eintritt in

Schwimmbäder, Beitragsbefreiung von Rundfunk-/Fernsehgebühren). Bei Ablehnung oder nur unzureichender Berücksichtigung der Erkrankung ist Widerspruch (Frist einhalten!) möglich.

Heinz und Mia Krone-Stiftung
Ungererstr. 42
80802 München
Telefon: 0 89 – 55 27 78 27
Im Internet: www.krone-stiftung.de

Menschen, die nach Unfall oder Krankheit auf den Rollstuhl angewiesen sind, können Förderung erhalten (für behindertengerechtes Auto, behindertengerechten Hausumbau, Übernahme von anfallenden Kosten etc.).

Studium

www.studentenwerke.de

Dort findest du Informationen zu Studium und Behinderung.

Beruf

Bundesagentur für Arbeit
Regensburger Str. 104
90478 Nürnberg
Telefon: 09 11 – 179 0 sowie alle zuständigen Arbeitsämter
Im Internet: www.arbeitsagentur.de

Arbeitsämter beraten umfassend über berufliche Rehabilitation, bei der Berufswahl, fördern finanziell die Teilnahme an Maßnahmen zur beruflichen Integration, leisten Vermittlungsarbeit und gewähren Arbeitnehmern und Arbeitgebern Leistungen und Unterstützung. Außerdem bieten sie eine intensive Vermittlungsarbeit für behinderte Hochschulabsolventen an.

Tipp

Ines Herdmann: „Berufsstart für junge Leute mit Behinderungen. Der Wegweiser zum passenden Beruf“, Bielefeld: Bertelsmann Verlag 2004.

Reha-Messe

Fachmesse Rehacare
Messeplatz
40474 Düsseldorf
Im Internet: www.rehacare.de

Die Internationale Fachmesse zu den Themen Rehabilitation, Pflege, Prävention und Integration findet jährlich statt und bietet den Händlern und Besuchern die neuesten Informationen rund um den Reha-Markt mit all seinen Hilfsmitteln.

Zeitschrift

HANDICAP
Lindberghstr. 18
80939 München
Telefon: 0 89 - 32 21 01-40/oder -41
Im Internet: www.handicap.de

Das Magazin für Lebensqualität erscheint 4x jährlich und enthält Interviews, Infos zu den Themen „Mobil und Aktiv“, zu Gesellschaft, Gesundheit, Rehabilitation, Orthopädie-Technik, barrierefreien Reisen etc.

Bei Hempels unterm Sofa

Oder: Von Waschtag bis bügelleicht

Waschen

Der Kampf mit der Wäsche

Es hilft einfach nichts! Du kannst noch so oft einen Bogen um die Waschmaschine machen oder die gähnende Leere deines Schrankes bestaunen: Irgendwann musst du dich deiner schmutzigen Wäsche stellen. Spätestens, wenn du einen Hürdensprint über deine Wäscheberge veranstalten kannst, solltest du dich ihrer erbarmen. Aber damit nicht genug – die schmutzigen Teile wollen nicht nur weggeräumt, sondern auch gewaschen werden! Keine Panik! Es ist gar nicht schwierig, die Wäsche in die Maschine zu füllen und die Waschmaschine anzustellen.

Zu Beginn des vergangenen Jahrhunderts sah das noch ganz anders aus. Damals wurden Flecken mit Hilfe des Waschbrettes oder von Bürsten entfernt. Man wusch bis dahin immer noch mit Holzasche und Schmierseife. Auch war es mühsam, Kleidung und Wäsche wie eine Suppe in einem großen Bottich zu kochen. Die Sonne übernahm dann das Bleichen. Noch heute deuten Straßennamen wie „Auf der Bleiche" auf ehemals flache Wiesen hin, auf denen früher die Wäsche gebleicht und getrocknet wurde.

Fritz Henkel gilt als Erfinder unseres heutigen Waschpulvers. Er stellte es aus Seifenpulver, Bleichmittel und Soda (als Wasserenthärter) her. Sein erstes Vollwaschmittel unter dem Namen „Persil" kam 1907 auf den Markt. Dank moderner Waschmittel und der Erfindung der Waschmaschine ist Wäschepflege also spürbar erleichtert worden.

Die Waschmaschine

Wenn du keine Möglichkeit hast, eine eigene Waschmaschine aufzustellen oder zu kaufen, kannst du einen öffentlichen Waschsalon besuchen. Es gibt sie aber meist nur in größeren Städten. Der Nachteil ist, dass man während des Waschvorganges die ganze Zeit anwesend sein muss. Wenn man jedoch eine eigene Maschine besitzt, kann Wäsche waschen ganz nebenher erledigt werden.

Der Fachhandel bietet verschiedene Modelle in allen Preislagen an. Der zukünftige Standort der Maschine entscheidet über die Maße des Gehäuses.

Unterschiedliche Modelle

Nachfolgend einige Beispiele

- ✗ Frontlader in normaler Größe (Breite: 60 cm; Tiefe: 60 cm; Höhe: 85 cm), die Wäsche wird von vorn eingefüllt
- ✗ Toplader in schmaler Form (40 bis 45 cm Breite), die Wäsche wird von oben eingefüllt

- ✗ Frontlader, bei dem die Gehäusetiefe geringer ist
- ✗ Untertischmodelle, die in eine Küche eingebaut werden
- ✗ Waschmaschine mit integriertem Trockner (Waschtrockner) usw.

Sinnvoll ist es, ein Modell mit mindestens 1.000 Umdrehungen/Minute zu wählen, da geringe Restfeuchte den Trockenvorgang beschleunigt. Mindestens 1.200 U/min sind zu empfehlen, wenn man anschließend seine Wäsche im Trockner trocknet.

Energielabel informieren den Käufer über Verbrauchswerte, die verschiedenen Waschgänge und Schleuderleistungen (Umdrehungen/Minute). Niedriger Wasser- und Stromverbrauch (Energieeffizienz A, A+ und A++) schont Geldbeutel und Umwelt. Warmwasseranschluss ist für moderne Geräte uninteressant.

Wer keine Möglichkeit hat, seine Waschmaschine selbst zu transportieren, lässt das Gerät gegen einen kleinen Aufpreis liefern. In der Regel wird das fachmännische Anschließen an Strom und Wasser mit angeboten. Diese Fragen kannst du direkt beim Kauf abklären.

Wichtig: Wasserhahn, Steckdose und Abfluss sind Voraussetzung für den Standort (Waschkeller, Küche oder Bad). Für den Strom reicht eine 10-Ampere-Sicherung, bei einem Anschlusswert über 2.200 Watt sollten es 16-Ampere sein.

Auslaufmodelle oder Restbestände sind oft zum Schnäppchenpreis zu bekommen. Bei Marken-Waschmaschinen beginnen dann die Preise bei 299,- Euro, bei Trocknern bei 179,- Euro. Darüber hinaus kann man im Fachhandel oder von Privatpersonen auch ein gebrauchtes Gerät kaufen.

Wasch-maschinen-Programme

Welche Programme sind notwendig?

- ✗ Vorwaschgang
- ✗ 30/40 °C - Buntprogramm
- ✗ 30/40 °C - Pflegeleichtprogramm
- ✗ 60 °C - Hauptwaschgang
- ✗ 95 °C - Kochwaschgang
- ✗ Wollprogramm
- ✗ Schleuderprogramm
- ✗ Express-Programme verkürzen Waschvorgänge, waschen trotzdem intensiv und gründlich

Viele Maschinen bieten noch zusätzliche Extras. Du solltest dich für eine Maschine entscheiden, die deinen Bedürfnissen und dem vorhandenen Budget am besten entspricht.

Für Allergiker ist eine „Wasser-Plus“-Funktion empfehlenswert. Durch zusätzliche Spülgänge werden Waschmittel- und Weichspülerreste besser ausgespült.

Benötigte Waschmittel

- *Vollwaschmittel* (30–95 °C) in Pulver- oder flüssiger Form. Testsieger sind nach wie vor die Waschpulver. Vollwaschmittel, auch Universalwaschmittel genannt, enthalten Bleichmittel, und deshalb sollte man sie nicht ständig für farbige Wäsche verwenden. Weiße Wäsche wird mit Vollwaschmittel sauberer als mit Color-Waschmittel.
- *Feinwaschmittel* (30–60 °C). Bunte Wäsche möglichst nur mit Feinwaschmittel bzw. *Color-Waschmittel* waschen, damit die Farben frisch bleiben.
- *Wollwaschmittel* für empfindliche Stoffe. Wer nur selten Wollwaschmittel benötigt, kann stattdessen einfach einen Teelöffel Shampoo direkt in die Trommel geben.
- *Weichspüler*. Wer kann, sollte darauf verzichten und schont damit Umwelt und Geldbeutel. Wird die Wäsche im Trockner getrocknet, ist Weichspüler generell überflüssig. Für die Handwäsche kann man einen Schuss Essig als Weichspüler benutzen, der gleichzeitig die Farben auffrischt.
- Moderne Waschmittel enthalten bereits *Wasserenthärter*. Zusätzliche Kalktabs sind normalerweise überflüssig.

Tipps rund ums Wäschewaschen

- *Dosierung des Waschmittels* der Empfehlung auf der Packung entnehmen. Überdosierung führt zu Schaumbildung und hinterlässt Flecken auf der Wäsche. Bei empfindlicher dunkler Kleidung kann man (falls die Maschine dafür ausgerüstet ist) die Menge des Wassers für den Spülwaschgang erhöhen. Damit verhindert man ebenfalls Rückstände des Waschpulvers auf der Kleidung oder man nimmt ein Flüssigwaschmittel. Manche Waschmittel reinigen bereits mit niedriger Dosierung. Einfach selbst mal ausprobieren! Ist die Maschine nur halb beladen, wird die Dosierung ebenfalls halbiert.

- ✗ *Farbempfindliche Wäsche* (z. B. schwarze Jeans): Äußere Seite immer nach innen wenden und Wäschestück auf links waschen. Das verhindert Ausbleichen und Ablagerung von Waschmittel auf der Wäsche. Ebenfalls nach innen dreht man Pullis aus Kunstfasern oder Wolle, um den Pilling-Effekt, also die Flusenbildung, zu vermeiden.
- ✗ *Kuscheltiere aus Plüsch* lassen sich problemlos im Schonwaschgang bei 30 °C in der Maschine waschen und sanft im Trockner trocknen. Das Fell wird beim Trocknen auf der Heizung leider spröde.
- ✗ *Empfindliche Wäsche* wie Dessous, Blusen oder Pullis mit Pailletten in einen alten Kopfkissenbezug stecken und waschen (falls du nicht sowieso schon einen Wäschebeutel besitzt). Er schützt die Bekleidung.
- ✗ *Wäschestücke aus Mikrofaser* vertragen Weichspüler nicht gut, weil dadurch die Atmungsaktivität verloren geht.
- ✗ *Sportschuhe* in ein altes Kopfkissen oder einen Stoffbeutel stecken und bei 30 °C im Schonprogramm waschen. Anschließend Schuhe mit zerknüllter Zeitung ausstopfen und trocknen lassen. Nicht unter die Heizung stellen, da das Leder sonst spröde wird.
- ✗ *Starke Flecken* mit Fleckenmittel vorbehandeln. Die Fleckenmittel findet man in Drogerien oder im Supermarkt bei den Waschmitteln.
  Siehe Kapitel *Kleine Fleckenkunde*.
- ✗ *Normal verschmutzte Wäsche* benötigt kein Vor- oder Kochprogramm.
- ✗ *Füllmenge* der Trommel bezieht sich immer auf trockene Wäsche.
  In der Regel sind es 5 Kilo bei normaler Wäsche und bei empfindlicher Kleidung etwa 3 Kilo. Ist die Trommel zu stark beladen, wird die Wäsche nicht gründlich gereinigt. Faustregel: Ist die Trommel gefüllt, muss immer noch mühelos eine flache Hand zwischen Wäsche und Trommel passen. Die Stromkosten für eine halb gefüllte Waschmaschine sind übrigens die gleichen wie für eine volle.
- ✗ *Flusensieb* regelmäßig reinigen. Wo man es in der Waschmaschine findet, steht in der Bedienungsanleitung.
- ✗ *Wasserhärte beachten.* Sie hat Einfluss auf die Dosierung der Waschmittelmenge. Die Wasserhärte erfragt man beim zuständigen Wasserwerk oder entnimmt sie der Wasserrechnung. Dort ist sie ebenfalls vermerkt.
- ✗ *Pflegehinweise beachten.* Kleidung und Wäsche sind mit Pflegeetiketten versehen. Daraus erkennst du, ob und wie das Wäschestück zu waschen, trocknen und reinigen ist.

Erklärung zu den Symbolen auf den Etiketten

Fürs Waschen

Normalwaschgang, 95 °C

Schonwaschgang, 95 °C

Normalwaschgang, 60 °C

Schonwaschgang, 60 °C

Normalwaschgang, 40 °C

Schonwaschgang, 40 °C

Schonwaschgang, 30 °C

Handwäsche, max. lauwarm

Nicht waschen!

Die folgenden Symbole beziehen sich auf die chemische Reinigung.

chemische Reinigung ist nicht möglich

reinigen mit Perchlorethylen

schonend reinigen mit Perchlorethylen

reinigen mit Kohlenwasserstofflösemittel (KWL)

schonend reinigen mit Kohlenwasserstofflösemittel

chemische Reinigung

Ebenfalls für die chemische Reinigung

Chlorbleiche möglich

Chlorbleiche nicht möglich

Sortieren der Wäsche

Schmutzwäsche richtig sortieren

Vor dem Waschen solltest du alle Taschen der Kleidungsstücke nachprüfen und leeren. Schadhafte Kleidung ebenfalls vorher ausbessern, um größere Schäden abzuwenden. *Reißverschlüsse* der Wäschestücke schließen, damit andere Teile nicht beschädigt werden.

Die richtige Temperatur

1. Temperatur

- ✗ Bunte und weiße Wäsche sortieren.
- ✗ Bunte Wäsche dann wiederum nach Waschsymbolen sortieren: Hauptwaschgang/Normalwaschgang/Schonwäsche/Wolle/Handwäsche.
- ✗ Helle und dunkle Buntwäsche muss je nach Farbintensität nochmals sortiert werden, damit helle Wäschestücke nicht durch dunkle Wäsche verfärbt werden (gerade bei Rotem solltest du vorsichtig sein). Buntes nicht heißer als 60 °C waschen. Flecken ggf. vorbehandeln.
- ✗ Unterwäsche (wenn nicht aus Seide o. ä.), Handtücher, Bettwäsche kannst du im Normalwaschgang bei 40° oder 60 °C waschen, weiße Wäsche dieser Art meist auch bei 90 °C. Der Kochwaschgang wird jedoch erfahrungsgemäß nur selten benötigt (z. B. bei starken oder infektiösen Flecken). Übrigens: Krankheitserreger in der Wäsche, wie Viren, Bakterien oder Pilze, können auch mit Essig statt chemischer Zusätze oder dem Kochwaschgang bekämpft werden. Einfach einen halben Liter normalen Haushaltsessig in das Weichspülerfach der Waschmaschine geben. Ein angenehmer Nebeneffekt ist die weiche Wäsche und außerdem wird gleichzeitig die Maschine entkalkt.
- ✗ Unempfindliche farbige Wäsche kannst du bei 30 bis 40 °C im Normalwaschgang oder Schonwaschgang mit Buntwaschmittel waschen.
- ✗ Bunte Wäsche aus empfindlichen Stoffen nur mit Feinwaschmittel im Schonwaschgang waschen.
- ✗ Seide und Wolle bei niedrigen Temperaturen nur von Hand waschen und spezielles Waschmittel verwenden.
- ✗ Eine höhere Gradzahl beim Waschen benötigt mehr Energie und belastet Geldbeutel und Umwelt.

Das richtige Waschmittel

2. Waschmittel

Da Vollwaschmittel Bleichmittel enthalten, würde ich nur unempfindliche Wäschestücke mit dem Vollwaschmittel waschen, und für andere Wäschestücke Color- oder Feinwaschmittel benutzen. Die folgenden Wäschestücke können mit Vollwaschmittel bei 40 bis 90 °C gewaschen werden:

- ✗ Leintücher und Bettwäsche
- ✗ Unterwäsche (wichtig: nicht solche aus Seide oder ähnlich empfindlichen Stoffen)

- viele Nachthemden, Schlafanzüge
- Handtücher und Geschirrtücher

Bei Oberbekleidung wie T-Shirts oder Pullis solltest du vorsichtiger sein. Im Idealfall solltest du folgende Kleidungsstücke mit Color- oder Feinwaschmittel waschen:

- Hemden und Blusen aus Baumwolle, Leinen und Synthetik (es gibt aber auch Hemden und Blusen, die in die Feinwäsche gehören!)
- Hosen aus Baumwolle, Leinen, Synthetik
- Röcke
- Socken

Folgende Kleidung solltest du unbedingt mit Feinwaschmittel oder mit flüssigem Wollwaschmittel waschen:

- empfindliche Baumwollbekleidung mit Naturfarben
- Jacken und Mäntel aus Stoff

Nur mit flüssigem Wollwaschmittel solltest du waschen (u. U. lieber in Handwäsche):

- Wollpullis und Wollschals (und anderes aus Wolle)
- Seidenstoffe aller Art

Falls ein Wäschestück gar nicht stark verschmutzt ist, solltest du es lieber bei niedriger Temperatur und mit einem schonenden Waschmittel (Color- oder Feinwaschmittel) waschen. Auf diese Weise halten Textilien länger.

Step by step: Wie wird gewaschen?

Das „How-to" des Wäschewaschens

- Wäsche sortieren
- Wäsche in die Trommel stecken
- Waschmittel zugeben
- Wasserhahn aufdrehen
- Umdrehungszahl fürs Schleudern einstellen
- Waschprogramm einstellen und Maschine starten

Falls deine Waschmaschine irgendwann einmal defekt ist, solltest du dir zunächst vom Kundendienst einen Kostenvoranschlag geben lassen. Auf diese Weise erspart man sich unliebsame Überraschungen.

Tipp

Der besondere Tipp

Möchtest du deine Kleidungsstücke mindestens eine Nummer kleiner und wesentlich bunter haben? Oder stehst du besonders auf die Farben „Schweinchenrosa“ oder „Gewittergrau“? Dann verzichte auf das Sortieren deiner Wäsche und wasche sie viel heißer, als auf dem Etikett angegeben!

Trocknen

Feuchte Wäsche möglichst sofort zum Trocknen aufhängen oder in den Trockner geben. Es können sonst Stockflecken (schwarze, stinkende Flecken, die nur schwer zu entfernen sind) entstehen. Entsprechend feuchte (benutzte) Handtücher oder Waschlappen auch nicht gleich in den Wäschekorb werfen, sondern erst trocknen lassen.

Wer seine Wäsche beim Aufhängen sofort in Form zieht, hat es darüber hinaus beim Bügeln etwas leichter oder kann möglicherweise völlig darauf verzichten. Auch gilt, dass Wäsche, die im Frühling/Sommer draußen an der frischen Luft getrocknet wird, besser riecht (allerdings solltest du vorsichtig sein, wenn du Allergiker bist).

Das Pflegeetikett

Das Pflegeetikett gibt Hinweise darauf, ob das Wäschestück für den Trockner geeignet ist und gegebenenfalls schonend darin getrocknet werden kann.

Trocknen mit normaler Temperatur

Trocknen mit reduzierter Temperatur

Trocknen im Wäschetrockner nicht möglich

Je nach Trocknerart und -programmen gilt:

- ✗ Für empfindliche Kleidungsstücke haben bessere Trockner einen Schongang mit geringerer Temperatur.
- ✗ Man sollte keine Kleidungsstücke hineinstecken, die
  - abfärben
  - verfilzen (aus Wolle, Cashmere etc.)
  - sehr empfindlich sind (kann man aber gegebenenfalls in luftdurchlässigen Beuteln mit trocknen)
- ✗ Kunststoffkleidung ist hitzeempfindlich. Da viele Baumwoll-T-Shirts mit Kunststoffgarnen genäht werden, sind sie unter Umständen trockneruntauglich.
- ✗ Sehr problematisch sind erfahrungsgemäß Kleidungsstücke, in denen sich ein Gummiband befindet (Jogginghosen, Unterhosen), da die Gummis oft schnell ausleiern.
- ✗ Man sollte auch darauf verzichten, teurere (edlere) Unterwäsche im Trockner zu trocknen.

Bügeln

Dazu benötigst du

- ✗ ein Bügelbrett (zusammenklappbar und höhenverstellbar)
- ✗ ein Bügeleisen
- ✗ gegebenenfalls einen Wäschesprüher

Bügeleisen

Es lohnt sich auch die Anschaffung eines Dampfbügeleisens. Durch den Dampfausstoß wird die Wäsche schneller und effektiver geglättet. Dein Frust am Bügeltisch verschwindet mit den Knittern. Je höher die Wattzahl des Dampfbügeleisens, desto größer ist darüber hinaus der Dampfausstoß, und das Einsprühen getrockneter Wäsche wird damit überflüssig. Die meisten Dampfbügeleisen brauchen inzwischen auch kein destilliertes Wasser mehr, sondern können mit Leitungswasser befüllt werden.

Du solltest jedoch von Zeit zu Zeit daran denken, bei dem Dampfbügeleisen zunächst einige Male Dampf abzulassen, um es zu entkalken. Kalkreste rieseln dann von ganz alleine heraus. Zur Reinigung des Bügeleisens sprühe die noch handwarme Fläche mit Backofenspray ein und poliere mit einem weichen Tuch nach. Gute Bügeleisen gibt es auch zu erschwinglichen Preisen. Deshalb kann man hier getrost auf Secondhand-Ware verzichten.

Bügelstation

Beim Kauf einer *Bügelstation* solltest du berücksichtigen, dass solche Geräte eine Aufheizphase benötigen. Wer also immer mal ein Kleidungsstück zwischendurch bügelt, ist vielleicht mit einem normalen Dampfbügeleisen besser beraten.

Die richtige Bügeltemperatur

Die richtige Bügeltemperatur kannst du dem Pflegeetikett des jeweiligen Kleidungsstückes entnehmen. Wer Zeit hat, bügelt Blusen und Hemden in halbtrockenem Zustand. Dann kann man auf Dampf oder Einsprühen verzichten.

heiß bügeln | mäßig heiß bügeln | nicht heiß bügeln | nicht bügeln

Die richtige Reihenfolge

Bevor du mit dem Bügeln beginnst, solltest du die Wäsche nach Temperatur sortieren, um möglichst energiesparend zu bügeln und ständiges Wechseln der Temperatur zu vermeiden.

- ✗ Zuerst werden empfindliche Textilien bei schwacher Hitze gebügelt und erst zuletzt Leinenwäsche und Baumwollsachen bei hohen Temperaturen.
- ✗ Taschentücher und andere kleine Teile kannst du auch ganz zum Schluss bügeln, wenn du den Stecker des Bügeleisens bereits gezogen hast.
  Für diese Dinge reicht auch die Restwärme des Eisens aus.
- ✗ Handtücher, Socken und Unterwäsche brauchst du nicht zu bügeln, diese werden nur gefaltet.
- ✗ Wenn es dich nicht stört, kannst du deine Bettwäsche auch ungebügelt wieder aufziehen. Frottee-, Biber- und Jerseybettwäsche brauchen generell nicht gebügelt zu werden, dasselbe gilt auch für Seersucker-Bettwäsche.
- ✗ Ein Spannbetttuch brauchst du überhaupt nicht zu bügeln. Damit du nicht beim Zusammenfalten verzweifelst, hier eine kleine Anleitung:
  An einer schmalen Seite beide Ecken wenden. Die beiden anderen Ecken nun in diese Ecken an der anderen Betttuchseite stecken.
  Beide Längsseitenteile etwas Richtung Mitte einschlagen und die Ecken flach umlegen. Problemlos lässt sich jetzt das Spannbetttuch bis zur gewünschten Größe zusammenlegen.
- ✗ Bei Rock- und Kleidersäumen solltest du nur die Bruchkante und nicht den gesamten Saum bügeln. Damit verhinderst du das unschöne Abzeichnen des Saumes.

Eine kleine Anleitung zum Hemdenbügeln

So bügelst du Hemden

- ✗ Hemd bzw. Bluse richtig auf das Bügelbrett legen und einsprühen oder Dampfbügeleisen benutzen.
- ✗ Beim Bügeln mit dem Kragen beginnen. Erst die Rückseite jeweils von

den Ecken zur Mitte bügeln und gleichzeitig dabei den Kragen in Form ziehen. Danach entsprechend die Vorderseite des Kragens bügeln. Beginnt man an den Kragenspitzen, bilden sich weniger Falten.

- ✗ Manschetten aufknöpfen und ebenfalls die innere und äußere Seite bügeln.
- ✗ Ärmel glatt hinlegen, die untere Naht dient als Kante, und von beiden Seiten bügeln.
- ✗ Jetzt ist das gesamte Rückenteil dran.
- ✗ Jede Vorderseite bügeln, zwischen den Knöpfen, an der Knopfleiste und die Brusttasche. Das Bügeleisen nicht auf die Knöpfe stellen, da diese sonst beschädigt werden können.
- ✗ Das fertige Hemd auf einen Bügel hängen und nachtrocknen lassen. Dabei die beiden oberen Knöpfe schließen, um es in Form zu halten. Wenn das Zusammenlegen von Hemden bzw. Blusen nicht zu deinen Stärken gehört, kannst du das gute Stück gleich mit Bügel in den Schrank hängen.

Beim Kauf von Baumwollhemden solltest du übrigens auf gute Qualität achten. Sonst kann es passieren, dass du trotz bester Vorsätze und trotz Dampfbügeleisen am Hemd verzweifelst. Es gibt auch bügelfreie Hemden im Handel. Nass aufgehängt, sind sie fast ohne Bügeln glatt. Wer möchte, bügelt noch mal kurz darüber.

Bisher habe ich nur wenige Menschen getroffen, denen Bügeln wirklich Spaß macht. Auch wenn Bügeln nicht zu meinen Lieblingstätigkeiten gehört, versuche ich, bei dieser Aufgabe Langeweile zu vermeiden. Mit musikalischer Untermalung oder vor dem Fernseher leert sich mein Korb mit Wäsche zwar nicht schneller, aber weniger eintönig.

Knöpfe annähen

Knöpfe annähen leicht gemacht

Falls sich der Knopf einer Bluse oder eines Hemdes selbstständig macht, brauchst du nicht gleich verzweifelt zum Sekundenkleber zu greifen! Kinderleicht geht das Knopfannähen mit der folgenden Anleitung. Du brauchst dir übrigens nicht unbedingt ein Rundum-glücklich-Set zu kaufen. Ein Reise-Nähset kann unter Umständen auch erst einmal genügen.

Benötigte Utensilien:

- ✗ Nadel
- ✗ Nähgarn
- ✗ Haushaltsschere
- ✗ Knopf

Wähle das Nähgarn entsprechend den anderen Knöpfen oder passend zum Knopf/Stoff. Schneide einen etwa 50 Zentimeter langen Faden ab und fädle ihn durch das Nadelöhr.

Tipp

Du hast das Gefühl, du musst ein Kamel durchs Nadelöhr führen (Matthäus 19,23–24)? Nicht verzweifeln! Nimm doch einfach die Einfädelöse, die in allen Reise-Nähsets enthalten ist!

Verknote dann beide Fadenenden mehrfach. Einfache Knoten rutschen erfahrungsgemäß leicht durch die Nadel-Einstichstelle.

Nähe dann den Knopf an der ursprünglichen Stelle an, wo sich möglicherweise noch Fadenreste befinden. Diese bitte vor dem Annähen entfernen. Bei manchen Knöpfen kannst du noch die alten Einstichstellen sehen. Auf diese Weise weißt du exakt, wo der Knopf befestigt werden muss. Ansonsten wähle einfach die gegenüberliegende Seite vom Knopfloch.

Steche mit der Nadel auf der Rückseite des Stoffes ein. Führe die Nadel durch das Loch des Knopfes und gehe mit ihr durch das andere kleine Loch zurück. Wiederhole dies mehrmals, damit der Knopf festsitzt. Ziehe den Faden dabei immer ganz durch, damit sich keine Schlingen bilden.

Es ist wichtig, dass man ein „gleichmäßiges Muster" näht, also parallel und nicht kreuz und quer.

Steche auf der Stoffrückseite mehrfach im Bereich der bisherigen Fäden ein (aber nicht auf die andere Seite des Stoffes durchziehen) und mache einen kleinen Knoten, um so ein Lösen des Fadens zu vermeiden. Zum Schluss Faden einfach in Stoffnähe abschneiden.

Wenn du es mit einem Vier-Loch-Knopf zu tun hast – die sich meist an dickeren Stoffen befinden –, solltest du diesen mit einem kleinen Steg annähen. Dabei wird der Knopf beim Nähen ein wenig schräg gehalten, damit er nicht direkt und dicht am Stoff sitzt. Als Abstandhalter eignet sich auch ein Streichholz. Bevor der Faden dann wie oben vernäht wird, wickelt man ihn mehrmals um die Fäden zwischen Stoff und Knopf.

Schuhpflege

Gepflegte Schuhe sind ein „Muss"! Dazu brauchst du nur wenige Utensilien, die entsprechend deiner Garderobe bzw. Schuhe ergänzt werden können.

Grundausstattung

Deine Schuhputz-Grundausstattung

- ✗ kleiner Schuhputzkasten
- ✗ Schuhcreme, farblos
- ✗ Schuhcreme, schwarz,
- ✗ Lederspray/Nässeschutz
- ✗ Glanzbürste
- ✗ Auftragbürste oder Kombibürste
- ✗ weiches Tuch zum Polieren (z. B. altes Staubtuch)

Diese Artikel kosten nicht viel Geld. Es gibt für ein paar Euro kleine praktische Schuhputzkästen, in der sich die Grundausstattung befindet.

Schuhe putzen leicht gemacht

Schuhe putzen leicht gemacht

Jeder Schuh muss ganz individuell gepflegt und geputzt werden – denn es ist ja ein großer Unterschied, ob du dir einen Sneaker aus Kunstleder vornimmst oder einen Wildlederschuh. Ausnahme sind hier höchstens deine alten Joggingschuhe – wen interessiert schon, ob die nach zehn Jahren immer noch leuchtend weiß sind? Hauptsache, sie sind bequem.

Wenn du beispielsweise einen Schuh aus richtigem Leder putzen willst, entfernst du zunächst mit einer Bürste den groben Schmutz. Danach kannst du mit einem Tuch und lauwarmem Wasser den Staub und den feineren Schmutz entfernen. Dann lässt du den Schuh trocknen.

Die Schuhcreme wählst du dann je nach Farbe und Art des Leders. Vergiss beim Auftragen von Schuhcreme oder Politur auf Lederschuhe auch die Unterseite der Sohle und die innere Kante des Absatzes nicht. Das Leder wird an dieser Stelle sonst schnell brüchig.

Je länger die Politur einwirkt, umso besser. Denn alles, was nicht ins Leder eingezogen ist, muss beim Polieren mit der Bürste reingetrieben werden.

Nachdem du den Schuh dann mit der Bürste bearbeitet hast, kannst du noch mal kurz mit einem Tuch darüber wischen, um überschüssige Wachspolitur zu entfernen. Schuhcreme hingegen muss nicht so lange einziehen.

Wenn man zu lange wartet, kann sie sogar auf dem Leder festtrocknen und lässt sich dann nur noch schwer abpolieren.

Tipp

Ein paar Tipps

- ✗ Ausgefranste Schnürsenkel mit Nagellack oder Klebefilm festigen.
- ✗ Gehfalten bei neuen Lackschuhen werden durch das Auftragen von reinem Rizinusöl vermindert. Anschließend die Schuhe polieren. Risse in getragenen Lackschuhen werden durch dieses Öl leicht zusammengezogen.
- ✗ Sind deine Schuhe sehr nass geworden, stopfe sie mit Zeitungspapier aus. Das Papier saugt schnell die Feuchtigkeit aus den Schuhen auf. Bitte lass sie nicht unter oder auf der Heizung (Leder wird dadurch spröde) trocknen, sondern stelle sie an einen mäßig warmen Ort.

Putzen

„Lästig, lästig“, denkst du. Die Menschheit fliegt zum Mond, sendet Sonden zum Mars und kann in Sekundenschnelle Informationen und Bilder ans andere Ende der Welt verschicken, aber trotzdem müssen du und ich immer wieder Staub wischen, die Toilette putzen und den Müll rausbringen.

Zu meinem großen Bedauern hat man die selbstreinigende Wohnung aber leider noch nicht erfunden! Damit diese manchmal unerfreulichen Tätigkeiten sich im Rahmen halten, kannst du einen kleinen Putzplan aufstellen. Auf diese Weise lässt sich das drohende Chaos im Zaum halten und die Wohnung bleibt gepflegt. Also: Nicht jammern – fang einfach an!

Welche Utensilien brauchst du zum Putzen?

Welche Hilfsmittel brauchst du

- ✗ großer Putzeimer
- ✗ kleiner Putzeimer
- ✗ Schrubber (z. B. von Leifheit. Diese Firma bietet ein umfangreiches Sortiment an Zubehör an. Die Investition lohnt sich, da die Geräte praktisch und äußerst langlebig sind. Natürlich steht dir auch frei, einen Holzschrubber von anno dazumal zu benutzen ...)
- ✗ zwei Bodentücher (ggf. für glatte u. raue Flächen); die Bodentücher entsprechend dem gewählten Schrubber kaufen
- ✗ mehrere Schwammtücher in mindestens zwei verschiedenen Farben; sinnvoll ist es, für Toilette/Bidet immer die gleiche Farbe zu benutzen
- ✗ Baumwoll-/Leinentücher (können auch alte Unterhemden sein), Staubtuch, Fenstertuch, z. B. aus Mikrofaser, fusselfrei
- ✗ Gummiabzieher für Fensterscheiben
- ✗ Staubsauger, wenn Teppichboden oder Teppich vorhanden
- ✗ Staubwedel (für Bücher, empfindliche Teile und um Spinnweben zu entfernen)

Putzmittel

- ✗ Allzweckreiniger
- ✗ Spülmittel
- ✗ Glasreiniger
- ✗ WC-Reiniger
- ✗ Essigreiniger
- ✗ sanftes Scheuermittel
- ✗ Badreiniger
- ✗ Scheuerbürste (sie ist meist effektiver als ein aggressives Reinigungsmittel)

Zum Spülen

- ✗ Spülmittel und Essigreiniger
- ✗ Spül- oder Schwammtuch
- ✗ Spülbürste
- ✗ Topfreiniger
- ✗ Abtrockentücher aus Baumwolle und/oder Leinen

Backofen reinigen

- ✗ Mit warmem Wasser (bitte etwas Spülmittel darauf geben) auswaschen (wenn möglich nach jeder Benutzung).
- ✗ Bei gröberer Verschmutzung Backofenspray nach Anweisung verwenden.

Herdplatten

- ✗ Verschmutzungen möglichst sofort abwischen, bevor sie eintrocknen.
- ✗ Eingebrannte Reste mit Scheuermittel und warmen Wasser lösen.

Ceranfeld

- ✗ Kann mit Allzweckreiniger oder Spülmittel und warmem Wasser gereinigt werden. Starke Verkrustungen werden mit einem speziellen Glasschaber entfernt.

Spülmaschine

Nach jedem Spülgang das Sieb reinigen und an den Rändern der Tür Verschmutzungen abwischen.

In die Maschine gehören nicht: Holzteile, Silberbesteck, Kristallgläser, empfindliches Kunststoffgeschirr (Hinweis des Herstellers beachten), Teile aus Kupfer, Ton oder beschichtetem Aluminium.

Silberbesteck reinigt sich selbst über Nacht, wenn man es in Wasser legt, dem man ein Stück Alufolie und einen Esslöffel Salz zufügt. Anschließend das Besteck nochmals in Spülmittellauge waschen.

Boden reinigen

Die meisten Böden lassen sich mit warmem Wasser und etwas Allzweckreiniger putzen. Dazu gehören

- Linoleum
- Fliesen
- Steinboden
- Marmor
- Laminat

Parkett möglichst mit Parkettreiniger und warmem Wasser putzen. Laminat und Parkett nur feucht, niemals nass wischen, damit der Boden nicht aufquillt.

Wichtig: Für jeden Raum frisches Wasser verwenden und die Schwammtücher von Bad bzw. Toilette nicht anschließend für andere Räume benutzen. Du möchtest den Dreck ja nicht von Raum zu Raum tragen.

Putzen leicht gemacht

Putzen Schritt für Schritt

Am besten stellst du die Putzutensilien immer an die Seite, damit du beim Saubermachen nicht über Schrubber und Putzeimer stolperst.

Tipp

Warmes Wasser löst Flecken und Schmutz besser als kaltes.

Von oben nach unten

Generell werden alle Räume von oben nach unten gereinigt:

- ✗ Regale, Lampen, Bilder, Spiegel, Gardinenleiste, Fenster etc.
- ✗ Sideboard, Stühle, Tisch, Badewanne/Dusche etc.
- ✗ Fußleisten, Mülleimer und Tür
- ✗ Fußboden

Die meisten Gegenstände lassen sich feucht abwischen, nur wenige (z. B. Bücher) dürfen ausschließlich mit Staubtuch oder Staubwedel behandelt werden. Wirf auch ab und zu einen Blick nach oben – Spinnweben an der Decke oder in den Zimmerecken lassen sich mühelos mit dem Staubwedel entfernen.

Sonstiger Schmutz und Staub verschwindet durch eine feuchte Reinigung besser.

Reinigung der Küche

Die Küche

Dazu brauchst du:

- ✗ kleiner Putzeimer (zum Abwaschen von Dingen)
- ✗ Schwammtuch und Allzweckreiniger
- ✗ großer Putzeimer (für den Boden)
- ✗ Schrubber und Putzmittel
- ✗ Bodentuch

Bevor du mit der eigentlichen Reinigung beginnst, solltest du schmutziges Geschirr spülen oder in die Spülmaschine räumen, die Küche aufräumen und den Müll rausbringen. Sortiere übrigens den Abfall möglichst nach Kunststoff/Metall, Küchenabfällen (Obst- und Gemüsereste, Kartoffel- und Eierschalen, Brotreste), Karton und Zeitungen sowie allgemeine Abfälle.

Auf den Komposthaufen kommen nur Küchen- und Gartenabfälle, jedoch keine Fleisch- und Wurstreste. Sie locken Ratten und Mäuse an.

Tipp

Hast du eine Schwäche für Haustiere? Dann lass das benutzte Geschirr einfach stehen. Dicke, schillernde Schmeißfliegen warten nur darauf ...

Putzplan

- ✗ Oberschränke und Unterschränke mit warmem Wasser und Allzweckreiniger abwaschen. Dabei auch die Fläche auf den Oberschränken berücksichtigen. Wenn man sie regelmäßig reinigt, verhindert man eine unangenehme und schwer zu entfernende Fettschicht. Wenn du die Oberschränke immer mit etwas Zeitungspapier bedeckst, erleichtert dir das übrigens auch das Putzen an dieser Stelle.
- ✗ Kacheln ebenfalls abwaschen und hartnäckige Flecken mit Essigreiniger oder purem Allzweckreiniger und Scheuerbürste lösen.
- ✗ Küchenlampe abwischen.
- ✗ Fuß- und Sockelleisten reinigen.
- ✗ Heizkörper abwischen und mit einem Staubwedel den Staub zwischen Heizkörper und Wand entfernen.
- ✗ Tür und Türrahmen abwaschen.
- ✗ Mülleimer auswaschen.
- ✗ Geschirr- und Spültuch wechseln.
- ✗ Boden putzen (1x nass, 1x trocken).

Reinigung des Bades

Das Badezimmer

Dazu brauchst du:

- ✗ kleinen Putzeimer (zum Abwaschen der Einrichtung)
- ✗ Badreiniger (oder Essigreiniger für hartnäckige Seifenreste) und Allzweckreiniger/Spülmittel
- ✗ WC-Reiniger
- ✗ Schwammtuch für Toilette/Bidet
- ✗ Schwammtuch in anderer Farbe für das restliche Bad

- ✗ Putzeimer
- ✗ Bodentuch
- ✗ Schrubber und Putzmittel
- ✗ Glasreiniger
- ✗ Scheuermittel
- ✗ Scheuerbürste

Putzplan

- ✗ WC-Reiniger in Toilette geben und währenddessen Spiegel mit Glasreiniger säubern.
- ✗ Haare und Fusseln aus dem Waschbeckenabfluss entfernen. Das geht gut mit etwas Toilettenpapier. Zur Vorbeugung eignen sich Abflusssiebe, die du im Fachhandel bekommst.

Tipp

Haare im Siphon? Igittigitt! In deinem Elternhaus hast du aber nie welche entdeckt! Und jetzt sollst du plötzlich in der Mauser sein? Don't worry! Jedem Menschen fallen täglich Dutzende von Haaren aus. Wahrscheinlich wurden sie in deinem Elternhaus stillschweigend von den Heinzelmännchen entfernt ...

- ✗ Abflussstopfen von Waschbecken, Dusche und Wanne säubern.
- ✗ Waschbecken, Bidet, Dusche und Badewanne mit Scheuermittel reinigen, mit klarem Wasser nachspülen und trocken wischen. Glaswände der Dusche lassen sich problemlos mit einem Gummiabzieher für Fenster trocknen; Kunststoff- und Acrylbadewannen sind empfindlich und werden nicht mit Scheuermittel gereinigt, es reicht ein Spülmittel.
- ✗ Kalkablagerungen an Armaturen mit Badreiniger oder Essigreiniger einsprühen, einwirken lassen, mit Schwammtuch behandeln und abwaschen.
- ✗ Hartnäckige Seifenreste mit Badreiniger einsprühen und mit Scheuerbürste die Ablagerungen entfernen.
- ✗ Fliesen mit warmem Wasser, Badreiniger und Schwammtuch abwischen; hartnäckige Verschmutzungen der Fugen lassen sich mit Backpulver (mit etwas Wasser zu einer Paste angerührt) und einer alten Zahnbürste entfernen.
- ✗ Benutzte Handtücher und Waschlappen durch frische ersetzen.

- ✗ Dusch-/Badewannenvorleger zur Wäsche geben und im Schongang waschen.
- ✗ Toilette vom WC-Reiniger befreien und Toilettenbrille und gesamte äußere Toilette mit Scheuermittel abwischen, mit klarem Wasser nachwischen und trocken reiben.
- ✗ Abfalleimer leeren und auswischen (Binden, Tampons etc. gehören nicht in die Toilette, damit Abflussrohre nicht verstopfen).
- ✗ Tür, Türrahmen und Fensterbank abwaschen.
- ✗ Heizkörper abwischen/abstauben.
- ✗ Boden putzen (1x nass, 1x trocken).

Wichtig: Du solltest dein Bad täglich ausreichend lüften, um Schimmelpilzen vorzubeugen. Besonders nach einem wohltuenden Bad oder einer ausgiebigen Dusche spüle mit kaltem Wasser nach und reibe die Wanne trocken. Die Duschkabine solltest du offen nachtrocknen lassen. Fenster öffnen.

Hartnäckige Ablagerungen an Toilettenschüsseln werden gelöst, indem man mehrere Gebissreinigungstabletten hineingibt und über Nacht stehen lässt. Anschließend nachspülen.

Verstopfte Abflussrohre mit entsprechendem Reiniger behandeln. Gebrauchsanweisung genau beachten.

Reinigung des Wohnzimmers

Das Wohnzimmer

Dazu brauchst du:

- ✗ kleiner Putzeimer (zum Abwaschen)
- ✗ Spülmittel
- ✗ Schwammtuch
- ✗ Glasreiniger und fusselfreies Tuch
- ✗ großer Putzeimer
- ✗ Bodentuch
- ✗ Schrubber und Allzweckreiniger
- ✗ Staubwedel
- ✗ Staubsauger

Putzplan

- ✗ Bilderrahmen und Lampe mit feuchtem Tuch abwischen.
- ✗ Spiegel mit Glasreiniger abwaschen.
- ✗ Schrank mit feuchtem Tuch vom Staub befreien.
- ✗ Bücher mit Staubwedel abstauben.

- ✗ Regale und Deko abwischen, dabei die Gegenstände selbst reinigen und sie anheben, um den Staub darunter zu entfernen.
- ✗ Bei empfindlicher Deko wie Trockengestecken den Staub mit einem Staubwedel entfernen.
- ✗ Fensterbank säubern.
- ✗ Fernseher, Stereoanlage und andere elektronische Geräte mit fusselfreiem Tuch abstauben, der Bildschirm kann mit einem feuchten Schwammtuch abgewischt werden.
- ✗ Tisch, Stühle und Fußleisten abwischen.
- ✗ Sofa gelegentlich mit Polsterdüse absaugen.
- ✗ Heizkörper vom Staub befreien.
- ✗ Teppich saugen und/oder Boden feucht putzen.

Wer eine „Arbeitsecke“ mit Schreibtisch und Computer besitzt, darf den Staub von Schreibtisch, Schreibtischstuhl, Tastatur und Bildschirm gleich mit entfernen. Elektronische Geräte ziehen den Staub leider magisch an.

Reinigung des Schlafzimmers

Das Schlafzimmer

Dazu brauchst du:

- ✗ kleiner Putzeimer (zum Abwaschen)
- ✗ Schwammtuch
- ✗ Spülmittel und fusselfreies Tuch
- ✗ großer Putzeimer
- ✗ Schrubber
- ✗ Allzweckreiniger
- ✗ Glasreiniger
- ✗ Bodentuch und/oder Staubsauger

Putzplan

- ✗ Lampen, Bilderrahmen, Bettrahmen, Kommode und Nachttischschränkchen abwischen.
- ✗ Herumstehende Schuhe wegräumen.
- ✗ Herumliegende Kleidungsstücke in die Wäsche geben oder in den Schrank hängen/legen.
- ✗ Spiegel reinigen.
- ✗ Heizkörper entstauben.
- ✗ Fensterbank abwischen.
- ✗ Boden feucht putzen und/oder Teppichboden saugen.

Reinigung des Flurs

Der Flur

Dazu brauchst du:

- ✗ kleiner Putzeimer (zum Abwaschen)
- ✗ Schwammtuch
- ✗ Allzweckreiniger
- ✗ Glasreiniger und fusselfreies Tuch
- ✗ Staubsauger
- ✗ großer Putzeimer
- ✗ Schrubber
- ✗ Bodentuch

Putzplan

- ✗ Lampen, Bilderrahmen und aufgeräumte Garderobe abwischen.
- ✗ Herumstehende Schuhe wegräumen.
- ✗ Spiegel reinigen.
- ✗ Haus-/Wohnungstür abwaschen.
- ✗ Fußabtreter ausklopfen oder absaugen.
- ✗ Teppich saugen und/oder Boden feucht putzen.

Reinigung des Kellers

Der Keller

Dazu brauchst du:

- ✗ kleiner Putzeimer (zum Abwaschen)
- ✗ Schwammtuch
- ✗ Allzweckreiniger
- ✗ großer Putzeimer
- ✗ Schrubber
- ✗ Bodentuch

Putzplan

- ✗ Regale, Schaltkasten und sonstiges abwischen.
- ✗ Lampe reinigen.
- ✗ Boden feucht putzen.

Reinigung des Balkons

Der Balkon

Dazu brauchst du:

- ✗ kleiner Putzeimer (zum Abwaschen)
- ✗ Schwammtuch
- ✗ Allzweckreiniger
- ✗ großer Putzeimer
- ✗ Schrubber
- ✗ Bodentuch
- ✗ Besen bzw. Feger

Putzplan

- ✗ Balkongeländer gelegentlich abwaschen.
- ✗ Boden etwa alle vier Wochen feucht putzen, sonst bei Bedarf fegen.

Reinigung der Außenlampen

Außenbeleuchtung

Dazu brauchst du:

- ✗ kleiner Putzeimer (zum Abwaschen)
- ✗ Schwammtuch
- ✗ fusselfreies Tuch
- ✗ Glasreiniger
- ✗ Spülmittel

Putzplan

- ✗ Von Zeit zu Zeit die Außenlampe mit warmem Wasser und Spülmittel reinigen.
- ✗ Für Glaseinsätze Glasreiniger benutzen.

Fenster putzen

Fenster putzen

Dazu brauchst du:

- ✗ kleiner Putzeimer (zum Abwaschen)
- ✗ Schwammtuch
- ✗ Fenstertuch
- ✗ fusselfreies Tuch
- ✗ Spülmittel und Essigreiniger
- ✗ Gummiwischer

Putzplan

- ✗ Etwas Spülmittel bzw. Allzweckreiniger in einen Eimer mit warmem Wasser geben. Die Zugabe von Essigreiniger löst sehr gut Schmutz, fördert den Glanz der Scheiben und verhindert zu schnelle Wiederverschmutzung.
- ✗ Fensterrahmen mit Schwammtuch abwaschen und trockenreiben.
- ✗ Glasfläche mit Fenstertuch abwaschen, mit Gummiabzieher Nässe entfernen und mit fusselfreiem Baumwolltuch Ecken und Schlieren trocken reiben.
- ✗ Fensterbank innen und außen mit dem Schwammtuch abwaschen.

Die Fenster lieber nicht bei starker Sonneneinstrahlung reinigen. Erfahrungsgemäß fördert das nämlich Streifen- und Schlierenbildung, weil die Fenster durch die Wärme zu schnell trocknen.

Reinigung der Rollläden

Rollläden

Es ist ebenfalls zu empfehlen, bei jedem Fensterputzen auch die Rollos abzuwischen bzw. Stoffrollos gelegentlich im Schonwaschgang, ggf. per Hand, in der Wanne zu waschen.

Dazu brauchst du:

- ✗ kleiner Putzeimer (zum Abwaschen)
- ✗ Schwammtuch
- ✗ Spülmittel und Essigreiniger

Vorhänge und Gardinen waschen

Vorhänge und Gardinen

Im Normalfall solltest du deine Gardinen 3–4 x jährlich waschen, wenn in der Wohnung allerdings geraucht wird, häufiger. Die meisten Vorhänge werden im Schonwaschgang in der Waschmaschine gewaschen. Damit die Gardinenröllchen in deiner Waschmaschine nicht auf Wanderschaft gehen, kannst du um diesen oberen Teil der Gardinen einen Wäschebeutel befestigen. Stores (transparente, meist weiße Gardinen) werden direkt feucht wieder aufgehängt. Wenn du dafür eine kleine Haushaltsleiter verwendest, verhindert das Unfälle.

Reinigen des Teppichs

Den Teppichboden in deiner Wohnung kannst du einmal jährlich oder nach Bedarf bei starker Verunreinigung mit einem Reinigungsgerät und speziellem Reiniger feucht säubern. Das Reinigungsgerät samt Reiniger kannst du dir gegen eine geringe Gebühr im Drogeriemarkt oder im Maler-/Teppichbodengeschäft ausleihen.

Andere Teppiche kannst du nach Bedarf mit einem Teppichklopfer ausklopfen. Das geht am besten, indem man den Teppich über eine Teppichstange hängt. Da aber viele Häuser diese heutzutage nicht mehr haben, kannst du den Teppich auch im Winter mit der oberen Seite auf den Schnee im Garten legen. Der Schnee reinigt und frischt die Farben auf. Alternativ dazu: Lege den Teppich auf den taufrischen Rasen oder hänge ihn über das Balkongeländer, um ihn von der Rückseite auszuklopfen.

Reinigung der Bettdecke

Die Feder-Bettdecke solltest du etwa alle zwei Jahre in der Reinigung oder im Bettenfachgeschäft reinigen lassen. Dort werden Inlett und Federn getrennt gereinigt und ggf. die Decke mit Federn aufgefüllt. Als Inlett bezeichnet man übrigens die Hülle für die Bettfedern.

Bettdecken aus Kunstfasern, wie sie von Allergikern benutzt werden, lassen sich meist problemlos in der Waschmaschine waschen.

Reinigung des Kopfkissens

Es schadet gar nichts, wenn du dein Kopfkissen einmal jährlich in die Waschmaschine steckst. Ein Feder-Kopfkissen kann ohne weiteres bei 30–40 °C im Schonwaschgang gewaschen und geschleudert werden. Wichtig ist jedoch, dass du das Kissen im Trockner trocknest, um Verklumpungen vorzubeugen – an der Wäscheleine funktioniert dies erfahrungsgemäß nicht so gut. Darüber hinaus solltest du das Kissen nach dem ersten Trocknen aufschütteln und ein paar Stunden liegen lassen, damit die Restfeuchte nach außen dringen kann. Anschließend steckst du es dann noch einmal in den Trockner.

Wenn du einen Tennisball besitzt, kann du diesen zum Kissen in den Trockner stecken. Das hilft dabei, die Federn schneller aufzulockern.

Kunstfaserkissen können generell in Waschmaschine und Trockner behandelt werden.

Allgemeiner Putzplan

Hier als kleine Hilfe eine Aufstellung aller Bereiche deiner Wohnung, damit du weißt, was wann fällig ist:

Täglich

- ✗ im Badezimmer Waschbecken, Ablagen und Regale, Toilette und Dusche bzw. Wanne mit Allzweckreiniger
- ✗ in der Küche Arbeitsflächen, Tisch, Herd und Spülbecken
- ✗ nach Bedarf die Wohnung saugen oder verschmutzten Boden feucht putzen
- ✗ wenn du täglich spülst, solltest du Spültücher nach Möglichkeit auch täglich wechseln, spätestens jedoch, wenn sie schmutzig sind oder zu riechen beginnen; alle benutzten Tücher und Putzlappen werden in der Waschmaschine gewaschen

Wöchentlich oder 14-tägig

- ✗ Wohnung gründlich putzen
- ✗ Geschirr- und Handtücher wöchentlich wechseln, bei Bedarf auch häufiger

1/4 jährlich

- ✗ Fenster und Fensterrahmen
- ✗ Vorhänge, Gardinen, Rollläden
- ✗ Außenlampen

Jährlich

- ✗ alle Schränke auswaschen (bei Bedarf auch häufiger)
- ✗ Kopfkissen, Inlett, Sprungrahmen waschen

Vielleicht wirkt diese Auflistung etwas einschüchternd auf dich und du siehst dich schon im Geiste 24 Stunden täglich den Putzlappen schwingen. Aber keine Sorge: Du musst **täglich nur etwa 10 Minuten** investieren**, um eine saubere und aufgeräumte Wohnung** zu haben. Die folgenden Handgriffe kannst du dir leicht mit ein klein wenig Disziplin angewöhnen. Sie helfen dir dabei, ganz entspannt dem Tag entgegenzugehen, weil du dich bei der Rückkehr vom Arbeitsplatz oder der Uni gleich ausruhen kannst. Außerdem vermittelt dir das Ganze ein gutes Gefühl der Ordnung.

All die Dinge, die du irgendwo hinlegst oder hinstellst, folgen nämlich den Gesetzmäßigkeiten der Natur: Sie bleiben leider da liegen, wo du sie hingelegt hast. Und vermutlich wirst du irgendwann selbst entdecken, dass es auf Dauer ausgesprochen abturnend ist, wenn du müde und abgespannt in eine unaufgeräumte Wohnung kommst, in der alles danach schreit, geputzt oder weggeräumt zu werden.

Es ist ausgesprochen abturnend, wenn du müde in eine unaufgeräumte Wohnung kommst, in der alles danach schreit, geputzt oder weggeräumt zu werden

- ✗ in der *Küche* Frühstücksgeschirr abräumen, in die Spülmaschine stellen oder mit Hand spülen; das Geschirr kann tagsüber trocknen (Töpfe, Schüsseln oder Besteck aus Metall solltest du allerdings sofort abtrocknen, da sie sonst unschöne Wasserflecken bekommen); Tisch abwischen
- ✗ *Schlafzimmer* lüften
- ✗ währenddessen im *Badezimmer* Handtücher aufhängen, den Raum lüften und mit Allzweckreiniger Waschbecken, Ablagen und Regale, Dusche und Toilette abwischen; herumliegende Kleidung wegräumen oder schmutzige Wäsche in Wäschetonne stecken
- ✗ Kleidungsstücke, die im *Schlafzimmer* herumliegen, wegräumen oder in die Wäschetonne stecken; Bett machen und Fenster schließen
- ✗ im *Wohnzimmer* stehen gelassene Gläser oder herumliegende Zeitungen und Zeitschriften wegräumen
- ✗ im *Flur* Schuhe in den Schuhschrank stellen

Tipp

Tipps

- ✗ Du solltest deine Wohnung einmal täglich etwa fünf bis zehn Minuten „stoßlüften“, das heißt, Fenster und Türen sperrangelweit öffnen. Es ist effektiv und energiesparend, weil der Raum nicht auskühlt. Auf diese Weise verhinderst du Schimmelbildung. Stundenlang gekippte Fenster lüften hingegen die Zimmer nicht richtig und sind wahre Energiefresser.
- ✗ Elektrogeräte wie Fernseher nicht auf *Stand by* lassen, sondern richtig ausschalten. Das spart Strom. Unsichtbare Stromfresser sind Geräte, die zwar ausgeschaltet, aber dennoch mit der Steckdose verbunden sind. Ob du es glaubst oder nicht: Sie verbrauchen auch Strom! Hier hilft nur eine Steckerleiste mit Schalter.

Nach einer Feier die Wohnung wieder auf Hochglanz bringen

Aufräumen nach einer Fete

Möglichst direkt nach Ende der Feier:

- ✗ Tisch abräumen und schmutziges Geschirr und Gläser in die Spülmaschine oder Spüle stellen
- ✗ Aschenbecher leeren und auswaschen
- ✗ Flaschen wegräumen

Am nächsten Tag:

- ✗ Gründlich lüften
- ✗ Tisch und Beistelltische abwischen
- ✗ Boden wischen oder saugen
- ✗ Gläser und Geschirr abwaschen und wegräumen
- ✗ Waschbecken und WC reinigen, Handtücher wechseln

Wenn sich Besuch ankündigt

Keine Panik, wenn die Wohnung ein wenig unordentlich und etwas verschmutzt ist. Du kannst dein Heim mit wenigen Handgriffen ordentlich und sauber erstrahlen lassen. Außerdem muss man bei dir nicht vom Boden essen können, schließlich besitzt du ja einen Tisch! ;-)

Nur keine Panik oder: Wenn sich Besuch ankündigt

Wohnzimmer

- ✗ herumliegende Zeitungen und Zeitschriften in Zeitungsständer räumen
- ✗ Gläser oder Teller in die Küche räumen
- ✗ Wohnzimmertisch abwischen
- ✗ schmutzige Stellen auf dem Boden mit feuchtem Schwammtuch abwischen oder kurz durchsaugen

Küche

- ✗ Geschirr in Spülmaschine räumen oder mit der Hand spülen
- ✗ Tisch und Arbeitsfläche feucht abwischen
- ✗ Flecken auf dem Boden mit diesem feuchten Tuch abwischen, das Tuch dann zur Wäsche geben

Bad

- ✗ mit feuchtem Tuch und Allzweckreiniger Waschbecken und Toilette abwischen, mit trockenem Tuch nachreiben
- ✗ mit feuchtem Tuch über bespritzte Kacheln wischen
- ✗ abgelegte Wäschestücke wegräumen oder in die Wäsche geben
- ✗ Flecken auf dem Boden mit dem Schwammtuch einfach wegwischen

Flur

- ✗ herumliegende Sachen wegräumen und Garderobe aufräumen
- ✗ Schuhe in Schuhschrank stellen

Geschafft! Die Wohnung ist sauber und aufgeräumt. Gönne dir zur Belohnung eine Tasse Kaffee oder Tee und trinke sie mit Genuss!

Tipp

Das Folgende versuchte ich vor vielen Jahren:

Meine Küche erstrahlte nach gründlicher Reinigung in galaktischem Glanz. Glücklich und durstig nahm ich eine Flasche Orangensaft aus dem Kühlschrank und schüttelte sie kräftig. Mit Entsetzen sah ich den Saft durch die Küche spritzen und sich über polierte Schränke, aufgeräumte Arbeitsplatten und glänzenden Boden ergießen! Ich hatte den Deckel der Flasche bedauerlicherweise bereits vor dem Schütteln entfernt ...

Kleine Fleckenkunde und Reinigungstipps

„Natürliche" Fleckenentferner

Es gibt ein paar Hausmittelchen, die man immer vorrätig und greifbar haben sollte, muss man etwas sauber machen oder Flecken entfernen. Sie sind für Leute wie mich, die beim Reinigen möglichst wenig Chemie verwenden möchten, sowie für Allergiker geeignet:

- ✗ Essigreiniger oder Essig
- ✗ Zitronensaft
- ✗ Backpulver aus Natriumbikarbonat
- ✗ Clubsoda oder Mineralwasser

Natürlich gibt es für die meisten Flecken auch entsprechende Mittel in Drogerien, Supermärkten oder Baumärkten (z. B. *Fleckenteufel*). Falls du darauf zurückgreifst, solltest du die jeweiligen Gebrauchsanweisungen befolgen.

Abfluss

250 g Salz und 250 g Backpulver (aus Natriumbikarbonat) in den Abfluss geben. Gieße jetzt kochendes Wasser darauf. Ab besten wirkt es, wenn du ein paar Stunden abwartest, bevor du den Abfluss wieder benutzt. Es ist ein ungiftiges Mittel, um Verstopfungen von Abflüssen zu beheben.

Ameisen fernhalten

Ameisen haben ihre eigene Vorstellung von Wegen. Sie marschieren, ohne dich zu fragen, durch deine Wohnung. Dem kannst du einen Riegel vorschieben, indem du die entsprechenden Stellen mit unverdünntem Essig reinigst. Wenn du erkennen kannst, an welchen Stellen sie ins Haus gelangt sind, streue dort rotes Paprikapulver oder getrocknete Minze hin. Backpulver ist eine weitere Möglichkeit, allerdings nicht immer so wirkungsvoll. Wenn alles nichts nützt, lass dich im Gartenfachgeschäft beraten.

Backofen

Bei leichter Verschmutzung reicht warmes Wasser mit Spülmittel. Einfach ist ebenso die Handhabung mit Backofenreiniger. Damit kannst du auch die Innenseite des Sichtfensters bearbeiten. Beachte bitte die Anleitung auf der Sprühdose des Backofenreinigers.

Bilderrahmen

Ein Papiertuch bzw. etwas Haushaltsrolle oder ein fusselfreies Baumwolltuch (z. B. Abtrockentuch) mit Glasreiniger einsprühen und Glas und Rahmen abputzen. Das Bild aber nicht direkt mit dem Glasreiniger einsprühen, weil die Gefahr besteht, dass Feuchtigkeit hinter das Glas gelangt!

Blumentöpfe

Sie lassen sich beim Gießen besser sauber halten, wenn du eine Schicht Kieselsteine (gibt's im Gartenfachgeschäft) auf die Erde gibst. Nun spritzt beim Gießen der Pflanzen so gut wie keine Erde aus dem Pflanzkübel.

Blut

Löst sich nur mit kaltem Wasser aus dem Gewebe, nach Bedarf den Stoff noch mit Spül- oder Feinwaschmittel waschen.

Brandflecken

Mit dem Saft einer Zwiebel beträufeln und einen halben Tag lang einwirken lassen.

Brillengläser

Rasierschaum aufsprühen, unter warmem Wasser abwaschen und mit weichem, fusselfreiem Tuch polieren. Statt Rasierschaum kannst du auch einen Tropfen Spülmittel oder nur heißes Wasser nehmen. Die Gläser dann mit einem gebügelten Taschentuch trocknen. Lieber kein Papiertaschentuch oder Abtrockentuch verwenden – du könntest Kratzer ins Glas reiben.

Butter

Am besten beträufelst du den Fleck zuerst mit flüssigem Feinwaschmittel oder Shampoo. Anschließend mit warmem Wasser auswaschen.

Chrom

Lässt sich mit Zitronensaft bearbeiten, anschließend polieren.

Druckerschwärze

Vorsichtig mit Terpentin bearbeiten. Dabei den Fleck nicht auseinanderreiben, sondern von außen nach innen vorgehen.

Ei

Nur mit kaltem Wasser auswaschen, anschließend mit Feinwaschmittel bearbeiten. Heißes Wasser lässt das Eiweiß der Flecken in Milchprodukten, Blut oder Ei gerinnen; in diesem Fall ist der Fleck dann nur noch sehr schwer zu entfernen.

Eiscreme

Mit heißem Wasser entfernen. Nützt das nichts, versuche es mit Alkohol.

Reinigung von Elektrogeräten

Vor dem Reinigen von Elektrogeräten immer den Stecker ziehen! Die Geräte nur feucht (nie nass), z. B. mit vergälltem Alkohol, abwischen. Vergällten Alkohol bekommst du in Heimwerkermärkten oder Drogerien. Er ist nicht zum Verzehr geeignet! Bei kleinen Elektrogeräten einen Wattebausch benutzen.

Computer

Nicht verstauben lassen. Den Bildschirm vorsichtig mit warmem Wasser und einem Spritzer Spülmittel abwischen. Man kann ihn anschließend vorsichtig mit einem antistatischen Spray einsprühen. Die Tastatur lässt sich leicht mit dem Staubsauger reinigen. Für eine gründlichere Reinigung einfach ein Wattestäbchen mit vergälltem Alkohol benetzen und die Tastatur abwischen.

DVD-Player

Den DVD-Player kannst du mit warmem Wasser reinigen, in das du einen Spritzer Spülmittel geschüttet hast, sowie mit vergälltem Alkohol.

Faxgerät

Das Faxgerät kannst du mit warmem Wasser reinigen, in das du einen Spritzer Spülmittel geschüttet hast, sowie mit vergälltem Alkohol.

Fernseher

Das Fernsehgerät kannst du mit warmem Wasser reinigen, in das du einen Spritzer Spülmittel geschüttet hast, sowie mit vergälltem Alkohol.

Fotoapparat

Du solltest die Linse hin und wieder mit Glasreiniger bzw. Fensterspray abwischen.

Kühlschrank

Wenn sich unangenehme Gerüche in deinem Kühlschrank festgesetzt haben, solltest du ihn am besten sorgfältig mit Essigwasser auswischen. Dem kannst du vorbeugen, indem du eine Schale mit Backpulver in deinem Kühlschrank aufstellst. Siehe auch *Gerüche.*

Radio

Das Radio kannst du mit warmem Wasser reinigen, in das du einen Spritzer Spülmittel geschüttet hast, sowie mit vergälltem Alkohol.

Spielekonsole

Die Spielekonsole kannst du mit warmem Wasser reinigen, in das du einen Spritzer Spülmittel geschüttet hast, sowie mit vergälltem Alkohol.

Videorecorder

Den Videorecorder kannst du mit warmem Wasser reinigen, in das du einen Spritzer Spülmittel geschüttet hast, sowie mit vergälltem Alkohol. Um eine gute Bildqualität zu erzielen, solltest du in regelmäßigen Abständen eine Reinigungskassette durchlaufen lassen. Videokassetten darüber hinaus immer in ihren Hüllen aufbewahren, damit sie vor Staub geschützt bleiben.

Fettflecken

Ist der Fleck noch frisch, sofort mit viel Mehl bestreuen. Auf empfindlichen Stoffen mischt man Stärkemehl mit Wasser und trägt die Mischung auf. Nun trocknen lassen und den Stoff gut ausbürsten.

Fettflecken lassen sich alternativ mit einer Feinwaschmittellösung behandeln. Leder wird mit Eiweiß (geschlagen) abgerieben.

Gerüche

Es riecht angebrannt: Der Geruch lässt sich lindern, indem man einige Zitronenscheiben in einem Topf kocht.

Bratengeruch: Leider riecht oft die ganze Wohnung, wenn Fleisch oder Fisch angebraten wurde. Dies lässt sich verhindern, indem du eine kleine Schüssel mit Essig neben den Herd stellst. Der Geruch verschwindet von allein.

Geruch im Kühlschrank: Wische mit einem in Essig getränkten Tuch das Innere des Kühlschranks. Darüber hinaus kannst du auch eine mit Bullrichsalz, Backpulver oder frischgemahlenem Kaffee gefüllte Untertasse in den Kühlschrank stellen.

Gerüche in Mülleimern: Fülle deinen Mülleimer mit einer Lösung aus 1 Teil Geschirrspülmittel, 1 Teil Soda und 10 Teilen warmem Wasser und lasse das Ganze etwa 5 Minuten einwirken. Reinige den Mülleimer danach gründlich.

Zwiebelgeruch an den Händen: Reibe deine Hände mit Zahnpasta ein und wasche sie dann. Alternativ: Reibe deine Finger mit Zitronensaft ein (dies kannst du übrigens auch schon im Vorfeld machen). Die Zitrone neutralisiert den Zwiebelgeruch.

Geschirrspülmaschine

Bitte lies die Hinweise auf der Gebrauchsanleitung des Gerätes. Die seitlichen Innenränder der Tür verschmutzen leicht durch Spritzer beim Befüllen der Maschine. Wische diese daher regelmäßig mit einem feuchten Tuch ab. Das Sieb am Boden der Maschine sollte nach jedem Ausräumen gereinigt werden, damit es sich nicht zusetzt.

Glaskanne

Um hartnäckige Kaffee- oder Teereste aus der Glaskanne zu entfernen, verwende Zitronensaft und Salz. Reibe dazu mit einem Schwamm über die Glasfläche und spüle mit klarem Wasser nach. Auch mit Gebissreiniger lassen sich verschmutzte Kannen sehr gut reinigen.

Grasflecken

Den Fleck vorsichtig mit flüssigem Feinwaschmittel bearbeiten und anschließend das Kleidungsstück waschen. Seidenstoffe vorsichtig mit Benzin bearbeiten.

Es ist mir übrigens bis heute ein Rätsel, weshalb Tiere keine Grasflecken im Fell haben!

Grillrost

Vor dem Erhitzen mit Öl bestreichen, dies verhindert das Anbrennen. Um bereits angebratene Reste vom Rost zu entfernen, eignet sich Alufolie: Den noch warmen Grillrost mit Alufolie (zu einer Kugel geformt) abreiben. Verbliebene Reste entfernt man durch Einweichen in warmem Wasser mit Spülmittel.

Hängepflanzen „gießen“

Bei Hängepflanzen kann es passieren, dass beim Gießen Wasser überläuft. Um dies zu verhindern, lege einfach ein paar Eiswürfel auf die Blumenerde. Allmählich taut das Eis und benetzt die Pflanze mit Wasser.

Harzflecken

Spiritus eignet sich besonders gut zum Entfernen von Harzflecken.

Holzbrettchen und -schüsseln

Du solltest Holzbrettchen und -schüsseln nicht in die Spülmaschine stellen, da das Holz rissig wird. Spüle die Holzteile stattdessen kurz im Spülwasser ab und wische sie nach dem Trocknen mit einem Papiertuch ab bzw. aus, das mit ein paar Tropfen Pflanzenöl beträufelt wurde.

Flecken auf Holz

Wasser oder Hitze hinterlassen oft unschöne Flecken auf dem Holz. Du kannst diese mit Butter, Vaseline oder Mayonnaise behandeln. Je nach Hartnäckigkeit z. B. Vaseline über Nacht auf den Flecken einwirken lassen.

Wasserringe kann man mit Zahnpasta (kein Gel!) bearbeiten.

Zum Entfernen von Aufklebern kannst du Pflanzenöl verwenden: Zuerst Etikett oder Aufkleber so gut wie möglich abziehen, um dann mit einem Öl getränkten Lappen über die Klebereste zu wischen. Mit einem weichen Tuch nachpolieren.

Honigflecken und zuckerhaltige Lebensmittel

Mit warmem Wasser auswaschen, bei farbigen Lebensmitteln zusätzlich noch etwas Zitronensaft verwenden.

Kaffeeflecken

Es gibt verschiedene Möglichkeiten, wie man Kaffeeflecken entfernen kann. Du kannst den Fleck zum einen sofort mit Feinwaschmittel und Wasser bearbeiten.

Alternativ reibst du kalte Milch auf den Fleck und wäschst ihn anschließend mit Seifenlauge ab.

Eine dritte Möglichkeit besteht darin, den frischen Kaffeefleck sofort mit Salzwasser auszuwaschen.

Für ältere Kaffeeflecken eignet sich Glycerin.

Kaffeemaschine entkalken

Fülle den Wassertank mit Essig, gib eine Filtertüte in die Maschine und stelle das Gerät an. Stelle die Kaffeemaschine aus, wenn die Hälfte des Essigs durchgelaufen ist, und lass das Konzentrat eine halbe Stunde einwirken. Schalte dein Gerät dann wieder ein. Nun kann der restliche Essig durchlaufen. Wirf danach die Filtertüte weg.

Lass anschließend noch drei Kannen Wasser durchlaufen, bevor du wieder Kaffee kochst, damit der Essig vollständig ausgespült wird.

Kakaofleck

Einen Kakaofleck solltest du immer zuerst mit kaltem Wasser bearbeiten. Kakao enthält wie Blut Eiweiß und dies würde beim ersten Behandeln mit heißem Wasser gerinnen, was die Fleckentfernung erschweren würde. Erst nach der Bearbeitung mit kaltem Wasser kann der Stoff mit warmer Seifenlauge oder Feinwaschmittellösung weiter gereinigt werden.

Kaugummi entfernen

Wenn es bereits hart ist, kannst du es abkratzen. Falls es noch weich ist, kannst du es mit Eiswürfeln (die du in einen Beutel steckst) gefrieren und härten lassen. Klebt etwas Kaugummi an einem Kleidungsstück, kannst du dieses einfach ins Gefrierfach legen. Kratze nun den Kaugummi ab und behandle ggf. die Reste mit einem Fleckenmittel.

Kerzenwachs entfernen

Auf Polstermöbeln: trocknen lassen, ggf. mit Eiswürfeln, die sich in einem Beutel befinden, abkühlen und Wachs entfernen. Wachsreste nun mit dem Bügeleisen bearbeiten, indem man ein Blatt Küchenrolle oder Löschpapier auf den Fleck legt und vorsichtig mit dem heißen Bügeleisen darüber fährt. Das Küchenpapier/Löschpapier saugt sich voll. Diesen Vorgang mehrfach wiederholen, dabei aber ständig eine unbenutzte Stelle des Papiers auf den Fleck legen. Nach Bedarf Fleckenreste später mit Shampoo oder einem Mittel zur Polsterreinigung bearbeiten.

Nach dem gleichen Prinzip geht man an die Flecken auf Tischdecken oder Kleidung heran. Nach dem Ausbügeln Tischdecken oder Kleidung in der Maschine waschen.

Klaviertasten

Klaviertasten werden wieder sauber, wenn du sie vorsichtig mit Zahnpasta einreibst. Achte aber darauf, dass keine Zahnpasta in die Zwischenräume gelangt. Anschließend mit einem weichen Tuch polieren.

Klebstoff entfernen

Siehe *Kaugummi entfernen*.

Kragen, vergilbte

Entweder Shampoo vor der Wäsche auf die Flecken auftragen oder mit Essig und Natron behandeln.

Kratzer in dunklem Holz

Augenbrauenstift auftragen.

Kugelschreiberflecken

Sprühe den Fleck mit Haarspray ein und wasche ihn nach dem Trocknen vorsichtig mit Essigwasser nach.

Leder

Mit einem Tuch feucht abwischen und eine Feuchtigkeit spendende Gesichtscreme einmassieren. Anschließend mit einem weichen Tuch leicht polieren. Salzflecken auf Leder kann man mit einer Lösung aus Essig und Wasser (3 Teile Essig/1 Teil Wasser) behandeln.

Make-up-Flecken

Verwende reinen Alkohol. Dunkle Stoffe reibst du mit trockenem Brot ab.

Milcheisflecken

Mit kaltem Wasser auswaschen, anschließend noch mit Feinwaschmittel, Shampoo oder Spülmittel behandeln.

Obstflecken

Gib etwas reinen Zitronensaft auf das Kleidungsstück und lass das Ganze etwa eine halbe Stunde einwirken. Danach kann das Kleidungsstück in der Maschine ganz normal gewaschen werden.

Polstermöbel

Manche Polstermöbel sind mit Reinigungssymbolen versehen: „S" bedeutet chemische Reinigung. Hier bitte im Fachhandel (Möbelhaus oder Fachgeschäft für Textilreinigung) nachfragen. „W" bedeutet Wasser. Du kannst in diesem Fall den Fleck mit Wasser entfernen oder eine Polster- oder Teppichreinigungsmaschine ausleihen bzw. den Fleck mit Polsterreinigungsmitteln bearbeiten. „X" bedeutet nur Absaugen möglich. Dieses Zeichen findet man nur noch selten, manchmal bei Rollos und Jalousien.

Rostflecken

Am Besteck: Zwiebelsaft kann hier gut helfen. Zwiebel aufschneiden und die Gabel oder Messer hineinstecken und hin- und herbewegen.

Rostflecken auf Kleidung: mit Zitronensaft beträufeln, in der Sonne bleichen lassen und anschließend waschen.

Rotweinflecken

Mit etwas Papier der Küchenrolle oder saugfähigen Taschentüchern abtupfen und den Fleck sofort auswaschen. Fleckreste kann man mit Essig oder Zitronensaft bearbeiten (Vorsicht bei empfindlichen Stoffen! Vorher an verdeckter Stelle ausprobieren).

Alternativ kannst du an den frischen Rotweinfleck etwas Weißwein bzw. Sekt schütten. Das Ganze dann mit etwas Wasser abtupfen und dann wie gewohnt waschen – eventuell unter Zugabe eines Fleckentferners.

Tropft Rotwein auf den Teppich, bitte nicht reiben! Am besten legt man mehrere Lagen Küchenrolle auf den Fleck und tritt auf dem Papier herum. Es saugt sich sofort voll. Bei Bedarf den Vorgang wiederholen.

Dennoch dürfte bei Rotweinflecken spezielles Fleckensalz immer noch am besten wirken und den Fleck zuverlässig entfernen.

Sengflecken

Sie entstehen durch zu heißes Bügeln. Schäle eine Zwiebel und lege sie aufgeschnitten etwa eine Viertelstunde lang auf den Stoff. Bei Bedarf den Stoff wie gewohnt waschen.

Sportsocken

Du kannst deine Sportsocken in einer „Borax“-Lösung (Drogerie) einweichen, um Verfärbungen zu entfernen. Eine andere Möglichkeit ist die Behandlung mit Zitronen. Dazu Zitronenscheiben in die Socken stecken und waschen.

Spinatflecken

Nimm eine rohe Kartoffel und reibe den Fleck damit ein. Im Anschluss daran das Kleidungsstück wie gewohnt waschen.

Stockflecken

Sie entstehen, wenn feuchte Wäsche nicht zum Trocknen aufgehängt wird. Oft verschwinden sie gar nicht mehr. Versuche es aber zunächst einmal mit Zitronensaft und Salz. Eine andere Möglichkeit ist Kefir. Du findest ihn im Kühlregal eines Supermarkts zwischen Sahne und Joghurt. Manche Leute schwören auch auf Essig und Natron.

Teeflecken

Ist der Fleck noch frisch, sofort mit Sahne einreiben. Danach mit Shampoo, Spülmittel- oder Seifenlauge auswaschen.

Textmarkerflecken

Auf Tapeten: Hier kann Franzbranntwein helfen.

Tintenflecken

Lässt sich gut mit einem Tintenkiller-Stift behandeln. Falls er sich auf Tapeten befindest, kannst du es auch hier mit Franzbranntwein probieren.

Toilette

Ablagerungen in der Toilette kann man mit Gebissreiniger-Tabletten entfernen. Einige dieser Tabletten abends in die Toilette geben und über Nacht einwirken lassen. Morgens gründlich spülen und säubern.

Turnschuhe

Gerade weiße Turnschuhe vergilben mit der Zeit. Willst du etwas dagegen tun, solltest du zuerst den groben Schmutz mit warmem Wasser (in das du ein paar Spritzer Spülmittel gegeben hast) entfernen. Viele Sportschuhe lassen sich auch mit dem Pflegeprogramm bei 30 °C in der Waschmaschine reinigen. Anschließend die Schuhe mit Zeitungspapier ausfüllen, damit die Nässe rasch aus dem Schuh verschwindet, diesen zum Trocknen wegstellen.

Um die Trommel der Maschine zu schonen, kannst du auch zwei oder drei Handtücher mit in die Waschmaschine geben.

Pflege die Turnschuhe nach dem Trocknen wie gewohnt mit Schuhpflegemittel.

Vasen

Eine einfache Methode ist die Reinigung in der Spülmaschine. Es gibt noch eine andere Möglichkeit: Warmes Wasser und je nach Größe der Vase ein bis zwei Gebissreinigungstabletten hineingeben. Diese Mischung ein paar Stunden einwirken lassen und anschließend die Vase mit klarem Wasser spülen.

Vergilbte Stoffe

Vergilbte Wäsche oder Vorhänge bekommt man mit Backpulver wieder sauber. Einfach ein Päckchen Backpulver zum Hauptwaschgang geben und die Stoffe wie gewohnt waschen.

Wasserfarbenflecken

Die heutigen Wasserfarben sind in der Regel wasserlöslich, deshalb einfach mit Wasser auswaschen.

Schmeckt nicht, gibt's nicht

Oder: Hier kocht der Chef!

Vorratshaltung

Lebensmittel richtig zu lagern hört sich komplizierter an, als es ist. Unabhängig davon, ob du nun eine kleine oder große Wohnung beziehst, gibt es ein paar **Lebensmittel und Getränke**, die du immer zu Hause haben solltest:

Der monatliche Großeinkauf

Lebensmittel: Salz, Pfeffer, Zucker und ein paar Gewürze (z. B. Paprika, Kräuter) je nach persönlicher Vorliebe, Mehl, Essig, Öl, Marmelade und Honig, Margarine oder Butter, Tütensuppen, Brühwürfel, Fischkonserven, Kakaopulver, Nudeln, Reis, Kartoffeln, Fertigsaucen, Ketchup, Salzgebäck, Plätzchen oder Schokolade, Toast oder Knäckebrot, Zwiebeln, Knoblauch, Pilze im Glas oder in der Dose, vielleicht noch Dosenobst und Gemüsekonserven, ggf. Tiefkühlprodukte
Getränke: Tee oder Kaffee, H-Milch, Mineralwasser, Säfte, Wein oder Sekt

Diese Produkte sollten auf deinem Einkaufszettel stehen, wenn du den monatlichen Großeinkauf angehst. Wenn du dir einen gewissen Vorrat an Lebensmitteln zulegst, bist du bei plötzlicher Krankheit oder katastrophalem Wetter vor Panikattacken aufgrund von fehlendem Essen gewappnet. Außerdem kannst du Überraschungsgästen noch etwas zu Essen und Trinken anbieten.

Natürlich richtet sich der Einkauf primär nach deinem persönlichen Geschmack und deinen Vorlieben. Es gibt allerdings Lebensmittel, die du täglich oder wöchentlich einkaufen kannst bzw. musst, da sie eine geringere Haltbarkeitsdauer haben.

Täglich: Brötchen, Brot, Frischmilch, Salat, Fleisch, Fisch, Geflügel, Wurst- und Käseaufschnitt
Wöchentlich: Äpfel, Orangen, Zitronen, Bananen, Quark, Eier, Joghurt, Sahne, Vollkornbrot, Kartoffeln

Was zwischendurch in deinem Einkaufskorb liegen sollte

Tipp

Zitrusfrüchte und Äpfel immer getrennt voneinander aufbewahren, da die Äpfel sonst im Nu faulen. Alle anderen Obstsorten können zusammen im Obstkorb liegen.

Einige Lebensmittel gehören in den **Kühlschrank:**

Lebensmittel, die im Kühlschrank gelagert werden sollten

- ✗ *Frische Salate und Gemüse* gehören ins Gemüsefach, das in der Regel das unterste Fach im Kühlschrank ist. Dort bleiben sie etwa drei bis vier Tage frisch, wenn sie in Papier gewickelt sind. Niemals in Plastiktüten lagern, weil sie darin leicht verderben. Wurzelgemüse (Karotten, Radieschen etc.) bleibt im Gemüsefach mindestens eine Woche frisch, allerdings solltest du die grünen Anteile vorher entfernen.
- ✗ *Frischmilch oder angebrochene H-Milch, Eier, geöffnete Saftflaschen und Eistee, Butter und Würzsaucen* lagern in den Fächern der Kühlschranktür. Angebrochene Butter gut abdecken. Sie nimmt ebenso wie geöffnete Sahnebecher oder Milchtüten leicht den Geruch von anderen Lebensmitteln an. Milch und Sahne in offener Tüte bleiben drei bis vier Tage frisch.
- ✗ Leicht verderbliche Lebensmittel wie *Fisch, Fleisch, Geflügel und Wurst* solltest du nach dem Einkauf direkt in den Kühlschrank stecken, und zwar an die kälteste Stelle: auf der Glasplatte (meist direkt über dem Gemüsefach). Dabei sollten sie in entsprechenden geschlossenen Behältnissen gelagert werden, damit es nicht zu Geruchsabgabe kommt. Wurst bleibt etwa drei Tage frisch. Längere Haltbarkeit haben Salami, geräucherte Wurst und geräucherter Schinken. Geflügel aus der Verpackung nehmen und abdecken, so ist Lagerung bis zu zwei Tagen möglich. Am besten bewahrst du Brühwurst, Kochwurst und Rohwurst getrennt voneinander auf – der Geschmack dieser Würste kann sich nämlich rasch ändern. Frischen Fisch solltest du nicht länger als einen Tag aufbewahren. Übrigens: Wirklich frischer Fisch riecht nicht!
- ✗ Im mittleren Bereich des Kühlschranks solltest du *Milchprodukte wie Joghurt, Sahne und Quark* lagern.

- ✗ *Käse sowie fertige Speisen und Geräuchertes* kommen abgedeckt in den obersten Bereich des Kühlschrankes. Speziell beim Käse ist es empfehlenswert, darauf zu achten, dass Schimmelkäse vom restlichen Käse getrennt aufbewahrt wird, damit der Schimmel nicht auf die anderen Käsesorten übergreifen kann. Da Käse atmen möchte, solltest du ihn entweder in dem Papier lagern, mit dem der Käse vom Händler verpackt worden ist, oder in einer leicht perforierten Folie. Vorratsdosen aus Plastik solltest du jedoch vermeiden – die mag Käse gar nicht.
- ✗ *Hackfleisch* muss am gleichen Tag verarbeitet werden, an dem du es gekauft hast. Wirklich frisches Hackfleisch solltest du am besten im Fleischerfachgeschäft kaufen. Dort kannst du meist sogar noch dabei zuschauen, wie es durch den Fleischwolf gedreht wird.
- ✗ *Lebensmittel,* die du *mit frischen Eiern* zubereitet hast (Mousse oder Mayonnaise), solltest du möglichst sofort „verbrauchen" und gar nicht erst im Kühlschrank lagern.
- ✗ *Frisches Fleisch* sollte maximal drei Tage im Kühlschrank gelagert werden. Dabei darf es nicht luftdicht verpackt sein, ggf. also äußeren Plastikbeutel öffnen, damit Luft herankommt.
- ✗ *Öl, Zitrusfrüchte, Birnen, Äpfel, Bananen, Zwiebeln, Kartoffeln und Knoblauch* bitte **nicht im Kühlschrank** lagern.
- ✗ Ins **Gefrierfach** oder in die Tiefkühltruhe gehören nur luftdicht verpackte Lebensmittel. Dafür eignen sich entsprechende Kunststoffbehältnisse oder verschließbare Gefrierbeutel. Allerdings solltest du Tiefkühlkost im Eisfach deines Kühlschrankes nur maximal drei Tage (bei 1 Stern), zwei Wochen (bei 2 Sternen) oder drei Monaten (bei 3 Sternen) aufbewahren.

Die **regelmäßige Reinigung des Kühlschrankes** trägt wesentlich zur guten Vorratshaltung bei. Ein unsauberer Kühlschrank verdirbt nicht nur den Appetit, sondern lässt Lebensmittel schnell verderben.

Tipp

Ein Schwammtuch und warmes Wasser, mit ein paar Spritzern Spülmittel und Essigreiniger versehen, reicht zum Auswaschen aus. Wenn sich bereits unangenehme Gerüche in deinem Kühlschrank festgesetzt haben, solltest du ihn am besten sorgfältig mit Essigwasser auswischen. Du kannst Gerüchen jedoch vorbeugen, indem du eine Schale mit Backpulver in deinem Kühlschrank aufstellst.

Wegen der großen **Salmonellengefahr** solltest du darüber hinaus mit rohen Eiern, Hackfleisch und Tiefkühlgeflügel sorgfältig umgehen. Reinige deshalb die benutzten Arbeits- oder Haushaltsgeräte gewissenhaft.

Salmonellen

Lagerzeiten: Die Haltbarkeitsdauer

Die Haltbarkeit unterschiedlicher Lebensmittel

Da die möglichen Lagerzeiten von Lebensmitteln sehr unterschiedlich sind (zwischen einem und zwölf Monaten), solltest du von Zeit zu Zeit deinen Kühlschrank besonders gründlich unter die Lupe nehmen und die Haltbarkeitsdaten der darin stehenden Produkte überprüfen. Unter Umständen versteckt sich nämlich in der hintersten Ecke ein Joghurt, der schon vor zwei Monaten abgelaufen ist. Und es kann ausgesprochen peinlich sein, wenn ihr bei dir grillt – und du feststellen musst, dass die Knoblauchsoße schon im vergangenen Jahr abgelaufen ist.

Auch auf deine Tiefkühlprodukte und all die Tüten, Gläser und Dosen solltest du aufmerksam achten. Bei selbst eingefrorenem Fleisch erfrage bitte die Lagerzeit im Gefrierfach oder -schrank beim Metzger. Bei Tiefkühlprodukten aus dem Supermarkt ist die Haltbarkeit auf der Verpackung aufgedruckt. Hier eine Faustregel: Brauche das Eingefrorene innerhalb eines Vierteljahres auf. Auf diese Weise vermeidest du eine zu lange Lagerzeit. Und für das Gefrierfach deines Kühlschranks gilt – wie bereits oben angegeben –: Tiefkühlkost dort nur maximal drei Tage (bei 1 Stern), zwei Wochen (bei 2 Sternen) oder drei Monate (bei 3 Sternen) aufbewahren.

Brot

Brot solltest du in Frischhaltefolie wickeln und in einem Brotkasten aufbewahren. Ausnahme ist hier das Knäckebrot. Du solltest es in einer Blechdose trocken lagern, dann bleibt es mehrere Wochen frisch und knackig. Weißbrot bleibt etwa zwei Tage frisch. Roggenbrot kann man auch nach mehreren Tagen noch gut essen.

Tipp

Je höher der Roggenanteil im Brot, umso länger die mögliche Lagerzeit.

Kaffee

In einer luftdicht schließenden Dose oder Glas aufbewahren, damit er sein Aroma nicht verliert. Manche Menschen lagern ihn sogar im Kühlschrank, was jedoch nicht notwendig ist.

Kartoffeln

Wer kann, lagert sie im Keller. Sie mögen es kühl, trocken und dunkel. Geeignet ist eine Holzkiste, ein Karton mit Löchern (damit die Kartoffeln atmen können) oder ein Tontopf. Geschälte Kartoffeln lassen sich einen Tag lang in kaltem Wasser, das sie vollständig bedeckt, in einem geschlossenen Topf aufbewahren. Allerdings verlieren sie durch das Wässern Nährstoffe.

Nudeln

Sie bleiben etwa ein Jahr lang frisch, Vollkornnudeln allerdings nur sechs Monate. Trocken und in verschlossenem Gefäß lagern.

Öl

Geöffnete Ölflaschen bleiben etwa zwei bis drei Monate haltbar und sollten vor direkter Sonneneinstrahlung geschützt werden.

Reis

Parboiled-Reis bleibt etwa 12 Monate, Vollkornreis nur drei Monate frisch. Trocken und in verschlossenem Gefäß aufbewahren.

Schokolade und andere Süßigkeiten

Sie werden z. B. in einem Schrank bei Raumtemperatur aufbewahrt und halten sich mehrere Monate. Schokolade bekommt manchmal wegen kurzzeitiger Wärmeeinwirkung eine weiße Haut. Das schadet dem Schokoladengeschmack nicht, sieht nur ein bisschen unschön aus.

Tee

Er gehört in eine dicht schließende Dose oder ein Glas und wird vor Licht geschützt. Tee ist so selbst nach zwei, drei Jahren noch genießbar.

Zucker und Mehl

Du solltest Zucker und Mehl immer trocken lagern. Am besten in wiederverschließbare Kunststoffbehälter füllen. Weizenmehl hält sich etwa ein Jahr, Roggenmehl ungefähr zwei Monate. Angebrochene Packungen, z. B. Kartoffelpüree oder Müsli, wieder verschließen und in absehbarer Zeit aufbrauchen.

Schädlinge

Vorratsschädlinge fallen mit Vorliebe über angebrochene Packungen und unsachgemäß oder zu lange gelagerte Lebensmittel her. Bei Verdacht auf Mehlmilben, Mehlmotten oder Mäuse die befallenen Produkte wegwerfen und Schränke gründlich auswaschen! Wenn sich dein Mehl von alleine in Richtung Kochtopf bewegt, ist es höchste Zeit, es wegzuwerfen. ☺

Darüber hinaus solltest du auch deine (Bio-)Abfälle vor allem im Sommer nicht zu lange in der Wohnung lagern – auch diese ziehen Millionen von Fruchtfliegen und andere Schädlinge an. Ganz zu schweigen von den unangenehmen Gerüchen ...

Tipp

- ✗ Vorräte trocken, kühl und verschlossen lagern!
- ✗ Schränke und Schubladen sauber halten!
- ✗ Haltbarkeit der Vorräte von Zeit zu Zeit überprüfen!

Ernährung

Tageszeitungen und Zeitschriften quellen über mit Ratschlägen und Tipps zum Thema „Ernährung". Deshalb möchte ich an dieser Stelle nur allgemeine, grundsätzliche Ernährungstipps geben. Der Nahrungsbedarf ist abhängig von Alter, Geschlecht, Körpergewicht, Arbeitsleistung und Außentemperatur. Nur bei Zufuhr aller Nährstoffe in richtiger Art und Menge ist die Ernährung vollwertig. Das hört sich komplizierter an, als es ist. Lass dich aber nicht von der Werbung täuschen, die dir mit ihren „nahrhaften" Produkten vollwertige Nahrung suggerieren und verkaufen möchte. Süße Zwischenmahlzeiten mit milchähnlichen Zusätzen und Fastfood mit einem Blättchen Salat fressen dir nur Löcher in Zähne und Geldbeutel. Allein der Hersteller gesundet – an Umsatz und Gewinn.

Die Faustregel für gesundes Essen

Die **Faustregel für ein gesundes Essen** lautet:

- Bevorzuge alles, was auf dem Feld angebaut wird!
- Liebe es bunt! Obst in jeglicher Form, z. B. Äpfel, wenn möglich immer mit Schale. Obst in roher Form genießen.
- Gemüse und Obst möglichst aus biologischem Anbau kaufen.

Obst, Gemüse und Getreide sollten den Hauptanteil der täglichen Nahrung bilden. Im Idealfall kommt von diesen Produkten bei fünf Mahlzeiten täglich etwas auf den Tisch. Da das in vielen Fällen aufgrund der persönlichen Umstände nicht möglich ist, wäre es gut, mindestens drei Mal täglich davon zu essen.

Wir können uns heute kaum mehr vorstellen, dass es einst Menschen gab, die Jahrzehnte lang das Gleiche essen mussten. Ihre Verpflegung hieß Manna. Vor einigen tausend Jahren zog das Volk Israel auf dem Weg ins gelobte Land Kanaan 40 Jahre lang durch die Wüste. Gott versorgte sie mit einer außergewöhnlichen Speise: Als Grundnahrungsmittel gab es täglich frisches Manna. Es war leicht verderblich und musste daher jeden Morgen neu aufgelesen werden. Zweifellos mussten die Frauen damals ausgesprochen einfallsreich sein, um ihren Liebsten diese Speise in allen Variationen vorzusetzen. Es gab Manna roh, gekocht, getrocknet, gebacken oder wie auch immer angerichtet. Morgens, mittags, abends und vielleicht noch öfter gab es nur eines: unendliche Variationen von Manna. Vermutlich gab es Augenblicke, in denen die Israeliten ein Königreich für ein Steak oder eine Pizza gegeben hätten. ☺

Für mich ist es schwer vorstellbar, jeden Tag das Gleiche zu essen. Denk nur mal an Kartoffeln: als Pommes frites, Kroketten, Salzkartoffeln, Klöße, Reibekuchen etc. Das Jahrzehnte lang. Und nichts anderes. Ich kann verstehen, dass einem irgendwann die guten Ideen ausgehen und dass einem einfach keine andere Variante des Genusses mehr einfällt. Man sehnt sich nach Vanilleeis oder einer Gemüsesuppe oder einer bunten Salatplatte mit leckerem Dressing oder einem Filetsteak well done ...

Gottes Fürsorge für sein Volk zeigte sich in der täglichen Gabe von Manna, das zum Beispiel zu Brot verarbeitet wurde. Wissenschaftler haben versucht, herauszufinden, um welches Lebensmittel es sich bei Manna gehandelt haben könnte. Einige meinen, es sei eine besondere Form von Honig gewesen, andere halten es für ein Produkt der Schildläuse oder eine Art Körnernahrung. Unabhängig von solchen Überlegungen enthielt Manna jedoch alle Nährstoffe, die der menschliche Körper braucht. Es war *die* Hauptspeise für die jahrelange Wüstenwanderung. Sozusagen Vollwertkost in höchster Vollendung. Es war jedoch auch eine einzigartige Ernährung für eine bestimmte Zeitspanne, die sich in dieser Form seither nicht mehr wiederholt hat.

Heute können wir zu jeder Jahreszeit auf eine Vielzahl von Nahrungsmitteln zurückgreifen. Das große Angebot macht es aber nicht immer leichter, auch das Richtige auszuwählen.

Dein und mein Wohlbefinden ist zum großen Teil von einer gesunden Ernährung, einem vernünftigen Lebensstil und ausreichender Bewegung abhängig. Das Bewusstsein um die Einmaligkeit unseres Körpers und der damit verbundenen Verantwortung hilft, die Ernährung zusammenzustellen. Gesundes Essen trägt dazu bei, dass du lange gesund und fit bleibst, und es fördert die gute Laune. Außerdem beugt es Übergewicht und einigen Erkrankungen vor.

Sind Obst, Gemüse und Getreide Hauptbestandteil des täglichen Essens, braucht man sich um Figur oder Krankheit wegen fehlerhafter Ernährung wenig Gedanken zu machen. Man schafft zumindest eine gute Grundlage und das Immunsystem wird durch richtige Ernährung gestärkt.

Die in unseren täglichen Ablauf eingeplante Esskultur ist wie eine Oase innerhalb unseres vollen Terminkalenders. Essen ist Nahrung und Genuss zugleich. Wir dürfen uns dankbar über die vorhandene Speise freuen. Allerdings sollten wir das Essen nicht nur gesund genießen, sondern auch diszipliniert. Das beugt Süchten wie etwa Fress- oder Alkoholsucht vor. Da, wo der Glaube die Grundlage des Lebens ist, orientiert sich das Maß am Willen Gottes für uns. Mit der Veränderung der ursprünglichen Familienform Vater-

Mutter-Kind und ständig wechselnden oder fehlenden Bezugspersonen fällt es jungen Menschen heute oft schwer, gesund zu leben. Ihnen fehlen Vorbilder oder Vater oder Mutter, die ihnen auch in diesem Bereich wichtige Orientierung vermitteln.

Mit „gesund leben" meine ich aber nicht nur die Ernährung, sondern auch eine Lebensweise, die Körper, Seele und Geist berücksichtigt. Sie bilden die Ganzheit des Menschen, und wenn eine dieser drei Faktoren aus dem Gleichgewicht gerät, leidet der ganze Mensch.

Kein einzelnes Lebensmittel enthält all die über 40 verschiedenen Nährstoffe, die unser Körper benötigt. Aus diesem Grund sollte unser Speiseplan vielfältig sein. Abwechslungsreiches Essen ist nicht nur notwendig, sondern auch ein Genuss. Ein sorgfältig zubereitetes Mahl und ein liebevoll gedeckter Tisch erfreuen Augen und Gaumen. Essen darf und sollte immer wieder ein Erlebnis sein. Darum kommt es nicht in erster Linie darauf an, ob das Essen „gesund" ist, sondern dass es schmeckt.

Einen tiefsinnigen Eindruck machte einmal ein älterer, hagerer Sänger auf mich, mit dem ich am Abend vor einem Kirchenkonzert gemeinsam mit dem Dirigenten und einigen Chorsängern in einem italienischen Restaurant aß. Der Mann mit seinem wohlklingenden Bass bekannte, Vegetarier zu sein. Er war mir bereits wegen seiner ungesunden gräulichen Hautfarbe aufgefallen, und ich grübelte darüber nach, ob er wohl krank sei. Etwas später erfuhr ich, dass er nicht nur kein Fleisch mochte, sondern sämtliche tierischen Produkte ablehnte. Das erklärte, warum seinem Äußeren jegliche Frische fehlte, die jemand ausstrahlt, der sich gesund und vielseitig ernährt.

Ich glaube, dass man alles in Maßen essen kann und sollte. Jede Art von Extremismus, auch in Sachen Ernährung, macht unfrei. Einseitige Ernährung, auch mit „Gesundem", kann mehr schaden als nützen. Was dir jedoch schmeckt und guttut, muss darüber hinaus bei mir nicht die gleiche Auswirkung haben.

Stärke dein Bewusstsein für eine ausgewogene Ernährung!

Wenn du dich ausgewogen ernährst, wirst du viel mehr Spaß am Essen haben und nicht verzweifelt versuchen müssen, mit Gymnastik das nachholen zu müssen, was dir beim Essen entgeht. Genieße frisches Obst und Gemüse in roher Form oder als Saft! Wer sich mit Naschen zurückhält, stellt fest, dass sein Verlangen nach Süßem auch mit der Zeit abnimmt.

Viel zu wenig wird beachtet, dass die Leistungsfähigkeit des Körpers stark von einer qualitativ hochwertigen Ernährung abhängt. Besonders Sportlern wird deshalb geraten, auf eine bedarfsgerechte Nahrung achten.

Gerade das bei vielen jungen Leuten so beliebte Fastfood täuscht hochwertige und satt machende Zutaten vor. Leider sind stattdessen in Windeseile Magen und Portemonnaie leer. Als gelegentlicher Imbiss ist nichts dagegen einzuwenden, aber als vollwertige Nahrung kann diese Art von Essen einfach nicht bezeichnet werden. Wer ein Fertiggericht genießt, sollte dann dazu noch frischen Salat oder Gemüse essen. Obst kann auch als Nachtisch dienen.

Ein weiterer Punkt ist ebenfalls wichtig: Ständige Knabbereien zwischendurch oder essen, um die Langeweile abzuwenden, tun deinem Körper nicht gut. Bei Frust lieber die Straße fegen oder deinen Schreibtisch aufräumen, als sich Kalorienbomben einzuverleiben. Selbst wenn du abends richtig schlemmen möchtest, solltest du tagsüber zumindest kleine Mahlzeiten zu dir nehmen. Dennoch solltest du daran denken, dass deine Verdauung nachts auf Sparflamme schaltet. Du schläfst erfahrungsgemäß besser, wenn du nicht allzu satt zu Bett gehst.

Nur wer Hunger hat, weiß auch, wann er satt ist.

Außerdem darf und soll Essen mit allen Sinnen genossen werden. Nimm dir also möglichst immer ausreichend Zeit, denn erfahrungsgemäß dauert es eine Weile, bis dein Körper merkt, dass er satt ist und dem Gehirn signalisiert, dass er nun genug hat, und zwar etwa 15 bis 20 Minuten. Bereite dein Essen also aufmerksam und mit Liebe zu, richte es fantasievoll an und iss gemütlich an einem schön gedeckten Tisch. Die Mühe, dir selbst Gutes zu tun, lohnt sich!

Tipp

Buch-Tipps für trendige Tischdekorationen findest du im Kapitel „Darf es ein bisschen Knigge sein“.

Ein *Tischgebet* erinnert dich darüber hinaus an Gottes Fürsorge. Mach es dir zur guten Gewohnheit, vor dem Essen erst einmal zu beten und Gott für das zu danken, was da vor dir steht. Entspanne dich und genieße in Ruhe deine Mahlzeit.

Ballast- und Nährstoffe

Damit der Bedarf des Körpers an Ballast- und Nährstoffen ausgewogen gedeckt wird, hier eine Übersicht, in welcher Form und Menge Lebensmittel über den Tag verteilt aufgenommen werden sollten.

Welche Lebensmittel enthalten welche Ballast- und Nährstoffe?

40 % Kohlenhydrate

Getreide, Hülsenfrüchte, Gemüse, Brot, Vollkornbrot, Teigwaren, Samen. Kohlenhydrate in Form von Zucker (Marmelade, Haushaltszucker, Süßigkeiten, Fruchtsäften etc.) sollen täglich nur in geringer Menge gegessen werden.

35 % Obst und Gemüse

Möglichst viel frisches Obst und Rohkost essen. Sie enthalten viele Vitamine und Mineralstoffe. Die Empfehlung von Ernährungsexperten: 5 x täglich Obst oder Gemüse.

15 % Milch und Milcherzeugnisse

10 % Fleisch und Fisch

Wenig Öle bzw. Fette und Zucker

Täglich reichen in etwa 60 g bis 80 g Fett aus, aber du solltest nicht darauf verzichten, weil gerade Öle und Fette für den Körper und in Kombination mit anderen Lebensmitteln notwendig sind.

2 Liter Getränke

Da unser Körper zu etwa 70 % aus Wasser besteht, braucht er täglich eine gewisse Flüssigkeitszufuhr. Mindestens 2 Liter Flüssigkeit täglich sind empfehlenswert, bei hohen Temperaturen entsprechend mehr. Sorge dabei für etwas Abwechslung:

- ✗ Wasser – trinkst du Mineralwasser, solltest du auf den Mineralstoffgehalt achten (reich an Natrium, Kalzium, Magnesium ratsam)
- ✗ Tee – Früchtetee, Kräutertee
- ✗ verdünnte Fruchtsäfte – Apfelsaftschorle löscht den Durst, erfrischt und ist preiswert; Vorschlag: 1 Anteil Apfelsaft und 3 Anteile Wasser. Als Alternative eignen sich Orangensaft, Kirschsaft etc.

Wenn du immer ein Glas mit einem Getränk oder eine Flasche in Reichweite hast, hilft dir dies, ans Trinken zu denken.

Alkoholische Getränke sind nicht als Getränkezufuhr in diesem Sinne gedacht, da sie dem Körper Flüssigkeit und Mineralstoffe entziehen. Aus diesem Grund kommt es übrigens auch nach Alkoholgenuss oft zu einem großen Durstgefühl. Darüber hinaus hat man zwar mittlerweile mit dem Mythos aufgeräumt, dass Kaffee dem Körper ebenfalls Flüssigkeit entziehe, dennoch ist auch dieses Getränk kein Durstlöscher.

Tipps

- ✗ Warme Gemüsebrühe weckt meist stärker die Lebensgeister als Kaffee.
- ✗ Trockenfrüchte eignen sich, um Kraft zu tanken.
- ✗ Gegen schlechte Laune hilft eine einfache Mischung im Verhältnis 1:6 – 1 Teil Himbeersirup mit 6 Teilen Wasser vermischt trinken.

Die Zusammensetzung einzelner Nahrungsmittel bestimmt ihren Nährwert. Bestimmte Nährstoffe müssen dem menschlichen Körper zugeführt werden, da er sie nicht selbst bilden kann. Einzelne Nährstoffe können sogar nur in Kombination mit anderen Nährstoffen ihre volle Wirkung entfalten.

Eiweiß

Als wichtigster Baustoff unseres Körpers ist er für die Zellbildung und Körpersäfte unentbehrlich. Eiweißstoffe setzen sich aus Aminosäuren zusammen. Einige Eiweißstoffe baut der Körper selbst auf. Fehlende Aminosäuren, die als biologisch vollwertig gelten, müssen dem Körper durch die Nahrung zugeführt werden: Milch, Ei, Fisch, Fleisch, Kartoffeln etc.

Bedeutung fürs Kochen:
Fisch, Fleisch und geschälte Kartoffeln nicht wässern, da das Eiweiß Albumin sich im Wasser fein zerteilt. Eiweiß ist darüber hinaus leicht verderblich. Das erklärt, warum Fisch und Fleisch nur kurze Zeit aufbewahrt werden sollten. Außerdem gerinnt Eiweiß bei Hitze. Du kannst jedoch dafür sorgen, dass die Poren der Lebensmittel sich schließen (und das Fleisch schön saftig und

eiweißhaltig bleibt), indem du eiweißhaltige Nahrung heißem Fett oder kochendem Wasser aussetzt.

Fett

Es ist Lösungsmittel für viele Vitamine (A, D, E etc.) und dient in erster Linie als Energiespender. Einige Fettsäuren, wie z. B. die Linolsäure, kann der menschliche Körper nicht selbst produzieren, und deshalb müssen ihm diese wegen ihrer lebenswichtigen Funktion zugeführt werden: Öle (Maiskeimöl, Sojaöl, Sonnenblumenöl, hochwertige Pflanzenmargarine) haben hohe Linolsäuregehalte.

Bedeutung fürs Kochen:
In Fleisch, Wurst, Schokolade, Sahne sind Fette, die bei der Nahrungszusammenstellung mit berücksichtigt werden müssen. Zur Verwertung von fettlöslichen Vitaminen ist eine bestimmte Zufuhr der Fettmenge für den Körper notwendig. Hohe Temperaturen und Wärme- und Lichteinwirkung zersetzen Fett.

Kohlenhydrate

Sie sind der Hauptenergiespender und bestehen aus Kohlenstoff, Wasserstoff und Sauerstoff. Kohlenhydrate kommen in verschiedenen Varianten vor: als Fruchtzucker in süßen Früchten oder Honig, als Milchzucker in der Milch, Rohrzucker, wie man ihn im normalen Zucker vorfindet, in Form von Stärke in Kartoffeln, Getreide oder als Cellulose von allen pflanzlichen Lebensmitteln.

Die körperliche Leistung bestimmt den täglichen Bedarf. Cellulose dient auch als Ballaststoff, der wertvoll für die Verdauung ist.

Bedeutung fürs Kochen:
Zucker wird als Süßungsmittel eingesetzt. Durch trockenes Erhitzen von Zucker entsteht Karamell. Zuckerhaltige Speisen daher vorsichtig garen, da Zucker leicht anbrennt. Stärke erst mit kaltem Wasser anrühren und dann in die kochende Speise geben. Das verhindert Klumpen.

Wasser

Quell- und Grundwasser sind natürliche Trinkwasser. Nahrungsmittel enthalten fast alle Wasser. Außerdem ist Wasser zum Garen unentbehrlich. Zucker und Salze werden durch Wasser gelöst und es entzieht klein geschnittenem Gemüse Farb- und Geschmacksstoffe. Hülsenfrüchte, z. B. Erbsen, quellen in Wasser auf.

Siedepunkt des Wassers: 100 °C, Eisbildung bei 0 °C. Wasser ist wichtig für den Körper, damit Nährstoffe und Ausscheidungsstoffe gelöst und transportiert werden können.

Bedeutung fürs Kochen:
Nahrungsmittel nicht längere Zeit im Wasser liegen lassen. Einige Lebensmittel, z. B. Fisch, Fleisch oder Kartoffeln, können sogar gegart werden, ohne dass Wasser zugeführt wird. Koch- oder Einweichwasser wegen der herausgelösten wichtigen Stoffe bei der weiteren Zubereitung der Speisen möglichst mitverwenden.

Mineralstoffe

Sie regeln im Körper die Lebensvorgänge, sind wichtig für den Aufbau und insbesondere für den Umsatz der Nährstoffe. Bei einer natürlichen und vielseitigen Zusammensetzung der Nahrung ist in der Regel eine ausreichende Versorgung des Körpers mit Mineralstoffen gewährleistet.

Kalzium, Kalium, Jod, Eisen, Magnesium und Phosphor sind nur einige der wichtigen Mineralstoffe. Sie sind wichtig für die Herztätigkeit, für den Aufbau von Knochen und Zähnen oder Haut und Haaren.

Bedeutung fürs Kochen:
Erhitzen und Wässern mindern den Mineralstoffgehalt der Nahrungsmittel. Gleichzeitig verlieren die Speisen an Eigengeschmack, was wiederum zu großzügiger Verwendung von Kochsalz führt. Salz speichert wiederum Wasser im Körper und belastet damit die Nieren und den Kreislauf. Deshalb ist auf eine sorgfältige Kochsalzzugabe zu achten. In Rohkost findet sich meist der unveränderte Gehalt an Mineralstoffen.

Vitamine

Sie kommen zwar nur in kleinen Mengen in den Nahrungsmitteln vor, haben aber eine große Bedeutung für die Ernährung. Vitaminmangel ist vielfach die Ursache schwerer Erkrankungen oder Störungen. Vitamine stärken die körpereigene Abwehr, sind wichtig für Entwicklung- und Funktionsablauf und fördern Fermente, die wiederum für Verdauung und Stoffwechsel vom Körper gebildet werden.

Bedeutung fürs Kochen:
Schonende Zubereitung von Gemüse und Obst (dünsten und dämpfen), lange Lagerung vermeiden, täglich frisches Obst, Salate oder Gemüse essen, Lebensmittel vor Sonnenbestrahlung schützen.

Kleine Nahrungskunde

Brot

Unterschiedliche Brotsorten

Es setzt sich vor allem aus Mehl, Wasser, Sauerteig oder Hefe (Treibmittel) und Getreide zusammen und gehört zu den wichtigsten Nahrungsmitteln. Der Körper bekommt durch Brot reichlich Eiweiß und die enthaltenen Kohlenhydrate sind eine wichtige Energiequelle. Dunkle Brote enthalten mehr Ballaststoffe (sind gut für die Darmtätigkeit) und besonders Vollkornbrot liefert reichlich Vitamin B sowie Mineralstoffe.

Kräftiges Brot muss gründlicher gekaut werden und ermöglicht dadurch eine leichtere Verdauung.

Verwendung:

- ✗ Roggenmehl und Roggenschrot: Roggenbrot
- ✗ Weizenmehl Typ 505: Brötchen, Weißbrot
- ✗ Weizen- und Roggenmehl: Mischbrot, Kennzeichnung je nach größerem Anteil (z. B. Weizenmischbrot)
- ✗ grobes Weizen- und/oder Roggenschrot: Schrotbrot
- ✗ Roggen- und Weizenmehl aus ganzem Korn: Vollkornbrot
- ✗ feines Roggen- und Weizenschrot: Knäckebrot

Wenn du dich ausgewogen ernähren willst, solltest du dein Brot vorwiegend nach dem gesundheitlichen Wert auswählen. Leichtverdauliches Brot wie Knäcke- oder Weißbrot eignet sich besonders für empfindliche Menschen, besitzt aber keinen richtigen Nährwert (keine Vitamine, Ballaststoffe), sondern enthält nur leere Kalorien.

Eier

Eier sind Lieferanten von wichtigen Aufbaustoffen, hochwertigem Eiweiß, Vitaminen (Vitamine D, B_{12}, K und Biotin), Phosphor, fettähnlichem Lecithin und Fett. Hierzulande werden vorwiegend Hühnereier verwendet, genießbar sind aber z. B. auch die Eier von Gänsen, Enten und Puten. Eier sind übrigens gesünder als ihr Ruf: Sie lassen den Cholesterinspiegel von gesunden Personen erst bei etwa 6 Eiern am Tag ansteigen.

Man verwendet Eier für Vorspeisen, Hauptgerichte, Desserts und Backwerk, sie dienen als Lockerungsmittel (beispielsweise bei Süßspeisen), verbessern den Geschmack und Nährwert anderer Speisen und werden als Bindemittel (z. B. für Klöße oder zum Panieren) benutzt.

Die Herkunft der Eier

Man kann Eier von ganz unterschiedlich gehaltenen Hühnern bekommen (die *Herkunft* geht aus einer Ziffer eines Stempels auf dem Ei hervor, beispielsweise 0-DE-1344461):

- 0 = Bio-Eier: Freilandhaltung mit Futter aus ökologischem Anbau
- 1 = Freilandhaltung: Pro Huhn müssen 10 m^2 Auslauf vorhanden sein
- 2 = Bodenhaltung: Pro Quadratmeter Stallfläche dürfen maximal sieben Hühner gerechnet werden
- 3 = Käfighaltung in Legebatterien: Pro Huhn werden 450–550 cm^2 Fläche gerechnet (ca. $^3/_4$ eines DIN-A4-Blattes)

Hühnereier werden darüber hinaus in die Güteklassen A, B und C eingeteilt.

Die Güteklassen B (haltbar gemachte oder gekühlte Eier, geringere Güte und Frische) und C (ausschließlich für die Nahrungsmittelindustrie aussortiert) werden industriell weiterverarbeitet und gelangen meist nicht in den Verkauf. Im Laden kannst du normalerweise nur Eier der Güteklasse A kaufen. Sie sind frisch, völlig einwandfrei, nicht älter als sieben Tage und sauber.

Je nach Gewicht werden Hühnereier darüber hinaus in vier Gewichtsklassen eingeteilt:

- XL = sehr groß, mindestens 73 g
- L = groß, 63 g–73 g
- M =mittel, 53 g–63 g
- S = klein

Du solltest Eier kühl, luftig und dunkel aufbewahren, am besten in den Türfächern deines Kühlschranks, da Wärme die Bildung von Krankheitserregern fördert. Doch ab und zu lohnt sich auch eine Prüfung der Frische:

Woran erkennst du die Frische?

Ein Glas mit Wasser füllen und das rohe Ei vorsichtig hineinlegen. Ein altes Ei wird sich aufrichten oder sogar schwimmen. Ein frisches Ei bleibt am Boden.

Darüber hinaus kannst du auch den Schütteltest machen: Wenn du das Ei schüttelst und dabei ein gluckerndes Geräusch vernimmst, ist das ein Zeichen für eine vergrößerte Luftkammer und damit für ein nicht mehr frisches Ei.

Aber auch beim aufgeschlagenen Ei kannst du noch erkennen, inwieweit es frisch ist: Bei einem alten Ei ist der Dotter flach, das Eiweiß flüssig und zerlaufen. Bei einem frischen Ei ist der Dotter hoch gewölbt, das Eiweiß bleibt zusammen.

Fisch

Besonders bekannt und beliebt bei uns sind die Seefische: Kabeljau, Rotbarsch, Hering, Seelachs, Scholle und Schellfisch. Zu den Süßwasserfischen der Binnengewässer gehören die wohlschmeckenden Sorten: Lachs, Karpfen, Forelle, Hecht, Schleie, Aal, Weißfische.

Als Eiweißlieferant ist der Fisch dem Fleisch ebenbürtig. Darüber hinaus enthält Fisch die Vitamine A und D, ist reich an Mineralstoffen (insbesondere Jod und Phosphor) und hat einen geringen Fettanteil. Deshalb ist Fisch leicht verdaulich und ermöglicht eine kalorienarme, aber eiweißreiche Ernährung.

Fisch wird sowohl frisch als auch tiefgekühlt angeboten. Da er leicht verderblich ist, solltest du ihn noch am selben Tag verarbeiten, an dem du ihn gekauft hast. Fischkonserven (Rollmöpse, Bratheringe, Krabben etc.) hingegen halten sich bei kühler Lagerung und Beachtung des Verfallsdatums Monate.

Die meisten Menschen bevorzugen bei der Zubereitung des Fisches Dünsten und Grillen. Diese Zubereitungsarten fördern die Erhaltung der Nährstoffe.

Fleisch

Bei uns isst man vorwiegend das Fleisch von Rind, Kalb, Schwein oder Hammel. Beim Geflügel wird in unserem Land Huhn, Gans, Ente und Pute bevorzugt, vom Wild Reh, Hirsch, Wildschwein und Hase.

Fleisch spendet wertvolle Aufbaustoffe, vollwertiges Eiweiß, Vitamine der B-Gruppe und Vitamin E sowie Mineralstoffe. Erfahrungsgemäß sind gekochte oder gegrillte Fleischstücke leichter verdaulich als gebratene. Auch fettes Fleisch ist schwerer verdaulich (und macht auch dicker) als das zarte von jungen Schlachttieren. Dennoch sollte wegen der Belastung des Stoffwechsels auf übermäßigen Fleischgenuss verzichtet werden.

Du kannst einwandfreies Fleisch am guten Aussehen erkennen und daran, dass es noch fest ist. Gut abgehangenes Rindfleisch erkennt man an seiner dunkelroten Farbe. Je besser es abgehangen ist, umso zarter sein Geschmack.

Hackfleisch

Hackfleisch unterliegt wegen seiner leichten Verderblichkeit besonderen Auflagen und muss am gleichen Tag hergestellt worden sein, an dem es auch verkauft wird. Aus diesem Grund solltest du es auch am selben Tag verwenden, an dem du es erworben hast, oder es sofort einfrieren: Das frische Hackfleisch in einen Gefrierbeutel geben und die Luft rauslassen, dann gut verschließen (z. B. mit einer Vakuumschweißmaschine, wenn man eine hat). Danach das Ganze in der Tüte platt drücken (dann lässt es sich schneller wieder auftauen) und ins Gefrierfach legen. Einmal eingefrorenes Hackfleisch nach dem Auftauen jedoch nicht wieder einfrieren!

Verwendet wird:

vom Rind

- ✗ zum Kurzbraten: Roastbeef und Lende
- ✗ zum Braten: Roastbeef, Lende, Hüfte, Hochrippe, Schwanzstücke, Kugel (auch: Nuss)
- ✗ zum Braten und Schmoren: Kugel (z. B. Rouladen), Kamm, Bug
- ✗ zum Kochen: Schwanz, Kopf, Hals, Lappen, Blattrippe, Bein, Brust

vom Kalb

- ✗ zum Braten: Rücken, Brust, Haxe, Hals, Flanke, Keule, Bug, Nieren (für Kalbsnierenbraten)
- ✗ zum Kochen: Kopf, Füße
- ✗ zum Kurzbraten: Schnitzel (Keule), Kotelett

vom Schwein

- ✗ zum Kochen: Bauch, Kopf, Füße, Eisbein (Haspel)
- ✗ zum Kurzbraten: Schnitzel (Keule), Kotelett, Lende
- ✗ zum Braten und Schmoren: Kamm, Bug, Keule, Rücken

Gemüse

Da Gemüse reich ist an Kohlenhydraten, Eiweißen, Vitaminen, Mineralstoffen und Ballaststoffen, ist es für den täglichen Speisezettel unentbehrlich. Aufgrund dieser hohen Nährstoffdichte sollte es aber eigentlich nicht nur Beilage, sondern Hauptbestandteil einer Mahlzeit sein. Aber keine Sorge: Da in jeder Jahreszeit andere Gemüsesorten erntereif sind, ist auf jeden Fall für genügend Abwechslung gesorgt. Weiterhin hat nach Saison eingekauftes Gemüse den Vorteil, dass es den Geldbeutel schont, dass man nicht unbedingt auf genmanipuliertes Gemüse trifft oder dass es schon monatelang in irgendwelchen Lagerhäusern untergebracht wurde.

Frisches Gemüse sollte am besten kühl und dunkel gelagert werden (z. B. im Kühlschrank), allerdings getrennt von Obst, da dieses Pflanzenhormone verströmt, die die Haltbarkeit von Gemüse beeinträchtigen. Darüber hinaus solltest du das Gemüse möglichst rasch verbrauchen, da der Vitamingehalt einiger Gemüsesorten schon innerhalb der ersten 24 Stunden nach der Ernte um 50 % gesunken ist. Und wenn du auch noch etwas für die Umwelt tun willst, solltest du vor allem auf Gemüsesorten zurückgreifen, die in deiner Region wachsen und nicht irgendwo auf der anderen Seite dieser Erde. Alternativ kannst du in gemüsearmen Monaten natürlich auch auf Tiefkühlgemüse zurückgreifen, das wesentlich gesünder ist als sein Ruf es verspricht.

Damit die Vitamine des Gemüses nicht bei der Zubereitung verloren gehen, solltest du geputztes Gemüse unzerkleinert waschen und nicht im Wasser liegen lassen. Außerdem solltest du die Garzeit beachten – Gemüse sollte vorzugsweise im geschlossenen Topf gedämpft und gedünstet und nicht unbedingt gekocht werden. Wenn du Gemüse nur blanchierst (d. h. es kurzzeitig in sprudelnd kochendem Wasser eintauchst und dann mit eiskaltem Wasser abschreckst), bleibt es knackig und behält seine natürliche Farbe. Außerdem erhältst du auf diese Weise wertvolle Vitamine und Mineralstoffe.

Getreide

Dazu gehören u. a. Reis, Mais, Weizen und Roggen (Korn). Getreide enthält bspw. Ballast- und Mineralstoffe (u. a. Eisen, Kalium, Zink) sowie die Vitamine E und B_1 und B_2. Es wird in der Regel auch nicht roh verzehrt, sondern zu anderen Erzeugnissen wie Breie und Klöße, Graupen, Kleie oder Mehl verarbeitet. Mehl, Mais und Reis werden auch als Bindemittel für Saucen verwendet.

Vielleicht ist dir schon aufgefallen, dass es scheinbar unterschiedliche Mehlsorten gibt, denn auf Mehlpackungen stehen noch irgendwelche Typbezeichnungen. Diese bezeichnen den Mineralgehalt des Mehls in Gramm pro 100 Kilogramm (Beispiel: „405“ bedeutet, dass in 100 g Mehl 0,405 g Mineralstoffe enthalten sind). Niedrige Mehltypen wie 405 (das wohl das gängigste Haushaltsmehl ist) besitzen einen geringen Mineralstoffgehalt und sind sehr hell; hohe Typen wie „1700“ sind sehr dunkel und reich an Mineralstoffen.

Du solltest dein Mehl bei unter 20 °C und möglichst trocken und dunkel lagern. Dann halten die hellen Mehle etwa 1 bis $1\frac{1}{2}$ Jahre, dunklere Mehle etwa sechs bis acht Monate und Vollkornprodukte etwa sechs bis acht Wochen. Bei längerer Lagerdauer wird das Mehl ranzig.

Honig

Guter Bienenhonig enthält unterschiedliche Zuckerarten, Vitamine, Mineralstoffe, Enzyme, Aminosäuren und Aromastoffe. Er besteht hauptsächlich (zu 70–80 %) aus einem Gemisch von Frucht- und Traubenzucker (Invertzucker). Er spendet rasch Energie und wird ohne Umwandlung durch die Verdauungsorgane ins Blut aufgenommen. Er ist ein Stärkungsmittel für Herz und Kreislauf. Außerdem hat er sich als Heilmittel für Erkältungskrankheiten bewährt.

Die unterschiedlichen Honigsorten unterscheiden sich vor allem durch zwei Eigenschaften:

- die Farbe: von nahezu farblos bis dunkelbraun
- den Geschmack: von süß und mild bis kräftig würzig

Naturreiner deutscher Honig wird in Gläsern mit entsprechender Kennzeichnung angeboten. Die Sorten bezeichnen die Herkunft der Pflanzensäfte: Akazien-, Linden-, oder Fichtenhonig etc. Guter ausländischer Honig heißt Blüten-Schleuderhonig. Reiner Bienenhonig (billige Qualität) stammt von Bienen, die mit Zucker gefüttert wurden.

Hülsenfrüchte

Erbsen, Linsen und Bohnen enthalten viele Kohlenhydrate, Eiweiß, Mineralien und Ballaststoffe. Sie sind preisgünstig, aber schwer verdaulich. Aus diesem Grund solltest du sie vor dem Verarbeiten gut aufquellen lassen. Am besten legst du sie bereits am Vortag in Wasser und verwendest beim Kochen das Einweichwasser mit. Darüber hinaus verhindert das Salz das Garwerden der Früchte, daher dies erst zum Schluss zufügen. Das gilt übrigens auch für Kartoffeln oder Suppengemüse, damit deren Vitamine erhalten bleiben.

Kartoffeln

Kartoffeln sind preisgünstig, vielseitig verwendbar, besitzen einen hohen Sättigungswert, sind leicht aufzubewahren, enthalten reichlich Mineralstoffe und Vitamine, hochwertiges Eiweiß und spenden durch hohen Stärkegehalt Energie. Aber auch bei Kartoffeln gilt: Zu langes Liegenlassen im Wasser raubt den Kartoffeln wertvolle Nährstoffe.

Du solltest deine Kartoffeln an einem kühlen, dunklen Ort lagern, allerdings nicht in einem geschlossenen Behältnis, da sie „atmen“ können müssen. Obststiege, die mit Zeitungspapier ausgelegt sind, eignen sich beispielsweise dafür. Du solltest auch hin und wieder nachschauen, ob einige der Kartoffeln faulen oder schon anfangen zu keimen, und darauf achten, dass die Kartoffeln nicht zu lange lagern.

Wenn du die Kartoffeln mit Schale verzehrst, bleiben Eiweiß, Vitamine und Mineralstoffe am besten erhalten (dafür eignen sich besonders Speisefrühkartoffeln). Große Kartoffeln eignen sich gut zum Schälen, kleine Kartoffeln für Pellkartoffeln oder Kartoffelsalat.

Milch

Sie gehört zu den wertvollsten Nahrungsmitteln und enthält alle wichtigen Nährstoffe. Außer in Form von Magermilch ist sie reich an fettlöslichen Vitaminen A, D und Provitaminen. Milch enthält reichlich Mineralstoffe wie etwa

Kalzium, Natrium, Phosphor und Chlorsalze und ist besonders in säuerlicher Form (Joghurt, Buttermilch, Dickmilch) leicht verdaulich.

Man kann sie trinken oder als Grundzutat für Pudding, Milchspeisen oder Breie verwenden, und darüber hinaus verbessert sie auch den Geschmack und Nährwert anderer Speisen (Suppen, Saucen, Gemüse).

Du solltest Milch kühl und dunkel aufbewahren. Säuerliche Milcherzeugnisse sind meist noch einige Tage nach Ablauf des Mindesthaltbarkeitsdatums genießbar. Schnittkäse solltest du in Folie einwickeln oder im verschlossenen Behälter vor Austrocknen schützen. Wenn du Käse eine halbe Stunde vor dem Servieren aus dem Kühlschrank nimmst, kann er seinen Geschmack voll entfalten.

Einige unterschiedliche Darreichungsformen:

- ✗ H-Milch: 1,5 und 3,5 % Fettgehalt, keimfrei durch Erhitzen, haltbar gemacht
- ✗ Trinkmilch: 3,5 % Fettgehalt, pasteurisiert, teilweise homogenisiert
- ✗ Kondensmilch: 7–10 % Fettgehalt, keimfrei, homogenisiert
- ✗ Magermilch: enthält kein Fett und keine fettlöslichen Vitamine A und D, entrahmte Frischmilch
- ✗ Dickmilch: erfrischend, bekömmlich durch Milchsäuregehalt
- ✗ Joghurt: pasteurisiert, aus Voll- oder Magermilch mit zugesetzten besonderen Bakterien gesäuert, fördert die Darmtätigkeit
- ✗ Buttermilch: mit Ausnahme von Fett und Vitaminen A und D sind alle Nährstoffe enthalten, verdauungsfördernd und leichter verdaulich als Vollmilch, bleibt beim Buttern zurück
- ✗ Sahne: hergestellt durch Schleudern der Vollmilch, wird in Form von frischer Schlagsahne, haltbarer Sahne, Sauer- oder Kaffeerahm angeboten
- ✗ Butter: aus süßem oder saurem Rahm hergestellt, reich an Vitaminen
- ✗ Käse: geronnene Voll- oder Magermilch dient zur Herstellung von Käse
  - in frischer Form bezeichnet man ihn als Quark, Schichtkäse, Frischkäse oder Doppelrahmfrischkäse
  - bei gereiftem Käse wird das Kasein durch Mikroorganismen (natürlich oder zugesetzt) verändert. Edamer, Gouda etc. gehören zu den Schnittkäsesorten, Camembert z. B. zum Weichkäse und Parmesan oder Emmentaler zur Gruppe der Hartkäse

Obst

Obst sollte ebenfalls täglich auf deinem Speiseplan stehen, da es reich an Vitaminen, Ballaststoffen und Mineralstoffen wie Kalium, Kalzium, Magnesium und Eisen ist. Früchte mit tiefgelbem bis orangefarbenem Fruchtfleisch besitzen viel Betakarotin (Vitamin A) und Folsäure; wichtige Vitamin-C-Lieferanten sind vor allem Zitrusfrüchte, Erdbeeren, Schwarze Johannisbeeren, Kiwis und Papayas. Obst wirkt durch den darin enthaltenen Fruchtzucker energiespendend, ist als Vorspeise und Zwischenmahlzeit sehr zu empfehlen und eignet sich auch als Krankennahrung. Falls du allerdings Allergiker bist, solltest du beim Genuss von Südfrüchten (z. B. Kiwi) vorsichtig sein.

Du kannst Obst jedoch nicht nur kleingeschnitten essen – viele Obstsorten lassen sich zu frischem Saft auspressen, du kannst Marmelade oder Pürees kochen oder es auch einkochen. Auch zum Kochen eignen sich viele Sorten, allerdings brauchst du in diesem Fall keine 1A-Ware zu kaufen. Grundsätzlich solltest du gut ausgereiftes Obst zum Rohessen verwenden, es kurz und gründlich waschen. Darüber hinaus eignen sich bestimmte Apfelsorten zum Einlagern für die Wintermonate. Auch beim Obst sind Sorten aus der Region Importen aus anderen Ländern vorzuziehen. Früchte aus biologischem Anbau sind außerdem eine gesunde Alternative, da bei ihrem Anbau normalerweise auf die Verwendung von Pestiziden verzichtet wird.

Güteklassen für Gemüse und Obst:

✗ Extra = auserlesene Ware

✗ Güteklasse 1 bis 3 = hochwertige, gute oder Haushaltsware

Salate

Auch Salate werden das ganze Jahr über angeboten und sollten – wie Gemüse – möglichst täglich gegessen werden. Darüber hinaus sollten auch sie immer kühl aufbewahrt werden, damit sie frisch und die wertvollen Vitamine erhalten bleiben.

In vielen Supermärkten werden bereits gewaschene, kleingeschnittene und portionierte eingeschweißte Salate angeboten. Darauf verzichte jedoch lieber, da sie oft krankmachende Keime enthalten.

Es muss auch nicht immer Kopf- oder Eisbergsalat sein. Rucola hat einen leicht nussigen Geschmack und schmeckt vor allem mit Olivenöl und Parmesan. Feldsalat enthält besonders viel Vitamin A und C und schmeckt mit deftig gebratenem Speck oder Hühnchenfilet oder auch mit gekochten Eiern. Friséesalat, den du mit Joghurtdressing „anmachen“ kannst, passt sehr gut zu Fisch. Und last, but not least: Chicorée, das du gedünstet auch als Gemüse verwenden kannst, schmeckt sehr gut mit einem Senfdressing.

Speisefette

Von Pflanzen und Tieren stammen natürliche Öle und Fette, die man im Haushalt verwendet. Außerdem gibt es noch künstlich veränderte Fette aus pflanzlicher und tierischer Herkunft.

Speisefette werden u. a. verwendet:

- als Brotaufstrich: Butter, Margarine
- zum Braten: Öl (weil wasserarm), feste Pflanzenfette, Margarine, Butter und Schmalz, weil sie höhere Temperaturen erreichen und beim Anbraten rasch die Poren des Fleisches schließen
- zum Backen: Margarine, Butter und Öl (sind weiche Fette) sowie vereinzelt Kokosfett

Gebräuchliche *Speiseöle* sind Sonnenblumenöl, Tafelöl, Olivenöl, Getreidekeimöl (reich an essenziellen Fettsäuren und Vitaminen A und E). Kaltgepresste Öle sind am wertvollsten, da die Vitamine und der natürliche Geschmack erhalten bleiben.

Butter wird aus dem Rahm der Milch gewonnen. Sie enthält Linolsäure, die Vitamine A, D, E und ist leicht verdaulich und schmackhaft.

Margarine ist butterähnlich, variiert in Qualität und Preisen und besteht zu 80 % aus Ölen und Fetten. Die besten Sorten enthalten keine Konservierungs- oder Farbstoffe und werden aus hochwertigen Pflanzenölen und -fetten hergestellt.

Schlachtfette werden aus fetthaltigem Gewebe von Schwein, Ente oder Gans (Schmalz) und Rind und Hammel (Talg) hergestellt.

Feste Pflanzenfette werden aus gehärtetem und ungehärtetem Fett der Kokosnuss oder Erdnussöl gewonnen (z. B. „Biskin“, „Palmin“).

Man setzt Speisen erst nach dem Garen hochwertige Öle, Butter oder Margarine zu, damit die natürliche Zusammensetzung des Fetts erhalten bleibt, da alle stark erhitzten Fette und Speck oder Schmalz schwer verdaulich sind. Damit die unterschiedlichen Fette nicht ranzig werden, bewahrt man sie kühl und dunkel auf. Ranzige Fette solltest du nicht mehr verwenden, da sie gesundheitsschädlich sind.

Zucker

Zucker ist ein reines, farbloses Kohlenhydrat, das zum Süßen verwendet wird und vielen Getränken und Speisen den rechten Wohlgeschmack gibt. Es gibt ihn im Handel in unterschiedlichen Formen: feiner Zucker, Hutzucker, Puderzucker, Kristallzucker, Würfelzucker, brauner Zucker etc. Darüber hinaus wird er zum Konservieren von Marmelade, Gelees und kandierten Früchten verwendet.

Je nach Anzahl der chemischen Bausteine unterscheidet man bei den Kohlenhydraten zwischen Einfachzucker (Traubenzucker, Fruchtzucker), Zweifachzucker (Malzzucker, Lactose, Sacharose) und Mehrfachzucker (Cellulose).

Weil Zucker stark sättigt, sollte er nicht direkt vor einer Hauptmahlzeit genossen werden. Außerdem fehlen ihm Vitamine und Mineralstoffe. Zu viel genossener Zucker – auch in Form von Süßigkeiten – wird vom Körper in Fett umgewandelt. Dies bedeutet jedoch nicht, dass du auf Zucker verzichten musst, wenn du eine Diät machst. In diesem Fall kannst du trotzdem Milchzucker, Traubenzucker und Fruchtzucker verwenden.

Ein Vorteil von Zucker ist, dass er unbegrenzt haltbar ist, wenn er trocken aufbewahrt wird.

Lebensmittelzusatzstoffe und E-Nummern

Viele industriell verarbeitete oder zubereitete Lebensmittel, z. B. Fertigsaucen oder Fertiggerichte, enthalten Zusatzstoffe, die Geschmack, Aussehen, Haltbarkeit oder Konsistenz beeinflussen. Das EU-Recht regelt u. a. für Deutschland die Zulassung dieser Zusatzstoffe in Lebensmitteln, die auf der Verpackung mit einer E-Nummer angegeben sind: z. B. E101 (Riboflavin – Farbstoff). Vielleicht sind dir diese ja schon mal aufgefallen, wenn du dir an einer Pommesbude eine Currywurst geholt hast. Dass die E-Nummern angegeben werden müssen, bedeutet jedoch nicht, dass sie auch harmlos sind.

Nebenwirkungen

Viele Verbraucher wissen gar nicht, dass diese E-Zusatzstoffe ungünstige Auswirkungen auf den Körper haben und beispielsweise Allergien auslösen können. Die künstlich hergestellten Aromen (sogar aus Sägespänen!) sind und bleiben Chemikalien. Aus diesem Grund sollte man selbst bei Öko-Industrieprodukten die Inhaltsstoffe lesen.

Geschmacksverstärker

In vorgefertigten Lebensmitteln enthaltene Geschmacksverstärker tragen außerdem dazu bei, dass selbstgekochte Gerichte oft nicht den inzwischen gewohnten Geschmack des Fertigproduktes erreichen. Das kann zur Unzufriedenheit mit den eigenen Kochkünsten führen.

Tipp

Versuche doch einmal, möglichst nur ab und zu Fertigprodukte zu essen. Das Erfolgserlebnis, wenn man beispielsweise eine Sauce selbst entwirft und abschmeckt, ist nicht zu unterschätzen!

Kennzeichnung der Lebensmittel

Welche Auswirkungen gentechnisch veränderte Produkte auf unseren Körper und Umwelt haben, ist heute noch gar nicht abzusehen. Wer sichergehen möchte, achtet beim Einkauf seiner Lebensmittel darauf, dass diese *„ohne Gentechnik“* hergestellt wurden.

Selbst Restaurants und Kantinen sind mittlerweile verpflichtet, die betroffenen Lebensmittel in Auslagen und auf Speisekarten mit der Aufschrift „gentechnisch verändert“ oder „aus einem gentechnisch veränderten Stoff hergestellt“ zu kennzeichnen.

Wer Biolebensmittel kauft, begrenzt die Gefahr, dass er Fleisch isst, das Hormone oder Antibiotika enthält. Obst und Gemüse schmecken meist intensiver, sind in der Regel nicht mit Pestiziden behandelt und haben meist höhere Nährwerte. Beim Kauf regionaler Ware schränkt man die Pestizidbelastung stark ein. Lange Lieferwege, die einer der Gründe für Behandlung mit Pflanzenschutzmittel sind, fallen zum Beispiel weg.

Mehr Information enthält die von Greenpeace herausgegebene Broschüre „Essen ohne Pestizide“ (als PDF derzeit herunterzuladen unter http://de.einkaufsnetz.org/download/17870.pdf).

Rezepte und mehr

Küchenlatein

Es ist manchmal gar nicht einfach, Begriffe aus der Rezeptküche zu verstehen. Hin und wieder scheitert das Nachkochen eines interessanten Rezeptes einfach nur an unbekannten Erklärungen. Selbst wenn ich in meinen Rezepten nur einige dieser Begriffe verwende, möchte ich doch nachfolgend die geläufigsten nennen:

abbrühen – mit kochendem Wasser übergießen

ablöschen – Brühe, Marinade, Wasser oder Wein angießen, der Bratensatz löst sich

abschäumen – der beim ersten Kochen von Brühen, Marmeladen oder Saucen entstehende Schaum wird mit einer Schaumkelle abgeschöpft

abschrecken – mit kaltem Wasser übergießen, etwa Eier oder Nudeln

abschmelzen – mit in Butter oder Öl gerösteten Zwiebeln wird das fertige Gericht übergossen

abseihen – das Kochwasser abgießen und die Speise in ein Sieb geben

andünsten – Fleisch, Gemüse o. a. wird in ein wenig Fett oder Flüssigkeit leicht vorgegart und soll möglichst nicht gebräunt sein

anschwitzen – Mehl in Fett leicht bräunen

à point – Gemüse bissfest und Fleisch (rosa Kern) auf den Punkt gegart

al dente – Nudeln bissfest gegart

aufgießen – verkochte Flüssigkeit wieder auffüllen (für Sauce)

aufschlagen – Sahne oder kalte Butter in Flöckchen mit Schneebesen unterheben

ausbacken – in heißem Fett oder Öl schwimmend backen, frittieren

auslassen – bei mittlerer Hitze ohne oder mit wenig Fett braten, bis das Fett ausläuft

ausfüttern – mit Teig, Speck oder Alufolie auslegen

backen – im heißen Ofen oder in der Pfanne garen

bardieren – Fleisch mit Speck umwickeln, um Austrocknen zu verhindern

beizen – Fisch oder Fleisch in gewürzten Sud einlegen

bien cuit – durchbraten

binden – Flüssigkeit mit Sahne, Butter etc. cremig andicken

blanchieren – Obst oder Gemüse 10 bis 30 Sekunden in kochendes Wasser geben und anschließend kalt abschrecken (vorzugsweise mit Eiswasser)

blindbacken – Teig in Tortenbodenform geben, trockene Hülsenfrüchte darauf legen und backen, Teig wirft dann keine Blasen

braten – bei hoher Temperatur in der Pfanne (Herd) oder im Bräter (Ofen) garen

dämpfen – mit wenig Flüssigkeit wird Kochgut in einen Siebeinsatz gefüllt und in verschlossenem Topf in Dampf gegart (z. B. Hefeklöße)

dörren – im Backofen oder an der Luft trocknen lassen

dressieren – zusammengebunden garen

dünsten – mit wenig Flüssigkeit oder im eigenen Saft und in geschlossenem Topf garen *einkochen* – Flüssigkeit wird durch Kochen im offenen Topf reduziert

einmachen – haltbar machen durch langes Kochen und anschließendes Verschließen

entfetten – beim Erkalten absetzendes Fett abschöpfen

farcieren – Kochgut mit zubereiteter Masse (Farce) füllen

flambieren – Speise wird mit hochprozentigem Alkohol übergossen und angezündet

frittieren – siehe *ausbacken*

garziehen – bei schwacher Hitze garen

gratinieren – unterm Grill oder bei starker Oberhitze goldbraun überbacken

grillen – auf offenem Feuer oder Ofengrill auf dem Rost oder Spieß garen

häuten – Gewebe wie Sehnen oder Haut vom Fleisch entfernen

karamellisieren – Zucker schmelzen und goldbraun werden lassen

klären – Brühe durch Sieb gießen, um Trübstoffe zu entfernen

kochen – Speise in sprudelnd heißer Flüssigkeit garen

konservieren – haltbar machen durch Einkochen, Einfrieren, Pökeln etc.

legieren – Ei oder Eigelb mit wenig warmer Flüssigkeit verrühren und unter Rühren in die heiße, nicht kochende Speise geben

löschen – mit kalter Flüssigkeit auffüllen

marinieren – in zubereiteten Sud einlegen

panieren – in Mehl, geschlagenem Ei und Paniermehl wenden (z. B. Schnitzel)

parfümieren – mit Alkohol würzen

parieren – Fisch oder Fleisch von Sehnen, Fett, Häuten befreien und zurechtschneiden

passieren – durch ein Sieb oder Tuch streichen oder pressen

plattieren – vorsichtig mit dem Handballen platt drücken

pochieren – in kochendem Wasser garen, Eier aber ohne Schale

pürieren – mit Mixer zu feinem Mus verarbeiten

quellen lassen – in Flüssigkeit einlegen

quirlen – unter Rühren Zutaten vermischen

reduzieren – Flüssigkeit durch Hitze bis zur gewünschten Menge verkochen lassen

rösten – Kochgut wird ohne Fett oder Flüssigkeit erhitzt und gebräunt

saignant – gegartes Fleisch, das innen noch blutig ist

sämig kochen – einkochen, bis die Flüssigkeit zu einer gebundenen Masse geworden ist

schmoren – langsames Garen von angebratenem Fleisch in geschlossenem Topf unter Zugabe von Flüssigkeit

schwenken – vorsichtig mit Butterflocken vermischen

spicken – mit Speckstreifen in Faserrichtung durchziehen

stocken – durch Erhitzen flüssige Speise fest werden lassen

stürzen – durch Umdrehen aus der Form auf einen Teller geben *temperieren* – Flüssigkeit wird langsam erwärmt oder abgekühlt

tournieren – in appetitliche Form schneiden

tranchieren – Braten, Fisch oder Geflügel fachgerecht zerlegen

überbrühen – mit kochendem Wasser übergießen und kurz ziehen lassen

unterheben – vorsichtig schaumige Zutat mit fester Speise vermischen, niemals unterrühren

unterziehen – siehe *unterheben*, allerdings mit ziehenden Bewegungen

verschütteln – Zutaten in geschlossenem Gefäß schütteln, bis sich alles klumpenfrei verbunden hat

im *Wasserbad* garen – in einem Simmertopf (ist doppelwandig) oder einem Topf, der in einem mit kochendem Wasser gefüllten größeren Topf steht, behutsam zubereiten

ziehen lassen – garen in heißer, nicht kochender Flüssigkeit

ziselieren – Fleisch oder Fisch vorm Braten an den Rändern ein wenig einschneiden, um Hochbiegen zu vermeiden

Das 1x1 der Pannenhilfe

***Backpapier* bleibt am Biskuitteig hängen**
Papier mit Wasser bepinseln und nach kurzer Einwirkzeit abziehen.

***Biskuitteig* ohne Backpapier backen**
Die Tortenform nur am Boden einfetten und mit Semmelbrösel bestreuen. Durch das fehlende Fett am Seitenrand bleibt der Teig schön oben und der Kuchen wird später mit einem flachen Messer aus der Form gelöst.

Zu viel *Curry* ins Essen geraten
Sahne oder Orangensaft in die Sauce gerührt, mildert den Geschmack.

Zu *fette* Sauce
Eiswürfel in ein sauberes Küchentuch packen und auf die Oberfläche der Suppe halten. Durch die Kälte erstarrt das Fett. Nun lässt es sich mühelos abschöpfen oder bleibt am Tuch kleben.

***Hefeteig* geht nicht auf**
Teig mit einem Päckchen Backpulver verkneten und sofort backen.

***Honig* ist hart geworden**
Glas in warmes Wasser stellen und gelegentlich umrühren. Der kristallisierte Zucker löst sich durch die Wärme auf und lässt den Honig wieder flüssig werden. Dies ist ebenfalls in der Mikrowelle bei niedriger Wattzahl (250 Watt, etwa 1 Minute) möglich.

***Kuchen* bleibt in der Form kleben**
Ein feuchtes Küchentuch um die Form legen und einige Minuten abwarten, bevor erneut versucht wird, den Kuchen zu stürzen.

Zu wenig *Paniermehl* vorhanden
Stattdessen Cornflakes nehmen oder ein hartes Brötchen zu Bröseln reiben.

***Reis* ist angebrannt**
Das kann passieren, wenn zu wenig Wasser im Topf war. Den nicht angebrannten Reis vorsichtig rausheben und in einen anderen Topf füllen. Darauf für einige Minuten eine Scheibe Brot legen.

Brot entfernen und, falls noch fertig gegart werden muss, Wasser zugeben.

Geronnene *Tortencreme*
Im warmen Wasserbad lässt sie sich wieder glatt rühren.

Fehlender *Tortenguss*
Belegten Obstboden mit einer dicken Schicht Schlagsahne bedecken und Schokoladenraspel darüber streuen.

***Verbrannter* Kuchen**
Nach dem vollständigen Erkalten vorsichtig die verbrannte Oberfläche mit einem Messer oder einer Küchenreibe entfernen. Mit einer dunklen Glasur wird das Missgeschick verdeckt.

***Versalzene* Suppe**
Durch eine geriebene Kartoffel oder Kartoffelstücke wird das Salz gebunden und der Geschmack gemäßigt.

Alternativ: Sahne zugeben.

Zerkochtes Gemüse
Da hilft nur eines: gleiche Menge Kartoffelpüree zugeben, pürieren und mit Gewürzen und Milch abschmecken. Dies ergibt ein leckeres Gemüse-Kartoffelpüree.

***Zitrone* ist nicht saftig genug**
Fünf Minuten in kochendes Wasser legen und anschließend auskühlen lassen (am besten im Kühlschrank). Zitrone wird wieder richtig saftig.

Ein paar Hinweise zum Zubereiten von Speisen

Wenn du kochst, gilt es, bestimmte Grundregeln des Kochens zu beachten. Hier noch ein paar Tipps zum Gelingen:

- ✗ Die Wahl des Kochgeschirrs richtet sich nach Menge, Art und Garzeit des Gerichtes.
- ✗ Die Topfgröße sollte der Größe der Herdplatte entsprechen, damit keine Energie verloren geht.
- ✗ Breite, flache Töpfe für Speisen mit kurzer Garzeit (z. B. Gemüse).
- ✗ Hohe Töpfe für lange Garzeit (z. B. Eintopf).
- ✗ Schmale, hohe Töpfe für Gerichte, die ständig gerührt werden müssen oder leicht anbrennen.
- ✗ Töpfe müssen gut schließen.
- ✗ Nicht zu oft umrühren, damit Nährstoffe erhalten bleiben.
- ✗ Die Brühe zum Kochen von Rindfleischsuppe, Hühnersuppe etc. wird *kalt* angesetzt, damit der Geschmack des Fleisches in die Suppe gelangen kann; dasselbe gilt für Hülsenfrüchte oder Haferflocken, die aufquellen sollen.
- ✗ In *kochende* Flüssigkeit kommen Blumen- oder Rosenkohl, Brokkoli oder Fleisch (z. B. für gekochtes Rindfleisch), das nicht auslaugen soll, nach Erreichen des Siedepunktes auf eine niedrigere Kochstufe herunter schalten.
- ✗ Wenn während des Garens Flüssigkeit nachgefüllt werden muss, *heiße* Flüssigkeit nehmen.
- ✗ Wegen des Verlusts von Nährstoffen sollte die angegebene Garzeit eingehalten werden.
- ✗ *Kräuter*, *Zitronensaft* und *Butter* werden *nicht mitgekocht*, sondern erst nach Ende der Garzeit der Speise zugefügt; das ist wichtig, um den Geschmack und die Vitamine zu erhalten.
- ✗ Mehl und Stärkemehl immer *kalt* anrühren, bevor heiße Flüssigkeit zugefügt wird, das verhindert Klumpen.
- ✗ Zum Legieren wird das *Eigelb* mit wenigen Esslöffeln heißer Flüssigkeit

in einem Becher verquirlt und dann dem nicht mehr kochenden Gericht zugefügt.

- ✗ Für Speisen mit *abgeriebener Zitronenschale* nur Zitronen verwenden, die nicht gespritzt wurden; wegen drohender Gesundheitsschädigung beim Einkauf auf die Kennzeichnung entsprechender Zitronen achten.
- ✗ *Eischnee* fällt zusammen, wenn er länger steht; ein bis zwei Esslöffel Wasser zugeben, damit er besser steif wird; wichtig ist, dass Eischnee immer untergehoben, niemals eingerührt, wird.
- ✗ *Vanilleschote* wird der Länge nach aufgeschnitten und das Mark herausgekratzt; beides wird mitgekocht, aber die Schote wird anschließend aus der Flüssigkeit herausgenommen.
- ✗ Eine Bratensauce kann mit zwei Tropfen *Zuckercouleur* nachgedunkelt werden; Zuckercouleur gibt es in der Feinkostabteilung des Supermarkts.
- ✗ Woher bekommst du eine Zutat, die nicht im Regal deines Supermarktes steht? Versuche dein Glück in der Delikatessenabteilung, in einem Delikatessengeschäft oder einem Asia-Laden.

Grundmengen für 4 Personen

Kartoffeln	1.000–1.200 g
Pellkartoffeln	1.000 g
Nudeln (Hauptgericht)	400 g
Nudeln (Beilage)	350 g
Spaghetti	500 g
Nudeln in Suppe	80 g
Reis	400 g
Reis (Beilage)	200 g
Gemüse	750–1.000 g
Fisch	1.000 g
Fischfilet	750 g
Fleisch (ohne Knochen)	500 g
Fleisch (mit Knochen)	600 g
Geflügel	1.000 g
Hackfleisch als Frikadelle/Braten	400 g
Hackfleisch in Sauce	300 g
Hülsenfrüchte	350 g

Sauce	$^3/_8$ l
Bratensauce	$^1/_4$ l
Suppeneintopf	2 l
Suppe (Vorspeise)	$^3/_4$ l
Dessert	$^1/_2$ l

„Was biete ich an, wenn ich …"

„… zum Frühstück einlade?"

Kaffee bzw. Tee, Orangensaft, gekochtes Ei oder Rührei mit Speck, Wurstaufschnitt, Käse in Scheiben (z. B. Gouda) und zwei bis drei Sorten am Stück oder Frischkäse, Räucherlachs mit Senfsauce oder Dillsahne (kl. Glas kaufen/Feinkostabteilung), Marmelade, verschiedene Brötchen und ein bis zwei Brotsorten (kräftig und hell), frisches Obst (Kiwi, Erdbeeren), angerührten Quark (mit etwas Milch und Zucker).

„… zum Kaffee einlade?"

Kaffee bzw. Tee, Gebäck, Kuchen, Weißbrot mit Butter und Marmelade oder Eierkäse, belegte Brötchen.

„… zum Brunch einlade?"

Fleisch kalt oder warm, verschiedene Salate, Dips, Baguette, Suppe, süßes oder pikantes Gebäck, Fingerfood, verschiedene kalte und warme Getränke, Dessert, Antipasti.

„… zum Abendessen einlade?"

Das Angebot kann von Pizzabaguette bis zum Menü variieren. Die Getränke sollten auf das Essen abgestimmt sein.

„… eine Fete feiern will?"

Salate, leckere Häppchen, Pizza, Salzgebäck, Bowle, Ofenkartoffeln mit Kräuterquark, Fleisch, fruchtiger oder süßer Nachtisch, Laugenbrezel, Antipasti, Partysonne (gibt's beim Bäcker auf Vorbestellung), alkoholfreie Cocktails, Pizzabrötchen, Käseplatte mit verschiedenen Käsesorten, Wurstplatte, Baguette, Knoblauchbutter, Kräuterbutter, Rohkoststäbchen aus Möhren, Paprika und Kohlrabi mit Dips.

Tipp

Gläser, Teller, Bestecke und Papierservietten bereitstellen. Stehtische (ausleihen bei Freunden oder im Getränkeladen) lockern die Party auf. Tischdeko wie Teelichter und Stoff- oder Papiertischdecke nicht vergessen!

Rund ums Grillen

Achtung: Verwende niemals Spiritus oder Benzin fürs Feuer. Das ist lebensgefährlich!

Bestelle das Fleisch beim Metzger vor. Pro Person rechnet man etwa 250 g Fleisch. Kammsteaks, Grillwürstchen, Spareribs oder Lammkoteletts sind nur einige von vielen Möglichkeiten zum Grillen. Wenn du das Fleisch nicht selbst marinieren möchtest, kannst du es beim Metzger bereits eingelegt kaufen. Kaufe Salate und Saucen oder mache sie selbst und stelle einen Eimer mit Wasser bereit (für den Fall der Fälle). Darüber hinaus solltest du auch Grillzange, Grillhandschuhe, Holzkohle und Feuerzeug bereitlegen.

Deiner Fantasie sind bei der Zusammenstellung der Gerichte keine Grenzen gesetzt. Es ist allerdings einfacher, witzige Feten unter einem Motto (südländisch, rustikal oder jahreszeitlich, Strand- oder Pyjamaparty etc.) zu feiern. Essen und Deko sind dann leicht aufeinander abzustimmen. Abgesehen von Geburtstagen gibt's ja genügend Anlässe zum Feiern: Beginn der Ausbildung, Semesterbeginn, Semesterende ... ☺

Freunde und Bekannte tragen sicher gern mit einem Salat oder einem Dessert zum Gelingen des Festes bei. Allerdings solltest du sie rechtzeitig darum bitten. Hast du eine feste Vorstellung davon, welcher Salat oder welcher Dip dir noch fehlt, dann sind sie bestimmt einverstanden, etwas Entsprechendes mitzubringen. Die Verteilung von Essens-Beiträgen oder eine Einladung zur Bottleparty (jeder bringt ein Getränk mit) erleichtert deine Planung und schont außerdem dein schmales Budget. Ein anderer positiver Effekt ist die Freude der Freunde, mit zum Gelingen der Feier beizutragen.

Getränke

Tafelwasser

Tafelwasser ist gut verträglich und kostensparend. Das Wasser aus dem Wasserhahn wird einfach in eine Glaskaraffe gefüllt und auf den Tisch gestellt. Das Wasser, das bei uns aus dem Hahn kommt, ist absolut unbedenklich und für den täglichen Genuss bestens zu empfehlen.

Mineralwasser

Mineralwasser gibt es in allen Preislagen. Beim Kauf darauf achten, dass es sich um ein Wasser mit hohem Gehalt an Kalium, Magnesium und Kalzium handelt. Ob man ein Wasser mit viel oder wenig Kohlensäure kauft, hängt vom persönlichen Geschmack ab. Um den Flüssigkeitsverlust nach sportlicher Betätigung auszugleichen, mischt man Mineralwasser mit Apfelsaft (Apfelschorle). Es ist ein guter Durstlöscher und ersetzt sogenannte Sportlerdrinks.

Bier

Bier ist ein alkoholhaltiges Getränk, das Kohlensäure enthält. Bier wird aus Wasser, Hopfen und Malz, ggf. Hefe, hergestellt. Die vielen verschiedenen Biergattungen reichen von Einfachbieren bis zu Starkbieren. Biermischgetränke bestehen je zur Hälfte aus Bier und Fruchtsäften oder Erfrischungsgetränken. Inzwischen bieten die meisten Hersteller zusätzlich alkoholfreie Biere an. Vorsicht: Sie haben trotzdem einen minimalen Alkoholgehalt.

Wein

Ein paar Informationen rund um das Thema *Wein*: Für manche Menschen ist Wein inzwischen ein Genussmittel, ähnlich wie Musik oder Literatur. Fachkundige Beratung beim Kauf erhält man z. B. im Weinfachhandel, Delikatessengeschäft, in großen Lebensmittelabteilungen von Kaufhäusern. Lass dich aber beim Kauf nicht von bunten Etiketten oder aufwändiger Verpackung beeinflussen. Im Discounter bekommst du alles – von Billigweinen bis zu Spitzenweinen mittelmäßiger Jahrgänge.

Das Etikett auf der Flasche gibt Auskunft über:

- Jahrgang
- Erzeuger
- Weinbaugebiet/Lage
- Flaschenvolumen
- Alkoholgehalt
- Infos vom Erzeuger, zu welchen Gerichten der Wein passt bzw. zur Serviertemperatur
- Zusatzstoffe bei Überseeweinen

Lagerung von Wein:

- Temperatur 12–14 °C,
- kühler Raum (Keller, Schlafzimmer)
- Licht schadet

Grundausstattung:

- Weißweingläser (für Weißwein, eher schlank und nicht zu groß)
- Rotweingläser (für Rotwein, schlichten Kelch wählen)
- Sektgläser (für Prosecco, Sekt oder Champagner)
- Korkenzieher

Für den Anfang reichen diese Glassorten. Später kann man sich noch entsprechende Gläser (z. B. für Burgunder, Chardonnay) zulegen. Profis besorgen sich zusätzlich einen Flaschenkühler (für Prosecco, Sekt und Weißwein) und einen Kapselschneider. Faustregel: Je gehaltvoller und reifer der Wein, desto größer und bauchiger das Glas.

Beim Öffnen der Flaschen:

- ✗ Am Korken riechen. Bemerkt man Kork- oder einen muffigen Geruch, ist der Wein/Sekt ungenießbar.
- ✗ Schlieren beim Rotwein können durch die Nachgärung auf einen verfälschten Geschmack hindeuten.

So wird Wein serviert:

- ✗ Weißwein in der Flasche und gekühlt. Nicht in eine Dekantierkaraffe füllen, weil der Wein zu viel Kontakt mit der Luft bekommt. Prickelnde Bläschen im Glas beim Ausschenken sind völlig in Ordnung.
- ✗ Vor dem Einschenken etwa zehn Minuten bei Zimmertemperatur stehen lassen.
- ✗ Angebrochene Weinflasche verschließen und im Flaschenkühler oder Kühlschrank aufbewahren.
- ✗ Rotwein ein bis zwei Stunden vor dem Servieren öffnen und bei Zimmertemperatur offen stehen lassen. Wer eine Dekantierkaraffe besitzt, sollte den Rotwein hineinfüllen. Rotwein entfaltet durch das Dekantieren seinen Geschmack, da die Geschmacksträger des Weines mit Sauerstoff in Kontakt kommen. Rotwein darf beim Einschenken keine Bläschen bilden.
- ✗ Prosecco, Sekt und Champagner gekühlt servieren. Am besten nach dem Öffnen im Eiskübel bzw. Flaschenkühler lagern. So bleibt die prickelnde Kohlensäure länger erhalten.
- ✗ Angebrochene Weinflaschen mit Korken oder Flaschenverschluss verschließen, innerhalb von drei bis vier Tagen aufbrauchen.
- ✗ Ist der Wein nicht mehr zum Trinken geeignet, kann er dennoch zum Kochen oder als Essig verwendet werden.
- ✗ Prosecco, Sekt und Champagner nach Anbrechen wieder verkorken und im Kühlschrank aufbewahren, den Rest am nächsten Tag aufbrauchen.

Welcher Wein passt zu welchem Essen?

Der richtige Wein zum richtigen Gericht

Bei Fleischspeisen mit Sauce den Wein nach dem Charakter der Sauce wählen. Leichten Wein immer vor schwerem Wein servieren. Von trockenem Weißwein zu süßem wechseln, nicht umgekehrt. Bei der Reihenfolge der zu servierenden Weine auch die Qualität steigern.

Zum Wein immer ein Glas Wasser anbieten.

Prosecco, Sekt, Champagner:
- ✗ zum Empfang und als Appetitanreger
- ✗ Alternativ: Sherry oder Beerenauslese reichen

Weißwein:
- ✗ trocken und fruchtig – als Aperitif (z. B. kalifornischer Sauvignon)
- ✗ leicht – zu Vorspeisen mit Fisch und Meeresfrüchten (z. B. trockener Riesling), passt gut zu Fisch mit Sauce
- ✗ kräftig – zu Geflügel
- ✗ süß – zu Gebäck
- ✗ vollmundig und kräftig – zu schwerem Essen

Rotwein:
- ✗ leicht – zu gegrilltem Fisch oder Geflügel
- ✗ würzig, mit reichhaltigem Bouquet – zu süßsauren Saucen, Rindfleisch, Schweinefleisch, Pastagerichten, Käse
- ✗ kräftig – zu schwerem Essen, gebratener Ente, Lamm, Kalbfleisch, Pastagerichten, Schweinefleisch

Roséwein:
- ✗ als Aperitif
- ✗ zu Vorspeisen, mildem Käse, Fisch und Meeresfrüchten, Salat
- ✗ einen Weißherbst als Übergang zwischen Nachmittagskaffee und Abendessen

Portwein:
- ✗ süß – zu Dessert und Käse

Tipp

Falls deine Menüplanung bereits steht, kannst du dich bei der Weinauswahl vom Fachhandel beraten lassen.

Rezepte

„Was gibt's?“, war früher vielleicht der erste Satz, der dir über die Lippen kam, wenn du nach der Schule die elterliche Küche betreten hast. Dieser Zug ist leider jetzt abgefahren. Du darfst dir diese Frage nun täglich *selbst* beantworten. Du möchtest etwas Leckeres essen, ohne gleich den Pizza-Service zu bemühen? Nichts leichter als das! Du brauchst es nur selbst zuzubereiten!

Die folgenden Rezepte sind, wenn nicht anders angegeben, für 4 Personen gedacht. In der Regel können sie für kleinere Portionen halbiert werden. Das Kochen für eine Person ist aufwändig, und deshalb empfehle ich, für zwei Personen zu kochen und den Rest gut gekühlt für den nächsten Tag aufzubewahren oder einzufrieren. Die Kühlung ist wichtig, damit das Essen nicht verdirbt und nach dem Aufwärmen noch schmeckt. Übrigens: Lachs schmeckt aufgewärmt nicht mehr.

Falls du bei einzelnen Rezepten „außergewöhnliche" Küchengeräte benötigst, sind sie im Rezept hervorgehoben.

Die angegebenen Temperaturen sind Durchschnittswerte und abhängig vom jeweiligen Herdtyp. Daher solltest du die Gebrauchsanleitung des Herstellers beachten und das Essen aufmerksam im Auge behalten. Empfehlung bei Heißluftherd: Temperatur ca. 25 °C niedriger als Normaltemperatur im Rezept angegeben und evtl. fünf Minuten kürzer backen. Diese Temperaturreduzierung entfällt, wenn die Temperatur für den Heißluftherd bereits angegeben ist.

Temperaturvergleich von Gasherd und Elektroherd:

Stufe 1: etwa 150 °C
Stufe 2: 175 °C
Stufe 3: 200 °C
Stufe 4: 225 °C
Stufe 5: 250 °C

Im Folgenden findest du in erster Linie Rezepte für absolute Kochanfänger, Basisrezepte, Ideen für besondere Gelegenheiten, für Partys und kleine Snacks. Die meisten Rezepte können auch Anfänger problemlos nachkochen. Wenn du lieber improvisierst, kannst du die Kochanleitungen auch als Anregung nehmen.

Die nachfolgenden Rezepte sollen dir helfen, Katastrophen abzuwenden und mutig Einladungen auszusprechen. Lass dich vom Kochfieber packen. Von wegen Panikattacken am Herd! Du kannst zum Meisterkoch mutieren!

Ich wünsche dir gutes Gelingen und einen guten Appetit!

Abkürzungen im Rezeptteil:

El = Esslöffel
Tl = Teelöffel
l = Liter
ml = Milliliter
Msp = Messerspitze

Grundrezepte

Salatdressings

Hauptgerichte

Fingerfood

Für Gäste und fürs Büfett

Für besondere Anlässe

Salate

Butter und Marinade

Desserts

Fürs Sommerfest und viele Gäste

Grundrezepte

Blumenkohl

Für 2 Personen

Zutaten

$^1/_2$ Blumenkohl
Salz

Zubereitungszeit:
15–20 Minuten

$^1/_4$ l Wasser und Salz in einem Topf erhitzen. Blumenkohl kurz in kaltes, gesalzenes Wasser legen, auf diese Weise löst sich mögliches Ungeziefer von den Röschen. Strunk rausschneiden und Röschen ins kochende Wasser geben. Etwa 10 bis 15 Minuten köcheln. Mit einer Siebkelle herausnehmen.

Mit Sauce Hollandaise oder geröstetem Paniermehl servieren oder in Butter schwenken.

Bratkartoffeln

Für 2 Personen

Zutaten

300 g festkochende Kartoffeln
(z. B. die Sorte Sieglinde)
1 Zwiebel
50 g durchwachsenen Speck
Öl oder Butterschmalz
Salz
Pfeffer

Zubereitungszeit:
40 Minuten

Kartoffeln waschen, schälen und in dünne Scheiben schneiden. Zwiebel schälen und würfeln. Durchwachsenen Speck würfeln.

Öl in einer großen Pfanne erhitzen. Zwiebel- und Speckwürfel glasig braten. Das dauert etwa 3–4 Minuten. Kartoffelscheiben hineingeben und von jeder Seite etwa 15 Minuten knusprig braten. Die Kartoffeln nicht oft wenden, damit die Scheiben nicht zerfallen. Mit Salz und Pfeffer würzen.

Falls du noch Pellkartoffeln vom Vortag übrig hast (nicht zu weich gekocht): Vor dem Braten wird die Pelle abgezogen und die Kartoffeln werden in etwa $^1/_2$ cm dicke Scheiben geschnitten. Weitere Zubereitung wie oben.

Wer Zwiebel und durchwachsenen Speck nicht mag, kann die Bratkartoffeln auch ohne diese Zutaten zubereiten.

Folienkartoffeln mit Quarksauce

Für 2 Personen

Zutaten

600 g Kartoffeln
Alufolie

Zubereitungszeit:
5 Minuten
Garzeit:
50–60 Minuten

Kartoffeln waschen und in Alufolie einschlagen. 50–60 Minuten bei 200 °C (180 °C Heißluft) im Backofen garen.

In der Zwischenzeit die *Quarksoße* aus folgenden Zutaten zusammenrühren:

Zubereitungszeit:
10 Minuten

Zutaten

$^1/_2$ Becher Schmand
125 g Quark
$^1/_2$ Becher süße Sahne
Herbamare (oder ein anderes Kräutersalz)
Pfeffer
1 zerkleinerte Knoblauchzehe
Zitronensaft

Eine andere Variante der Quarksoße ist die *Kräutersauce*:

Zutaten

$^1/_2$ Becher Creme fraîche
$^1/_2$ Becher süße Sahne
80 g Bressot mit Kräutern
je $^1/_2$ Bund Schnittlauch und Dill
$^1/_2$ Becher saure Sahne
1 El Zitronensaft
Salz
Pfeffer

Pellkartoffeln mit Quarksauce sind mit gemischtem Salat ein leckeres Mittagessen. Man kann sie auch zu Kurzgebratenem oder zu Gegrilltem servieren.

Gelingt leicht.

Frikadellen

Für 2 Personen

Zutaten

250 g Hackfleisch, gemischt (Rind/Schwein)
1 kleine Zwiebel
1 Ei
2 El Semmelbrösel oder 1/2 altbackenes Brötchen
Salz
Pfeffer
2 El Öl

Zubereitungszeit: 10–15 Minuten
Garzeit: 20 Minuten

Zwiebel häuten und würfeln. Hackfleisch mit Semmelbrösel, Zwiebel, Ei, Salz und Pfeffer mit sauberen Händen oder einer Gabel zu einem Teig kneten. Wer keine Semmelbrösel nimmt, weicht das Brötchen in heißem Wasser oder heißer Milch kurz ein, drückt es aus und vermischt es mit dem Fleisch. Der Teig sollte würzig abgeschmeckt sein.

3–4 Frikadellen formen und Öl in einer Pfanne erhitzen. Frikadellen auf jeder Seite 1/2 Minute anbraten und bei etwas reduzierter Hitze noch auf jeder Seite etwa 10 Minuten durchbraten.

Tipp

Wer eine Sauce dazu möchte, nimmt die Frikadellen aus der Pfanne, gibt 1/8 l heiße Fleischbrühe (besser noch: Fleischfond, gekauft oder selbstgemacht) zum Bratensaft. Mit Salz und Pfeffer würzen, mit 1 Tl Speisestärke oder Saucenbinder andicken. 1 El süße Sahne oder Dosenmilch einrühren. Statt Fleischbrühe kann man auch Sherry oder Wein nehmen.

Frühstücksei

Für 1 Person

Zutat

1 Ei

Es gibt (neben einem Eierkocher) zwei unterschiedliche Möglichkeiten, wie du dein Frühstücksei kochen kannst.

Möglichkeit 1: Wasser in einem kleinen Topf erhitzen. Das Ei an der flacheren Seite, wenn möglich, anpieksen und ins kochende Wasser geben. Bis zur gewünschten Festigkeit kochen: zwischen 5 Minuten (weich) und 10 Minuten (hart). Das Ei lässt sich anschließend leichter schälen, wenn es unter kaltem Wasser abgeschreckt wird.

Möglichkeit 2: Da Eier leicht platzen, wenn sie kalt in kochendes Wasser gelegt werden, kannst du sie auch in einen Topf legen, mit Wasser bedecken und kalt aufsetzen. Die Zeit wird gemessen, sobald kleine Bläschen aufsteigen. Bis zur gewünschten Festigkeit kochen: 3–4 Minuten (eher flüssig), 4–5 Minuten (weich), 6–8 Minuten (hart).

Helle Sauce

Grundrezept

40 g Margarine oder Butter
40 g Mehl
1/2 l Fleischbrühe (Würfel)
Salz

Zubereitungszeit: 10 Minuten

Fett in einem Topf zerlassen und Mehl zugeben. Dabei immer mit einem Kochlöffel umrühren, damit es nicht klumpt. Fleischbrühe langsam unter Rühren zugeben. Hitze etwas reduzieren. Noch etwa 5 Minuten kochen lassen.

Diese Sauce lässt sich beliebig abwandeln, je nach dem, zu welchem Gericht man sie reichen möchte.

Kartoffelgratin

Zutaten

Für 2 Personen

600 g Kartoffeln
1/2 l Milch
1 Becher süße Sahne
Kräutersalz oder Fondor
Butter

Zubereitungszeit: 20 Minuten
Garzeit: 45 Minuten

Kartoffeln schälen und in dünne Scheiben schneiden. In ein Sieb geben und unter fließendem kaltem Wasser abwaschen. Kartoffeln 15 Minuten in Milch einlegen. Milch abgießen und Kartoffeln abtropfen lassen.

Eine Auflaufform einfetten und den Boden der Form mit Kartoffelscheiben auslegen. Salzen und Butterflocken darauf geben. Kartoffelscheiben in dieser Weise schichten und mit Sahne übergießen.

Das Gratin wird 45 Minuten bei 200 °C (180 °C Heißluft) im Ofen gegart.

Tipp

Der Tipp für das Monatsende

Schottische Tomatensuppe

Einen roten Teller und heißes Wasser ... ☺

Kartoffelpüree

Für 2 Personen

Zutaten

600 g mehlig kochende Kartoffeln
(festkochende gehen ebenfalls)
Salz
Muskatnuss, gerieben
$^1/_4$ l Milch
1 El Butter

Zubereitungszeit:
25 Minuten

Kartoffeln waschen, schälen und 20 Minuten kochen. Wasser abgießen und Kartoffeln kurz ausdampfen lassen. Milch erhitzen, aber nicht kochen lassen. Etwas Milch zu den Kartoffeln geben und mit dem *Kartoffelstampfer* (bitte keinen Pürierstab benutzen!) zerdrücken. Milch bis zur gewünschten Festigkeit (Püree sollte nicht zu flüssig sein) zugeben und mit einem Holzlöffel unterrühren. Kalte Butter zufügen und Püree mit Salz und etwas Muskatnuss abschmecken.

Wer's kräftiger mag, gibt gebräunte Zwiebelwürfel dazu.

Kartoffelsalat

Für 2 Personen

Zutaten

500 g kleine festkochende Kartoffeln
$^1/_8$ l Fleischbrühe (Würfel)
1 kleine Zwiebel
1 El Essig
100 g Fleischwurst oder
$^1/_2$ kleines Päckchen Fleischsalat
1 Gewürzgurke
100 g Mayonnaise
(oder auch Miracle Whip Balance)
Salz
Pfeffer

Kartoffeln mit Wasser in einem Topf zum Kochen bringen. Die Kartoffeln sollten mit Wasser bedeckt sein. Temperatur dann etwas herunterschalten und Topf mit Deckel schließen. 20 Minuten kochen lassen.

Zubereitungszeit:
1 Stunde

Wasser abschütten und Kartoffeln etwas abkühlen lassen. Kartoffeln pellen und in Scheiben schneiden. Heiße Fleischbrühe über die Kartoffelscheiben gießen und ziehen lassen. Fleischwurst von der Pelle befreien und würfeln. Zwiebel schälen und würfeln. Gewürzgurke kleinschneiden. Mayonnaise mit Salz, Pfeffer und Essig würzen, Fleischwurst, Zwiebel und Gewürzgurke vermischen. Über die Kartoffelscheiben geben und unterheben.

Wenn du möchtest, kannst du natürlich auch noch andere Zutaten hinzufügen: Erbsen, Eier etc.

Tipp

So wird das Ganze zu einem *bayerischen Kartoffelsalat:*
500 g Kartoffeln kochen, pellen und in Scheiben schneiden. 1 Zwiebel häuten, würfeln und in 1 El Öl anbraten. 50 g ausgelassenen durchwachsenen Speck zufügen. Mit 100 ml Fleischbrühe (Instant), 2 El Kräuteressig, Salz, Pfeffer und einer Prise Salz vermischen. Über die Kartoffelscheiben gießen und vermischen.
Der Salat sollte mindestens 30 Minuten durchziehen. Zum Garnieren Schnittlauchröllchen daraufgeben.

Meerrettichsauce

Zutaten

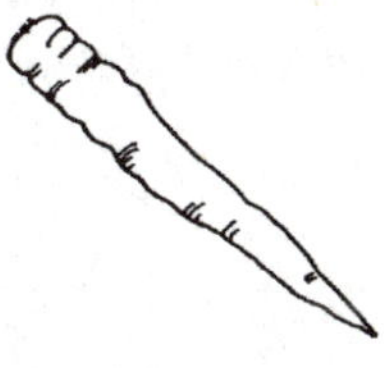

- 40 g Margarine oder Butter
- 40 g Mehl
- $^1/_4$ l Fleischbrühe (Würfel)
- $^1/_4$ l Milch
- 3 El Meerrettich (aus dem Glas oder frischen geriebenen)
- Zitronensaft
- 1 Prise Zucker

Fett in einem Topf zerlassen und Mehl zugeben. Dabei immer mit einem Kochlöffel umrühren, damit es nicht klumpt. Fleischbrühe und Milch langsam unter Rühren zugeben. 3 El Meerrettich zufügen, aber nicht mehr kochen, mit etwas Zitronensaft und 1 Prise Zucker abschmecken.

Zubereitungszeit:
10 Minuten

Passt zu gekochtem Rindfleisch und gekochten Eiern.

Möhren

Für 2 Personen

Zutaten

300 g Möhren
1 Tl Salz
2 Prisen Zucker
Butter

Zubereitungszeit:
20 Minuten

Möhren waschen und mit einem Kartoffelschäler oder einem Sparschäler schälen. In Scheiben schneiden. Möhren mit 1 El Butter, Salz und etwas Wasser in einen Topf geben. Die Möhren sollten gerade so mit Flüssigkeit bedeckt sein.

Aufkochen und Temperatur auf mittlere Hitze herunterschalten. Etwa 10–15 Minuten kochen. Die Flüssigkeit dabei fast verdünsten lassen. Zucker und noch ein klein wenig Butter dazugeben.

Am besten schmecken die Möhren, wenn sie noch leicht bissfest sind und mit klein gehackter Petersilie serviert werden.

Als Sauce eignen sich Sauce Hollandaise oder Käsesauce. Passen zu Salzkartoffeln und vielen Fleischgerichten.

Nudeln

Für 2 Personen

Zutaten

200 g Nudeln
Olivenöl oder Butter
2 Tl Salz

Zubereitungszeit:
15–20 Minuten

Einen großen Topf mit 2–3 l Wasser füllen und aufkochen lassen. 2 Tl Salz zufügen und die Nudeln entsprechend der Packungsanweisung kochen. Hitze etwas reduzieren. Gelegentlich umrühren. Ein großes Sieb in die Spüle stellen und die Nudeln nach Ende der Garzeit ins Sieb schütten. Abtropfen lassen. Nach Belieben Olivenöl oder 1 El Butter untermischen und servieren.

Übrig gebliebene Nudeln für einen Auflauf (siehe *Spinat-Nudel-Auflauf)* oder *Nudelsalat* verwenden.

Nudelsalat

Zutaten

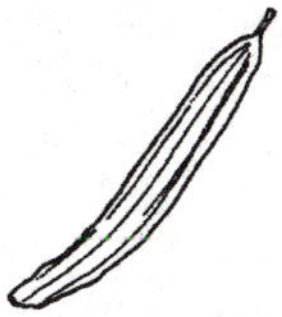

125 g gekochte Nudeln
$^1/_2$ kl Dose Erbsen
60 g Fleischwurst/Salami oder Kochschinken
1 Gewürzgurke
2 gehäufte El Mayonnaise
(oder Miracle Whip Balance)
1 Tl Essig
Salz
Pfeffer

Für 2 Personen

Abgekühlte Nudeln mit Erbsen, klein geschnittener Fleischwurst und gewürfelter Gurke in eine Schüssel geben. Aus Mayonnaise, Essig, Salz und Pfeffer eine Sauce rühren, abschmecken und mit dem Salat mischen.

Zubereitungszeit: etwa 20 Minuten

Pellkartoffeln

Zutaten

600 g kleine festkochende Kartoffeln
1 Tl Salz

Für 2 Personen

Kartoffeln waschen. Die Schale sollte unversehrt bleiben. Kartoffeln in einen Topf geben und soviel Wasser hinzufügen, dass sie damit bedeckt sind. Salzen und etwa 20–23 Minuten kochen. Garprobe: Mit einem Messer oder einer Rouladennadel hineinstechen. Gibt es so gut wie keinen Widerstand mehr, sind die Pellkartoffeln gar.

Wasser abgießen und Kartoffeln kurz ausdämpfen lassen. Mit kaltem Wasser abschrecken. Zum Pellen werden die Kartoffeln auf eine Gabel gesteckt und dann wird mit einem kleinen Messerchen die Haut abgezogen. Heiß servieren.

Pellkartoffeln sind eine prima Beilage zu Fischgerichten, Heringdip oder als Zutat für Kartoffelsalat. Sie schmecken allerdings auch lecker nur mit Salz und Butterstückchen.

Für Kartoffelsalat oder Bratkartoffeln am besten ausgekühlt weiterverwenden.

Übrig gebliebene Pellkartoffeln im Kühlschrank aufbewahren und innerhalb der beiden nächsten Tage als Bratkartoffeln zubereiten.

Zubereitungszeit: 30 Minuten

Pfannkuchen

Für 2–3 Personen

Zutaten

150 g Mehl
3 Eier
1 Prise Salz
$^1/_4$ l Milch
Margarine
Puderzucker zum Bestäuben
Belag: Nutella, Zucker oder Blaubeeren oder kleine Apfelstückchen

Zubereitungszeit: 25 Minuten

Eier, Salz und Milch in einer Schüssel mit dem Schneebesen oder dem Mixer verrühren. Mehl unterrühren und Teig 10 Minuten stehen lassen, damit das Mehl quellen kann.

Margarine in einer großen Pfanne erhitzen und eine Suppenkelle voll Teig hineingeben. Goldbraun braten. Der Pfannkuchen lässt sich am besten dann wenden, wenn die obere Schicht zu stocken beginnt. Pfannkuchen vorsichtig mit einem Pfannenwender drehen und die andere Seite ebenfalls bräunen. Dies dauert erfahrungsgemäß noch nicht einmal eine Minute.

Pfannkuchen herausnehmen. Mit Puderzucker oder Zucker bestäuben, mit Nutella bestreichen oder mit Blaubeeren belegen.

Apfel-Pfannkuchen erhältst du, wenn du Teig in die Pfanne gibst und sofort einige kleine Apfelstücke darauf streust. Goldbraun braten und vorsichtig wenden. Die andere Seite kurz braten und herausnehmen. Mit Puderzucker bestäuben und servieren.

Als Hauptgericht mit einem Teller Suppe vorweg servieren oder zum Dessert.

Reis

Für 2 Personen

Zutaten

1 Tasse Reis oder 1 Kochbeutel Reis (125 g)
1 l Wasser
$^1/_2$ Tl Salz

Zubereitungszeit: 20 Minuten

Wasser in einem Topf zum Kochen bringen. Salz und Reis zugeben. Temperatur herunterschalten und Reis 20 Minuten bei schwacher Hitze garen.

Rosmarin-Kartoffeln

Zutaten

2 große Kartoffeln
Öl
Salz
Rosmarin (getrocknet oder frisch)

Für 2 Personen

Kartoffeln waschen und halbieren. Die Schnittflächen mit Öl bestreichen und mit Salz und Rosmarin würzen. Im vorgeheizten Ofen bei 200 °C Ober- und Unterhitze oder 175 °C Heißluft etwa 45 Minuten garen.

Geeignet als Beilage zu Gegrilltem und Fleischgerichten.

Gelingt leicht und ist schnell vorbereitet.

Zubereitungszeit:
5 Minuten
Garzeit:
45 Minuten

Rührei

Zutaten

2 Eier
1 El Milch (alternativ: Mineralwasser)
Salz
Margarine oder Öl

Für 1 Person

Eier in einer Schüssel aufschlagen und mit Milch verquirlen. Mit etwas Salz würzen. Margarine in einer kleinen Pfanne erhitzen und Eiermasse hineingeben. Sie sollte nicht braun werden, sondern nur stocken. Dazu mit einem Kochlöffel die Eimasse so verschieben, dass noch flüssige Eimasse auf den Pfannenboden gelangt. Im Idealfall ist das Rührei cremig gestockt, aber nicht ganz fest.

Dazu passen Kräuter (Schnittlauchröllchen oder Petersilie), Champignons, Zwiebeln oder Käse. Diese Zutaten können direkt mit der Eimasse in die Pfanne gegeben oder erst beim Servieren zugefügt werden.

Zubereitungszeit:
8–10 Minuten

Salzkartoffeln

Zutaten

$^1/_2$ kg Kartoffeln
1 Tl Salz

Für 2 Personen

$^1/_2$ kg Kartoffeln waschen und schälen. Die Kartoffeln werden je nach Größe halbiert oder geviertelt, sodass alle Stücke etwa gleich groß sind. Kaltes Wasser zusammen mit den Kartoffeln in einen Topf geben. Die Kartoffeln sollen mit Wasser bedeckt sein. 1 Tl Salz dazugeben und Wasser zum Kochen brin-

Zubereitungszeit:
10 Minuten
Kochzeit:
20 Minuten

gen. Nachdem der Siedepunkt erreicht ist, Temperatur etwas herunterschalten. Mit Deckel schließen.

20 Minuten kochen lassen. Mit einem kleinen Küchenmesser kann man prüfen, ob die Kartoffeln gar sind: Wenn man in sie hineinsticht, geben sie nach. Sind die Kartoffeln noch zu fest, die Kochzeit um 5 Minuten verlängern.

Sauce Hollandaise

Zutaten

40 g Margarine oder Butter
40 g Mehl
$^1/_4$ l Gemüsebrühe (Würfel)
$^1/_4$ l Milch
1 Eigelb
Salz

Zubereitungszeit:
10 Minuten

Fett in einem Topf zerlassen und Mehl zugeben. Dabei immer mit einem Kochlöffel umrühren, damit es nicht klumpt. Gemüsebrühe und Milch langsam unter Rühren zugeben. Mit 1 Eigelb legieren. Hitze etwas reduzieren. Noch etwa 5 Minuten kochen lassen.

Schnelle Kartoffelpuffer

Für 2 Personen

Zutaten

1 Fertigpackung Kartoffelpuffer
1 große Kartoffel
1 Zwiebel
Salz
Öl zum Braten

Zubereitungszeit:
10 Minuten
Garzeit:
10 bis 15 Minuten

Kartoffel und Zwiebel schälen und kleinreiben. Packungsinhalt nach Anweisung zubereiten und geriebene Kartoffel und Zwiebel zufügen, mit wenig Salz nachwürzen. Der Teig wird nach Anleitung gebraten.

Dazu passt Apfelbrei oder Räucherlachs mit Dill-Senfsauce aus dem Glas. Kartoffelpuffer können auch als Beilage zu anderen Gerichten gereicht werden.

Schnitzel

Zutaten

Für 2 Personen

2 dünne Schweine- oder Kalbsschnitzel
etwas Mehl
1 Ei
Semmelbrösel
Salz
Pfeffer
Butter oder Margarine

Vorbereitungszeit: *5 Minuten*
Zubereitungszeit: *6–8 Minuten*

Schnitzel kurz unter kaltem Wasser abbrausen und mit Küchenkrepp trocken tupfen. Mit dem Handballen flachdrücken. Dicke Exemplare mit Klarsichtfolie bedecken und mit Fleischklopfer oder Handballen flachklopfen. Mit Salz und Pfeffer auf beiden Seiten würzen.

Mehl auf einen Teller geben. Das Ei mit einer Gabel auf einem weiteren Teller verquirlen. Semmelbrösel auf einem dritten Teller verteilen.

Jedes Schnitzel zuerst von beiden Seiten im Mehl, anschließend im verquirlten Ei und zum Schluss in den Semmelbrösel wenden. In einer Pfanne Butter heiß werden lassen. Schnitzel hineingeben und auf jeder Seite etwa 4 Minuten braten.

Nur einmal wenden, damit die Panade nicht abbröckelt. Wellig wird die Panade, wenn man Bratfett mit einem Löffel auf die Oberseite des Schnitzels tröpfelt.

Tipp

Schnitzel kalifornischer Art werden auf eine geröstete Scheibe Toast gelegt, mit je einer halben Pfirsichhälfte (aus der Dose) und zum Schluss mit einer Scheibe Gouda oder Emmentaler Käse abgedeckt. Im vorgeheizten Backofen etwa 8–10 Minuten überbacken.
Mit Salat serviert ist es ein kleines Mittag- oder Abendessen.

Senfsauce

Zutaten

40 g Margarine oder Butter
40 g Mehl
1/4 l Fleischbrühe (Würfel)
3 El normalen Senf
1 El scharfen Senf
1 Becher süße Sahne oder 200 ml Milch
2 Eigelbe
1 Tl Zitronensaft
1 Prise Zucker
Salz und Pfeffer

Zubereitungszeit:
10 Minuten

Fett in einem Topf zerlassen und Mehl zugeben. Dabei immer mit einem Kochlöffel umrühren, damit es nicht klumpt. Fleischbrühe langsam unter Rühren zugeben. 3 El normalen Senf, 1 El scharfen Senf, wahlweise 1 Becher süße Sahne oder 200 ml Milch zufügen. 2 Eigelbe rasch einrühren. Mit 1 Tl Zitronensaft, einer Prise Zucker, Salz und Pfeffer abschmecken.

Passt zu gekochten Eiern, Fisch und Fischstäbchen.

Spiegelei

Für 1 Person

Zutaten

1 Ei
Butter
Salz

Zubereitungszeit:
5 Minuten

Butter in der Pfanne bei mittlerer Hitze schmelzen. Das Ei am Pfannenrand aufschlagen, sodass die Schale aufgebrochen wird. Vorsichtig das Ei in die Pfanne geben. Das Eigelb sollte nicht zerlaufen.

Langsam braten, bis das Eiweiß fest, das Eigelb dagegen noch flüssig ist. Eventuell die Pfanne zum Schluss vom Herd nehmen und kurz warten, bis das Eiweiß gestockt ist, dann salzen. Mit einem Pfannenwender aus der Pfanne heben.

Passt zu vielen Gerichten.

Oder auch auf Brot oder Toast: Eine Scheibe Brot mit Kochschinken belegen und Spiegelei darauf geben. Mit Gewürzgurke servieren.

Steak

Zutaten

ein Filetsteak oder Rumpsteak
(etwa 180–200 g schwer)
Öl oder Butterschmalz
Salz
Pfeffer

Pro Person

Zubereitungszeit:
5–10 Minuten

Zum Braten Öl oder Butterschmalz nehmen. Butter spritzt zu sehr und verbrennt bei der hohen Brattemperatur. Eine Pfanne mit ebenem Boden verwenden. Eine Fleischscheibe, die nur kurz gebraten wird, nennt man Steak: Es kann vom Rind, Schwein, Kalb und anderen Tieren sein. Beim Kauf von Rindfleisch darauf achten, dass es gut abgehangen ist. Man erkennt es an der dunkelroten Farbe. Es sollte zart marmoriert sein. Sehnen werden entfernt. Beim Rumpsteak wird aber die dicke Fettschicht nicht ab-, sondern nur eingeschnitten (etwa alle 2 cm). Dadurch wird verhindert, dass sich das Steak beim Braten wölbt. Ein Steak sollte nicht kühlschrankkalt in die Pfanne kommen. Deshalb das Fleisch etwa 15–30 Minuten vorher aus dem Kühlschrank nehmen.

Mit Haushaltspapier oder einem sauberen Geschirrtuch das Fleisch trocken tupfen. Fett in der Pfanne stark erhitzen. Das Fett hat die richtige Hitze, wenn man den Stiel eines Holzkochlöffels hineinhält und sich Bläschen um den Stiel bilden. Fleisch pfeffern und von beiden Seiten etwa zwei bis drei Minuten braten. Gesalzen wird es nach dem Braten. Mit dem Gabelrücken leicht aufs Fleisch drücken, um zu prüfen, wie weit es innen gar ist.

- ✗ Gibt noch sehr nach: ist innen noch blutig – saignant/rare (2 Minuten je Seite).
- ✗ Gibt leicht nach: halb durchgebraten – à point/medium (3–4 Minuten je Seite).
- ✗ Gibt nicht mehr nach: ist durchgebraten – bien cuit/well done (4 Minuten je Seite).

Bei kleineren Steaks ist die Bratzeit etwas kürzer.

Vorsicht, damit das Fleisch nicht hart wird. Nimm es lieber, wenn es noch *rare* bis *medium* ist, aus der Pfanne, und lass es noch ein paar Minuten an einem warmen Ort (Backofen) ruhen. Auf diese Weise kann sich der Fleischsaft noch verteilen. Salzen nicht vergessen.

Kenner mögen Rindersteaks zwischen *rare* und *medium* gebraten.

Dazu passt: Kräuterbutter, Sauce Béarnaise, Sauce Hollandaise, Pfeffersauce etc. Beilagen und Gemüse oder Salat nach Geschmack.

Tomatensauce

Für 2 Personen

Zutaten

1 El Olivenöl
1 kleine Zwiebel
1 Knoblauchzehe
2 El Tomatenmark
1 kleine Dose Tomaten in Stücken
2 El frisches Basilikum
1 Tl Kräuter der Provence, getrocknet/Glas
Salz, Pfeffer

Zubereitungszeit:
5 Minuten
Garzeit:
15 Minuten

Zwiebel häuten und in Würfel schneiden. Knoblauch häuten und kleinschneiden oder durch die Knoblauchpresse drücken. Öl in einer Pfanne oder einem Topf erhitzen. Zwiebelwürfel glasig dünsten. Knoblauch, Tomatenmark und Tomatenstücke zufügen. Temperatur etwas herunterschalten und 15 Minuten bei geschlossenem Deckel köcheln lassen. Feingezupfte Basilikumblätter und Kräuter der Provence zufügen. Mit Salz und Pfeffer abschmecken.

Bei einer *Thunfisch-Tomatensauce* wird zum Schluss eine halbe Dose zerpflückter Thunfisch zugefügt, der nur noch in der Soße erhitzt wird.

Passt zu allen Pastavariationen.

Waffeln

Zutaten

250 g Butter
8 El Zucker
4–5 Eier
500 g Mehl
ca. $^{3}/_{4}$ l Milch ($^{1}/_{2}$ Milch, $^{1}/_{2}$ Mineralwasser)
1 Päckchen Backpulver

Zubereitungszeit:
10–15 Minuten
Garzeit:
ca. 5 Minuten

Butter, Zucker und Eier schaumig rühren. Nach und nach 500 g Mehl hinzugeben. Währenddessen langsam $^{3}/_{4}$ Liter Flüssigkeit hinzugeben. Wenn du statt einem $^{3}/_{4}$ Liter Milch eine Mischung aus Milch und Mineralwasser hinzugibst, werden die Waffeln etwas lockerer. Ganz zum Schluss 1 Päckchen Backpulver unterrühren.

Mit einer Suppenkelle den Teig dann in ein leicht eingefettetes heißes *Waffeleisen* geben und einige Minuten lang backen.

Du kannst die Waffeln mit Zucker bestreuen oder sie mit Vanilleeis, heißen Kirschen oder auch Roter Grütze servieren.

Salatdressings

Grüne Salate

Dazu gehören Kopfsalat, Friseesalat, Kraussalat, Eisbergsalat, Feldsalat, Lollo rosso, Lollo bianco etc.

Beim Kauf darauf achten, dass die Blätter nicht schon welk sind. Die äußeren Blätter vor dem Verzehr entfernen. Blätter vom Strunk lösen, in mundgerechte Stücke reißen und zwei bis dreimal in einer Schüssel mit kaltem Wasser waschen. In ein Sieb geben und noch nasse Blätter auf einem sauberen Küchentuch oder in der Salatschleuder trocknen.

Um einen guten Salat anzurichten, braucht man vier Charaktere:
einen Verschwender für das Öl,
einen Geizhals für den Essig,
einen Weisen für das Salz
und einen Narren für den Pfeffer.
François Coppée

Die folgenden Salatdressings sind jeweils in 10 bis 15 Minuten zubereitet.

French-Dressing

4 El Kräuteressig
3 Tl Löwensenf
Salz
Pfeffer
Zucker
6 El Öl
$^1/_2$ Bund Schnittlauch (oder 1 El getrocknet)
$^1/_2$ Bund Kerbel (oder 1 El getrocknet)
$^1/_2$ Zweig Estragon (1–2 Tl getrocknet)

Passt zu Blattsalaten und Salaten mit exotischen Zutaten.

Indisches Dressing

1 kleiner Apfel
Saft einer $^1/_2$ Zitrone
1 kleine Zwiebel
3 El Salatmayonnaise
6 El süße Sahne
1 El Weißwein
1 El Kräuteressig
1 Tl Zucker
1 El Currypulver
1 Bund verschiedene Kräuter
(Dill, Kerbel, Schnittlauch etc.)

Apfel schälen und reiben und dann mit Zitronensaft beträufeln. Zwiebel schälen und reiben. Mayonnaise mit Sahne und Weißwein verrühren. Apfel und Zwiebel zufügen. Mit Essig, Zucker und Currypulver abschmecken. Kräuter waschen, hacken und zum Dressing geben.

Passt zu Tomaten, allen grünen Blattsalaten, Eier-, Nudel- und Geflügelsalaten.

Kräuter-Dressing

2 Bund verschiedene Kräuter
(z. B. Basilikum, Petersilie, Schnittlauch,
Thymian, Dill, Kerbel, Rosmarin)
1 hart gekochtes Ei
4 El Mayonnaise
5 El Magerjoghurt
5 El süße Sahne
Salz, Pfeffer
2 Tl Zitronensaft
1 Knoblauchzehe
evtl. Mineralwasser

Kräuter waschen und kleinhacken. Mayonnaise, Joghurt und Sahne glattrühren. Knoblauch durch die Presse drücken oder kleinschneiden und mit den Gewürzen und dem Zitronensaft zum Dressing geben. Abschmecken. Die Kräuter zum Schluss hinzufügen. Wenn die Sauce zu dickflüssig ist, mit Mineralwasser verdünnen.

Passt zu allen frischen Salaten, Gurken, Tomaten und Möhren.

Thousand Islands Dressing

$^1/_2$ Paprikaschote
$^1/_2$ kleine Schalotte
1 kleine Gewürzgurke
Eigelbe von 2 hartgekochten Eiern
3 El Salatmayonnaise
3 El Tomatenketchup
Salz
Chilipulver

Paprikaschote waschen, entkernen und sehr klein hacken. Schalotte schälen und kleinraspeln. Gewürzgurke kleinschneiden. In einer kleinen Schüssel Mayonnaise und Ketchup vermischen. Die beiden Eigelbe durch ein Sieb streichen und mit der Mayonnaise glattrühren. Mit einer Prise Salz und etwas Chilipulver abschmecken. Schoten- und Gurkenwürfel und die geraspelte Schalotte untermischen.

Passt zu Fisch- und Geflügelsalaten, gemischte Salatplatten.

Vinaigrette

1 El Weißweinessig (wahlweise Zitronensaft)
$^1/_4$ Tl Salz
$^1/_4$ Tl Pfeffer
1 Prise Zucker
4 El Öl/kann auch Oliven- oder Walnussöl sein
$^1/_2$ Tl Senf (Dijon)
2 El gehackte Kräuter (Schnittlauch, Petersilie, Kerbel)
1 hartgekochtes, in Würfel geschnittenes Ei
1 kl. Gewürzgurke

Essig mit Salz, Pfeffer und Zucker glatt rühren, Öl, Senf und Kräuter zufügen. Ei und Gurke unterheben.

Tipp

Die Vinaigrette schmeckt auch ohne Kräuter, Ei und Gurke. Sie ist dann eine *einfache Salatsauce.* Die Sauce schmeckt auch mit einer zerdrückten Knoblauchzehe oder gewürfelter Schalotte.

Champignonpfanne

Zutaten

500 g Champignons
2 Schalotten oder Lauchzwiebeln
1–2 Knoblauchzehen
Salz
Pfeffer
1 Bund Petersilie
Butter oder Margarine

Für 2 Personen

Champignons mit Küchenrolle abreiben. Sie dürfen nicht gewaschen werden, da sie sich sonst mit Wasser voll saugen und matschig werden. Eventuell den Stiel etwas kürzen. Champignons in Scheiben schneiden. Schalotten abziehen und vierteln. Knoblauchzehen abziehen und zerkleinern. Petersilie waschen, mit einem Küchenkrepp trocknen und kleinhacken.

Zubereitungszeit: 15–20 Minuten

Fett in der Pfanne erhitzen. Champignons etwa 5 Minuten braten. Schalotten und Knoblauch zugeben. Weitere 3 Minuten braten. Mit Salz und Pfeffer würzen (Die Champignons sollten unbedingt erst zum Schluss gesalzen werden, da sie sonst Wasser ziehen und nicht braun werden!). Petersilie erst zum Schluss dazugeben.

Beilage: Reis oder Baguette

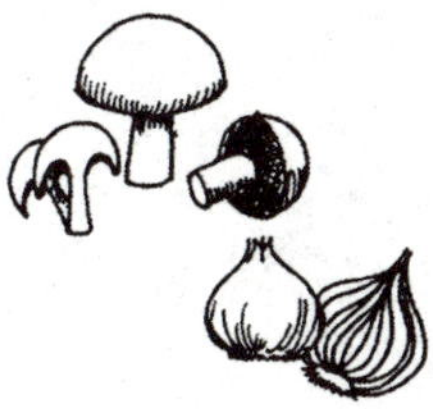

Chili con carne

Für 2 Personen

Zutaten

250 g gemischtes Hackfleisch
1 Zwiebel
Öl oder Margarine zum Anbraten
1 Dose Kidney- oder Chilibohnen
$^1/_2$ Dose Mais
1 kl. Dose passierte Tomaten
je $^1/_2$ Paprika rot und grün
Salz
Pfeffer
1 Knoblauchzehe
Paprika, edelsüß
2 El Ajvar (Ajvar ist eine Paprikapaste im Glas)
$^1/_2$ Päckchen Bratensauce
1 Tüte Chili con carne

Zubereitungszeit:
20 Minuten

Zwiebel schälen, würfeln und mit dem Hackfleisch in Öl anbraten. Paprika putzen, waschen und würfeln, Bohnen und Mais abgießen und mit den Paprika zum Hackfleisch geben. Ebenso die passierten Tomaten, Ajvar und die zerkleinerten Knoblauchzehen. Mit $^1/_2$ l Wasser auffüllen, Inhalt der Chili-con-carne-Tüte sowie etwas Instant-Bratensauce hinzufügen, aufkochen lassen und mit Salz, Pfeffer und Paprika abschmecken.

Dazu schmeckt Baguette.

Gelingt leicht.

Das Rezept eignet sich auch gut für eine große Gästeschar. Die Menge der Zutaten dafür einfach entsprechend vervielfachen.

Chinesische Putenpfanne

Zutaten

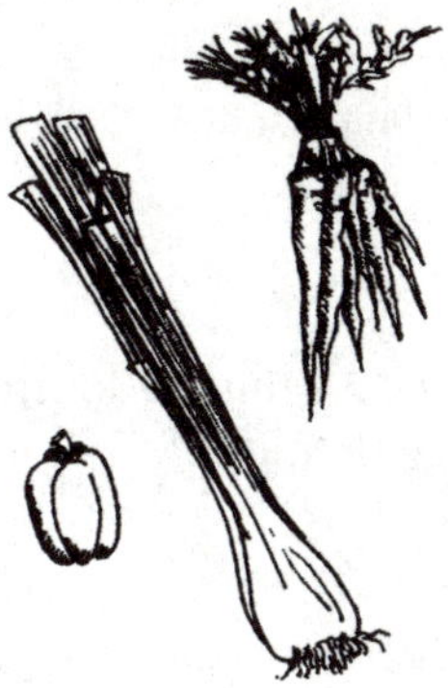

250 g Putenbrust
2 El Sojasauce
2 cm Ingwerwurzel
1 El Sherry oder Weißwein
(wahlweise $^1/_2$ El Essig)
$^1/_2$ Paprikaschote, rot
2 Mu-Err-Pilze, getrocknet
1 Möhre
1 Stange Lauch
1 Ananasscheibe a. d. Dose
60 g Sojasprossen
30 g Erdnüsse
2 El Öl
Sambal Oelek
(extrem scharfe indonesische Gewürzpaste)

Für 2 Personen

Vorbereitungszeit: 60 Minuten
Zubereitungszeit: 10 Minuten

Im *Wok* oder einer großen Pfanne zubereiten. Pilze mit warmem Wasser übergießen und eine Stunde zum Quellen stehen lassen. In der Zwischenzeit Fleisch in kleine, dünne Streifen schneiden. Ingwer schälen und kleinschneiden. In eine Knoblauchpresse geben und Saft auffangen. Sherry, Ingwersaft und Sojasauce vermischen und das Putenfleisch darin etwa eine halbe Stunde marinieren. Marinade aufheben.

Paprika waschen, entkernen und in feine Streifen schneiden. Möhre mit Kartoffelschäler oder Sparschäler schälen, in 4 cm lange Stücke und in dünne Streifen schneiden. Lauch von dunklem Grün und Wurzelansatz befreien. Längs halbieren, unter kaltem Wasser waschen und zuerst in Stücke, dann in Streifen schneiden. Pilze und Ananasscheibe abtropfen lassen und in Stücke schneiden. Sojasprossen mit kaltem Wasser abspülen und mit Küchenkrepp trocken tupfen.

Wok oder Pfanne erhitzen und Erdnüsse ohne Fettzugabe kurz hellbraun rösten, dann herausnehmen. Jetzt Öl im Wok stark erhitzen. Fleisch hineingeben, 2 Minuten unter Wenden bräunen, dann herausnehmen. Paprika-, Möhren- und Lauchstreifen im Wok 2 Minuten braten. Fleisch, Marinade, Pilze, Ananas und Sojasprossen unter das Gemüse heben. Mit Sojasauce abschmecken und höchstens $^1/_2$ Msp Sambal Oelek hinzufügen.

Beilage: Reis

Gyros mit Tsatsiki

Für 2 Personen

Zutaten

375 g Gyros (fertig gewürzt vom Metzger)
1–2 El Öl
oder:
375 g geschnetzeltes Schweinefleisch
2 Tl Gyros-Gewürzsalz
2 El Öl

Zubereitungszeit: 15 Minuten

Öl in der Pfanne heiß werden lassen. Gyros darin 10–15 Minuten kräftig braten. Fleisch ab und zu wenden, damit es gleichmäßig bräunt.

Während das Fleisch brät, das *Tsatsiki* zubereiten:

Zutaten

125 g Magerquark
$^1/_2$ Becher Naturjoghurt (3,5 % Fett)
$^1/_2$ Becher Creme fraîche
1 Knoblauchzehe
Salz
Pfeffer
$^1/_4$–$^1/_2$ Salatgurke
$^1/_2$ Becher süße Sahne

Quark mit Joghurt glattrühren, Knoblauch kleinschneiden und hinzufügen. Salatgurke waschen, schälen und in sehr dünne Scheiben schneiden. Unter den Quark heben. Den Quark mit süßer Sahne glattrühren und mit Salz würzen.

Fladenbrot oder kräftiges Bauernbrot schmeckt sehr gut dazu, ebenso Krautsalat (siehe „Salate“).

Gelingt leicht. Geht schnell.

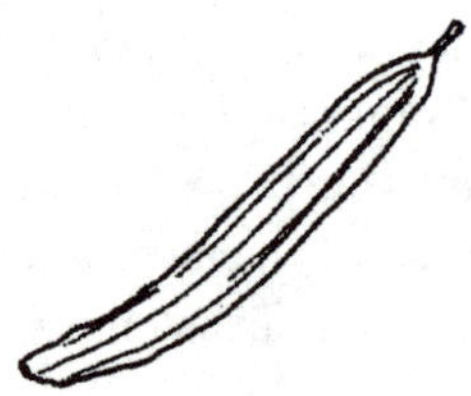

Maultaschen im Tomatenbad

Zutaten

Für 2 Personen

6 Maultaschen (frisch oder tiefgekühlt)
1 kl. Zwiebel
1 Knoblauchzehe
1 Dose gewürfelte Tomaten
100 g geriebenen Emmentaler oder Gouda
1 El Parmesan
Salz
Pfeffer
1 Prise Zucker
1 El Margarine
Basilikumblätter, Thymian und Rosmarin nach Belieben

Zubereitungszeit: *10 Minuten*
Garzeit: *25 Minuten*

Zwiebel enthäuten, würfeln und in Margarine glasig dünsten. Tomaten dazugeben und mit Salz, Pfeffer, Zucker und italienischen Gewürzen (frische schmecken am besten) würzen. Maultaschen in eine gefettete Auflaufform legen und mit Tomatensauce bedecken. Käsesorten mischen und über die Sauce streuen.

Im Ofen 25 Minuten bei 200 °C (175 °C Heißluft) garen.

Tipp

Wer Maultaschen und Sauce getrennt reichen möchte, lässt die Maultaschen in 1 l heißer Fleischbrühe (aus Würfeln hergestellt) 15 Minuten ziehen. In der Zwischenzeit wird die Sauce zubereitet und dazu serviert (ohne Käse).

Medaillons überbacken

Für 2 Personen

Zutaten

250 g Zucchini
Salz
250 g Schweinefilet
Öl
1 Becher Creme fraîche (200 g)
1 Knoblauchzehe
frisches Basilikum (1 Zweig)
70 g milder Schafskäse

Zubereitungszeit:
30 Minuten
Backzeit:
15 Minuten

Zucchini waschen und in ca. 1 cm dicke Scheiben schneiden. 2 l Wasser in einem Topf zum Kochen bringen, die Zucchinischeiben hineingeben. Nach 1 Minute mit einer Schaumkelle die Scheiben aus dem Wasser nehmen, in ein Sieb geben, kurz mit kaltem Wasser abspülen und abtropfen lassen. Filet in 2 cm dicke Scheiben schneiden, im heißen Öl von beiden Seiten bräunen und erst jetzt salzen und pfeffern.

Eine *Auflaufform* einfetten und mit Zucchinischeiben auslegen. Die Schweinemedaillons auf die Zucchini geben und jeweils mit einem Blatt Basilikum belegen. Darauf dann den zerbröckelten Schafskäse geben. Creme fraîche wird nun in den Bratensatz der Bratpfanne gerührt und mit der zerkleinerten Knoblauchzehe, Salz und Pfeffer gewürzt. Einmal aufkochen lassen und die Sauce über Fleisch und Käse gießen.

Im vorgeheizten Backofen 15 Minuten bei 220 °C (Heißluft 200 °C) überbacken.

Mit Baguette oder Reis servieren.

Anstelle von Zucchini kann man auch Porree, Paprika oder Tomaten nehmen. Diese muss man aber vorher nicht blanchieren. Dazu passt Mozzarellakäse, den man mit Thymian bestreut.

Schmeckt sehr gut.

Tipp

Lässt sich problemlos bereits Stunden vorher zubereiten. Dann kühlstellen und erst kurz vor dem Servieren überbacken.

Mozzarella-Tomaten überbacken

Für 2 Personen

Zutaten

2 große Fleischtomaten
1 Päckchen Mozzarella (150 g)
1 große Zwiebel
1 Knoblauchzehe
Salz
1 Msp Pfeffer
1 El Olivenöl
2 Tl Thymianblättchen (frisch oder getrocknet)

Zubereitungszeit:
10 Minuten
Garzeit:
25 Minuten

Backofen auf 220 °C (200 °C Heißluft) vorheizen. Feuerfeste *Auflaufform* mit etwas Öl einfetten. Tomaten waschen, vom Stielansatz befreien und in Scheiben schneiden. Mozzarella abtropfen lassen und in Scheiben schneiden. Tomaten und Mozzarella fächerförmig in die Auflaufform legen. Zwiebel häuten, in Würfel schneiden, Knoblauchzehe häuten und klein schneiden oder mit der Knoblauchpresse zerkleinern. Öl mit Salz und Pfeffer, Knoblauch und Zwiebel verrühren und über die Tomaten-Mozzarella-Scheiben träufeln.

Im Ofen 20 Minuten backen und herausnehmen.

Thymian über die Tomaten-Käsescheiben streuen und nochmals 5 Minuten im Ofen backen.

Beilage: frisches Baguette

Tipp

Tomaten-Mozzarella können auch *kalt* serviert werden. Dazu Tomaten in Scheiben schneiden und auf eine Platte legen. Geschnittene Mozzarella-Scheiben auf die Tomaten legen. Olivenöl und Balsamico-Essig darüberträufeln. Mit Salz und Pfeffer würzen. Mit frischen Basilikumblättern garnieren.

Ofenkartoffeln mit Tomaten

Für 2 Personen

Zutaten

1 große Zwiebel
Margarine
500 g Kartoffeln
2 Tomaten
1 Knoblauchzehe
1 Lorbeerblatt
Thymian, gerebelt
Salz
Pfeffer
$^1/_8$ - $^1/_4$ l heiße Fleischbrühe (Würfel)

Zubereitungszeit:
20 Minuten
Garzeit:
45 Minuten

Zwiebeln schälen, würfeln und in einem *Schmortopf* in Margarine glasig dünsten. Kartoffeln waschen, schälen und vierteln. Tomaten waschen und in Würfel schneiden. Die rohen Kartoffeln auf die Zwiebel geben, darüber die Tomatenwürfel. Knoblauchzehe schälen, zerdrücken und mit dem Lorbeerblatt zu den Kartoffeln geben. Mit Thymian, Salz und Pfeffer würzen. Heiße Fleischbrühe über die Kartoffeln gießen.

Schmortopf mit dem Deckel schließen und im Backofen 45–50 Minuten bei 175 °C (160 °C Heißluft) garen.

Pellkartoffeln mit Kräuter-Frischkäse

Für 2 Personen

Zutaten

750 g Pellkartoffeln
8 dünne Scheiben Schinkenspeck
$^1/_2$ Becher Bresso (Kräuterfrischkäse)
1 Becher süße Sahne

Zubereitungszeit:
30 Minuten
Garzeit:
30 Minuten

Kartoffeln 20 Minuten kochen und pellen, mit Schinkenspeck umwickeln und in eine gefettete Auflaufform geben. Kräuter-Frischkäse mit Sahne glattrühren und über die Pellkartoffeln geben.

Auflaufform in den vorgeheizten Ofen schieben. Garzeit: 30 Minuten bei 200 °C (180 °C Heißluft)

Beilage: Salat, ggf. Braten oder Fisch

Gelingt leicht.

Tipp

Die Pellkartoffeln bereits am Vorabend kochen.

Spinat-Nudel-Auflauf

Für 2 Personen

Zutaten

125 g Wickli-Nudeln (Aldi)
225 g Rahmspinat, tiefgefroren
½ Fleischbrühe-Würfel
1 kl. Zwiebel
½ Dose Champignons
Margarine zum Einfetten
80 g geriebenen Käse (z. B. Gouda)

Zubereitungszeit:
15 Minuten
Garzeit:
10–15 Minuten

Nudeln 8–9 Minuten in Salzwasser kochen und auf einem Sieb abtropfen lassen. In der Zwischenzeit den Spinat in einem Topf langsam erwärmen und den zerbröselten Würfel Fleischbrühe darin auflösen. Die Zwiebel würfeln und mit den abgetropften Champignons in einer Pfanne andünsten.

In eine gefettete *Auflaufform* gibt man die Hälfte der Nudeln, anschließend den Spinat und Zwiebel mit Champignons. Die restlichen Nudeln kommen obenauf und werden mit geriebenem Käse bestreut.

Den Auflauf 10–15 Minuten in den vorgeheizten Backofen stellen und bei 200 °C (Heißluft 180 °C) überbacken.

Gelingt leicht.

„Wer sein Ackerland bebaut, wird sich satt essen können an Brot."
Sprüche 12,11

Fingerfood

Belegte Baguettebrötchen

Zutaten

8 Baguettebrötchen
$^1/_2$ Glas Salatmayonnaise
$^1/_2$ Kopfsalat
$^1/_2$ Salatgurke
3–4 Tomaten
8 Scheiben Kochschinken
8 Scheiben Gouda oder Edamer

Zubereitungszeit:
10–15 Minuten

Brötchen aufschneiden und jeweils beide Hälften mit Mayonnaise bestreichen. Kopfsalat putzen, waschen und abtropfen lassen. Gurke waschen und in Scheiben schneiden, ebenso die Tomaten. Die untere Brötchenhälfte belegt man mit 1–2 Salatblättern, darauf je eine Scheibe Käse und Schinken, obenauf 2–3 Tomatenscheiben und Gurkenscheiben, darauf die obere Brötchenhälfte legen.

Die Baguettebrötchen schmecken an heißen Sommertagen ebenso wie auf Reisen.

Gelingt leicht.

Käsebrötchen, überbacken

Zutaten

2 Zwiebeln
500 g Gouda
150 g Kochschinken oder Schinkenspeck
1 Glas Champignons oder 250 g frische Champignons
5 Eigelb
Salz
Pfeffer
Paprikapulver
6 Brötchen

Zubereitungszeit:
15 Minuten
Garzeit:
8–10 Minuten

Zwiebeln schälen, vierteln und in Scheiben schneiden. Gouda und Schinken würfeln. Champignons in Scheiben schneiden. Eigelbe verrühren, mit den Gewürzen abschmecken. Alle Zutaten miteinander mischen. Brötchen halbieren und die Hälften mit der Käsemasse füllen.

Brötchenhälften auf ein Backblech (mit Backpapier auslegen) legen und 8–10 Minuten bei 200 °C (180 °C Heißluft) im Ofen backen.

Gelingt leicht.

Kneipenbrot

Für 2 Personen

Zutaten

1 Päckchen Kräuterbutter, fertig gekauft oder nach Rezept zubereiten
2 Baguettebrötchen
(wahlweise auch Fladenbrot oder Sesamstangen)
4 geräucherte Putenbrust (Aufschnittscheiben)
1 große Zwiebel
2 Tomaten
100 g Käse (Brie)

Zubereitungszeit: *10 Minuten*
Garzeit: *10 Minuten*

Backofen auf 225 °C vorheizen (200 °C Heißluft). Baguette aufschneiden. Zwiebel häuten und in dünne Scheiben schneiden. Tomaten waschen, Stielansatz rausschneiden und ebenfalls in Scheiben schneiden. Brie in Scheiben schneiden. Untere Baguettehälfte mit Kräuterbutter bestreichen. Mit Putenbrust, Tomaten, Zwiebelringen und Käse belegen. Mit der oberen Baguettehälfte bedecken.

Im Ofen ca. 10 Minuten überbacken. Der Käse sollte zerlaufen sein.

Als Belag eignen sich ebenso Kochschinken oder Salami, Gouda, Streifen von frischer Paprika und Knoblauch.

Pizza-Toast

Zutaten

12 Scheiben Toastbrot
12 Scheiben Salami
Margarine
4 Tomaten
8–12 Scheiben Gouda oder 400 g Gouda am Stück
2 Zwiebeln
Paprikapulver

Zubereitungszeit:
10–15 Minuten
Garzeit:
10–13 Minuten

Toastbrot im *Toaster* bräunen, mit Margarine bestreichen und auf ein Backblech legen. Salami auf dem Toastbrot verteilen. Tomaten waschen und in Scheiben schneiden. Jeweils 1–2 Tomatenscheiben auf die Salami legen. Zwiebeln schälen und in Ringe schneiden. Zwiebelringe auf den Toastscheiben verteilen. Käsescheiben oder geriebenen Käse auf die Toasts geben. Mit Paprikapulver bestäuben.

Toast im Ofen ca. 10–13 Minuten bei 200 °C (170 °C Heißluft) überbacken. Einfach zuzubereiten.

Überbackene Schinkenbrötchen

Für 3 Personen

Zutaten

6 Brötchen
250 g Kochschinken (1/2 cm dick, würfeln)
250 g Käse am Stück (Gouda, würfeln)
1/2 Becher Schmand
1 Becher Creme fraîche
1/2 Becher Vollmilch-Joghurt (3,5 % Fett)
evtl. etwas Pfeffer

Zubereitungszeit:
10 Minuten
Garzeit:
15 Minuten

Zutaten mischen, auf die halbierten Brötchen streichen und bei 200° C (Heißluft 175 °C) 15 Minuten im Backofen garen.

Eignet sich auch für Partys.

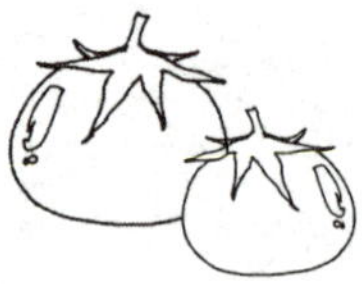

Für Gäste und fürs Büfett

Hackfleisch-Käsesuppe

Für 3 Personen

Zutaten

1 Stange Lauch
250 g gemischtes Hackfleisch
1 El Margarine
Salz
Pfeffer
100 g Sahneschmelzkäse (z. B. Milkana)
100 g Kräuterschmelzkäse (z. B. Milkana)
100 g Schmand
250 ml süße Sahne
1 l heiße Fleischbrühe
$^1/_2$ Glas Champignons (3. Wahl)

Zubereitungszeit: 25 Minuten

Die dunkelgrünen Blätter des Lauchs abschneiden. Lauch waschen und in Ringe schneiden. Margarine erhitzen, Hackfleisch darin anbraten, Lauch hinzufügen. Mit Salz und Pfeffer würzen. Mit Käse, Schmand, Sahne und Fleischbrühe auffüllen. Unter Rühren sanft köcheln, bis sich alle Zutaten vermischt und gelöst haben. Champignons abtropfen lassen und in der Suppe erhitzen.

Dazu Baguette reichen.

Eignet sich in großen Portionen gut fürs Büfett. Die Zutaten einfach entsprechend der Gästezahl vervielfältigen.

„Frauen und Suppen soll man nicht warten lassen – sie werden kalt!“
Schwedisches Sprichwort

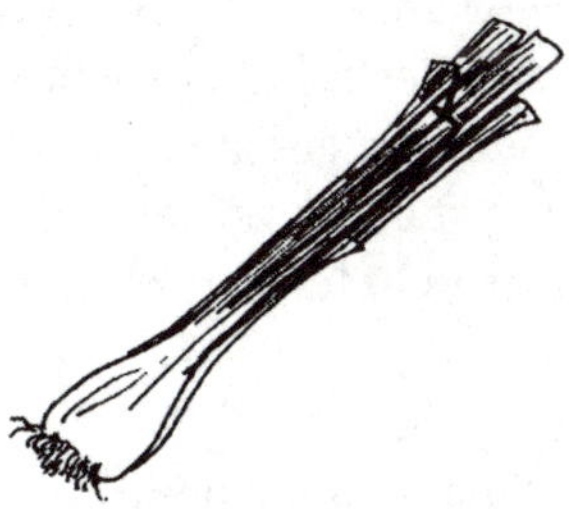

Heringstopf

Für 5-6 Personen

Zutaten

10 Matjesfilets
5 Eier
3 kl. Zwiebeln
2 säuerliche Äpfel
Saft von $^1/_2$ Zitrone
1 Becher Naturjoghurt (3,5 % Fett, 150 g)
1 Becher Schmand
$^1/_2$ Becher saure Sahne
1 $^1/_2$ Becher süße Sahne
Salz

Zubereitungszeit:
20 Minuten (am Vortag zubereiten)

Matjesfilets, mittelgroß, in Stücke schneiden. Eier hart kochen, achteln. Zwiebeln schälen und in Ringe schneiden. Äpfel schälen, Kerngehäuse entfernen, in kleine Stücke schneiden.

Zitronensaft, Joghurt, Schmand, saure und süße Sahne glattrühren, mit den Zutaten mischen und mit Salz abschmecken. Den Heringssalat kühlstellen und einen Tag durchziehen lassen.

Gelingt leicht.

Geeignet für größere Gästeschar oder fürs Büfett. Das Rezept lässt sich auch mühelos verdoppeln.

Kesselgulasch

Für 5 Personen

Zutaten

1.250 g Gulasch (halb Rind und halb Schwein)
400 g Dörrfleisch
500 g Zwiebel
1 Glas Tomatenpaprika mit Saft
1 Dose Champignons
2 Gläser oder 1 große Flasche Zigeunersoße

Zubereitungszeit:
30 Minuten (am Vortag zubereiten)
Garzeit:
2 Stunden

Dörrfleisch würfeln. Zwiebeln schälen und in Ringe schneiden. Zutaten mischen und über Nacht zugedeckt kühlstellen. Am folgenden Tag 2 Stunden bei 220 °C (200 °C Heißluft) im geschlossenen Bräter im Backofen garen.

Den nötigen *Bräter* kannst du dir ausleihen.

Dieses Rezept eignet sich gut für eine größere Gästeschar.

Einfach zuzubereiten.

Gelingt immer!

Beilagen: gemischter Salat und Baguette.

> *„Da sagte er* [Reguel] *zu seinen Töchtern: Wo ist er? Warum habt ihr den Mann denn draußen gelassen? Ladet ihn doch ein, damit er Brot mit uns isst."* 2. Mose 2,20

Sahneschnitzel

Für 5 Personen

Zutaten

5 Schnitzel
1 Ei
Mehl
Paniermehl
125 g Dörrfleisch
250 g Zwiebeln
1½ Becher süße Sahne
1 Becher saure Sahne

Zubereitungszeit:
30 Minuten
Garzeit:
1 Stunde

Schnitzel salzen, pfeffern, panieren und kurz in der Pfanne auf beiden Seiten anbraten, in eine gefettete *Auflaufform* legen. (Bei doppelter Menge in eine mit Alufolie ausgeschlagene Fettpfanne.) Dörrfleisch würfeln. Zwiebeln schälen, halbieren und in Scheiben schneiden.

Dörrfleisch und Zwiebeln in der Pfanne glasig dünsten. Süße und saure Sahne miteinander verrühren und mit Dörrfleisch und Zwiebeln mischen, über den Schnitzeln verteilen. Sahneschnitzel mit Folie abdecken und über Nacht kühlstellen.

Am nächsten Tag im Backofen eine Stunde bei 180 °C (Heißluft: 160 °C) backen. Dazu passen grüner oder gemischter Salat und Baguette, Kartoffeln oder Reis.

Lässt sich gut vorbereiten.

Für viele Gäste geeignet.

Entenbrust in Orangensauce

Für 2 Personen

Zutaten

2 Entenbrustfilets
2–3 El Saft von 1 Orange
$^1/_2$ El Honig
Pfeffer
Öl oder Butter

Marinierzeit:
30 Minuten
Zubereitungszeit:
30 Minuten

Falls man tiefgekühlte Filets verwendet, diese erst etwas antauen lassen. Entenbrust in einer Marinade aus Orangensaft, Honig und Pfeffer etwa eine $^1/_2$ Stunde einlegen. Fleisch aus der Marinade nehmen und Marinade für die Sauce aufheben. Haut der Entenbrust rautenförmig einschneiden und Filets kurz in Öl anbraten. Entenbrust in eine gefettete, *feuerfeste Form* legen und 20 Minuten bei 200–220 °C (180–200 °C Heißluft) braten. Ab und zu nachsehen, dass die Filets nicht verbrennen. Bei Bedarf die Temperatur etwas herunterdrehen.

Für die Sauce

Bratensaft
Geflügelfond im Glas (Fertigprodukt)
Marinade
ggf. etwas Orangensaft oder Orangenlikör

Zutaten in einem Topf erhitzen und zu einer Sauce verrühren. Mit Salz und Pfeffer abschmecken.

Rohe Klöße (aus der Packung) und Brokkoli schmecken sehr gut dazu. Anstelle von Gemüse passt Salat, bei dem man für die Salatsauce nach Belieben etwas von der Marinade verwenden kann.

Leckeres Gästeessen.

Geht schnell.

Frikassee in Sektlaune

Zutaten

Für 2 Personen

300 g Hähnchenbrustfilets
1 Zweig Estragon
1 Msp Pfeffer
Saft von $^1/_2$ Zitrone
2 El Butter
1 Schalotte
100 g Scampi (Kaisergranate)
$^3/_4$ Becher Creme fraîche
1 Eigelb
$^1/_2$ Flasche Sekt (Piccolo)
Salz
Cayennepfeffer

Zubereitungszeit: 35 Minuten

Hähnchenbrustfilet unter kaltem Wasser waschen, trocken tupfen. Estragonblätter abzupfen, kleinschneiden. Hähnchenbrustfilet mit Pfeffer würzen, mit den Estragonblättern bestreuen und den Zitronensaft darüber träufeln. 10 Minuten marinieren. Schalotte schälen und hacken. Fleisch aus der Marinade nehmen, trocken tupfen und Marinade aufbewahren. Fleisch in etwa 1 cm breite Streifen schneiden. Scampi unter kaltem Wasser abbrausen, trocken tupfen und ggf. schwarzen Darmstrang entfernen. In einer großen Pfanne die Butter erhitzen und das Fleisch rundum braun anbraten (dauert 4–5 Minuten). Schalotten zufügen. 1 Minute mitbraten. Dabei Fleisch und Schalotte immer wieder wenden.

Scampi in die Pfanne dazugeben und nochmals 1 Minute braten. Temperatur stark zurückschalten.

Eigelb und Creme fraîche verquirlen und unter das Frikassee in der Pfanne mischen. Nicht mehr kochen, sondern nur heiß werden lassen. Mit der Marinade, Salz und Cayennepfeffer abschmecken, dann Sekt hinzugeben.

Dazu passen Bandnudeln oder Kroketten, Salat oder feines Gemüse.

Etwas ausgefallen und teurer.

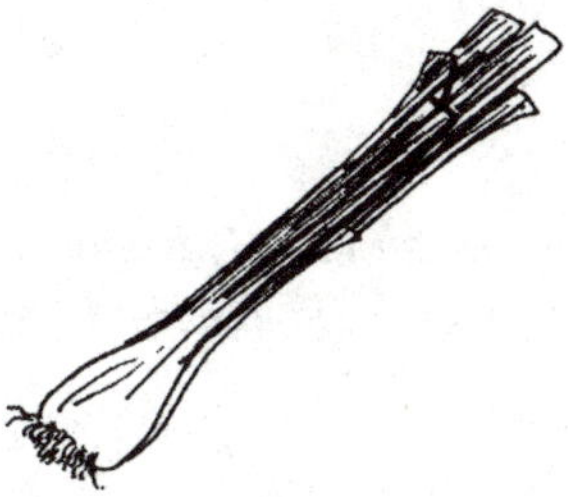

Gekochter Lachs mit kalter Dill-Sahne

Für 2 Personen

Zutaten

2 Lachsfilets (können tiefgekühlt sein)

für den Sud:

$^1/_4$ l Weißwein
$^1/_4$ l Wasser
$^1/_2$ Tl Salz
1 Lorbeerblatt
1 kleine Zwiebel
4 Pfefferkörner
1 Nelke

Zubereitungszeit: 30 Minuten

Die Zutaten für den Sud in einem Topf aufkochen und die Lachsfilets hineingeben. Bei niedriger Temperatur 20 Minuten garziehen lassen.

Während der Lachs im Sud gart, die Sauce zubereiten:

Kalte Dill-Sahne

Zutaten

1 Bund Dill
2 Lauchzwiebeln oder Schalotten
1 Knoblauchzehe
100 g süße Sahne
3 El Mayonnaise
Salz, Pfeffer, Zucker
etwas Zitronensaft

Dill waschen und kleinschneiden. Lauchzwiebeln waschen und in Ringe schneiden. Knoblauchzehe schälen und zerdrücken. Sahne steifschlagen. Mayonnaise mit Dill, Lauchzwiebeln und Knoblauch vermischen. Mit etwas Salz, Pfeffer und Zucker würzen und mit Zitronensaft abschmecken. Zum Schluss die Sahne unterheben.

Diese Sauce schmeckt auch ausgezeichnet zu gegrilltem Lachs und Grillfleisch.

Gelingt leicht und ist schnell zubereitet.

Dazu schmecken Salzkartoffeln.

„Wer aber ist größer, der zu Tisch Liegende oder der Dienende? Nicht der zu Tisch Liegende? Ich aber bin in eurer Mitte wie der Dienende."
Lukas 22,27

Geschnetzeltes Stroganow

Zutaten

250 g Rinderfilet
2 El Butterschmalz
Salz
Pfeffer
2 El Schmand oder saure Sahne
Zitronensaft
Senf
1 Tomate
1 kleine Zwiebel
1 kl. Dose Champignons
2 Gewürzgurken

Für 2 Personen

Filet in Scheiben, dann in Streifen schneiden, im Butterschmalz bräunen und würzen. Tomaten und Zwiebeln würfeln, zum Fleisch geben, durchschmoren. Champignons in Butter andünsten, Gurken würfeln, Champignons und Gurken unter das Fleisch mischen und durchziehen lassen und ggf. nochmals abschmecken.

Dazu kann man Kroketten, Reis oder Kartoffeln und grünen Salat servieren.
Geht schnell.
Für einen besonderen Anlass ist dieses Gericht geeignet.
Die Zutaten sind etwas teurer.

Zubereitungszeit:
15–20 Minuten

Lamm-Rosmarin-Spieße

Zutaten

4 Lammfilets (je etwa 50 g)
4 lange Zweige Rosmarin
2 Knoblauchzehen
Öl oder Butterschmalz
Salz
Pfeffer

Für 2 Personen

Lammfilets jeweils in vier Stücke schneiden. Rosmarinzweige am festen Ende anspitzen und die Fleischstücke abwechselnd mit dem geschälten und in Scheiben geschnittenen Knoblauch aufspießen. Öl in einer Pfanne erhitzen und die Spieße etwa 3 Minuten auf jeder Seite braten. Zum Schluss mit Salz und Pfeffer würzen.

Dazu passen Folienkartoffeln, Ofenkartoffeln oder Baguette.
Gelingt leicht. Geht schnell.
Gut zum Grillen geeignet.

Zubereitungszeit:
10 Minuten
Garzeit:
6 Minuten

Lendchen mit Zwiebel-Senf-Kruste

Für 2 Personen

Zutaten für die Hülle

250 g Zwiebeln
1 El Butter
1 El Weißweinessig
$^{1}/_{2}$ Becher (100 g) Creme fraîche
3 Tl scharfer, körniger Senf
$^{1}/_{4}$ Tl Salz
Zucker
Pfeffer

Zubereitungszeit:
25–30 Minuten
Garzeit:
15 Minuten

Zwiebel schälen, vierteln und in Scheiben schneiden. Butter in einer Pfanne zerlassen und Zwiebeln fünf Minuten glasig dünsten. Weißweinessig hinzufügen und verdampfen lassen. Creme fraîche unter die Zwiebeln rühren, weitere fünf Minuten köcheln. Senf und Salz hinzufügen und mit Zucker und Pfeffer abschmecken.

Zutaten für die Füllung

300 g Schweinelende
Salz
Pfeffer
Paprika, edelsüß
8 Scheiben Schinkenspeck

Fleisch in 2 cm dicke Scheiben schneiden und mit Salz, Pfeffer und Paprika würzen. Schinkenspeck zusammenlegen (ein wenig größer als die Fleischscheiben), auf ein leicht gefettetes Backblech legen, darauf das rohe Fleisch verteilen. Zwiebel-Senf-Mischung über die Lendenscheiben geben.

Im vorgeheizten Backofen 15–17 Minuten bei 200 °C (180 °C Heißluft) überbacken.

Beilage: Friseesalat und Baguette oder Kartoffelpüree.

Gelingt leicht.

Stockbrot für die Grillfete

Zutaten

1 kg Mehl
2 Päckchen Backpulver
2 Tl Salz
ca. $^1/_2$ l Wasser

Zubereitungszeit: 10 Minuten

Aus den Zutaten einen festen Teig kneten. Der Teig eignet sich gut zum Grillen. Dabei sucht sich jeder einen Stock oder dünnen Ast und wickelt etwas Teig um die Spitze. Nun hält man das Stockbrot über das Grillfeuer und gart das Brot.

Das Stockbrot schmeckt zu Gegrilltem. Man kann es auch mit Marmelade essen.

Gelingt leicht.

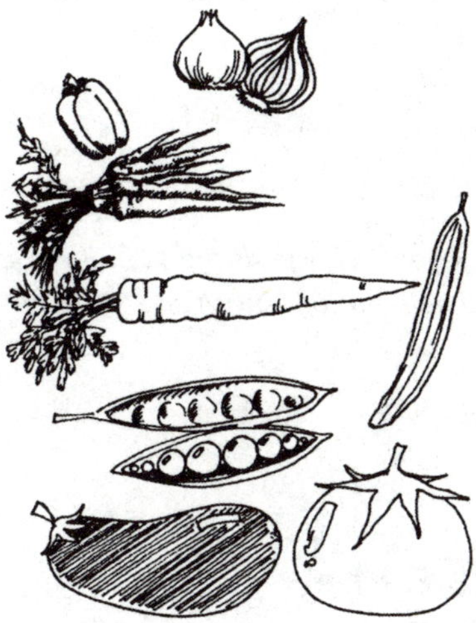

Eier-Apfel-Salat

Zutaten

1 Glas Tomatenpaprika
5 Eier
1 Glas Remoulade
3 Äpfel
4 sauer eingelegte Gurken
4 Zwiebeln

Zubereitungszeit: 30 Minuten (am Vortag zubereiten)

Saft der Tomatenpaprika abschütten. Eier hart kochen und vierteln. Äpfel schälen, vom Kerngehäuse befreien und kleinschneiden. Gurken würfeln. Zwiebel schälen und würfeln. Zutaten miteinander vermischen und abgedeckt einen Tag kühlstellen.

Gelingt leicht.

„Er aber spricht zu ihnen: Wie viel Brote habt ihr? Geht hin, seht nach! Und als sie es festgestellt hatten, sagen sie: Fünf und zwei Fische!“
Markus 6,38

Fenchelsalat à la Bärbel

Zutaten

1 kg Fenchel
geriebene Schale 1 Zitrone
4–5 El Zitronensaft
1 schwach gehäufter Tl Zucker
1–2 Tl Salz
Pfeffer
10–12 El gutes Olivenöl
1 El Kapern
150 g jungen, frisch gehobelten Parmesankäse

Zubereitungszeit: 25–30 Minuten

Äußere Blätter des Fenchels entfernen und Strunk abschneiden. Fenchelkraut aufheben. Die Fenchelknolle waschen, in dünne Scheiben schneiden und in eine Schüssel legen.

Die geriebene Schale 1 Zitrone, 4–5 El Zitronensaft, 1 schwach gehäufter Tl Zucker, 1–2 Tl Salz, Pfeffer, 10–12 El gutes Olivenöl mit dem Schneebesen gut mischen und über die Fenchelscheiben gießen, etwa 1 Stunde ziehen lassen.

1 El Kapern und 150 g jungen, frisch gehobelten Parmesankäse über dem Salat verteilen.

Fenchelkraut kann zum Garnieren verwendet werden.

Dieser Salat lässt sich gut vorbereiten. Er ist vielleicht etwas außergewöhnlich, schmeckt aber sehr gut. Darüber hinaus sieht er in einer flachen Schüssel angerichtet dekorativ aus.

Kartoffelsalat

Rezept siehe *Grundrezepte*

Krautsalat

Zutaten

1 kg Weißkohl
4–6 El Essig
$^1/_8$ l Öl
Pfeffer
Salz

Zubereitungszeit: 30 Minuten (am Vortag zubereiten)

Äußere Blätter des Kohls entfernen, den Rest vierteln, Strunk keilförmig entfernen und Kohl in Streifen schneiden. In einem großen Topf Wasser aufkochen und Kohlstreifen 2 Minuten kochen. Anschließend Kohl in ein Sieb geben und kalt abbrausen. Mit Essig, Öl, Pfeffer und Salz würzen.

Besonders gut schmeckt der Krautsalat, wenn er bereits am Vortag zubereitet wird.

Maissalat

Zutaten

2 Tomaten
$^1/_2$ Glas geschnittene Champignons
1 kleine Zwiebel
1 Essiggurke
1 Dose Mais
3 El Mayonnaise
3 El saure Sahne
3 El süße Sahne
Salz
Pfeffer
1 El Essig

Zubereitungszeit:
15 Minuten

2 Tomaten, 1 kleine Zwiebel und 1 Essiggurke würfeln. 1 Dose Mais abtropfen lassen. $^1/_2$ Glas geschnittene Champignons, Mais und die übrigen gewürfelten Zutaten mischen.

3 El Mayonnaise, 3 El saure Sahne, 3 El süße Sahne, Salz, Pfeffer und 1 El Essig verrühren, über den Salat gießen und durchziehen lassen.

Gelingt leicht.

Lässt sich gut vorbereiten.

Tipp

Auch die Kerne der Tomaten entfernen. Der Salat zieht dann keine Flüssigkeit.

Meistersalat

Zutaten

Für 6 Personen

1 Kopfsalat (wahlweise Lollo bianco oder Kraussalat)
2 Fleischtomaten
1 grüne Paprikaschote
6 Eier
150 g Kochschinken am Stück
150 g Gouda (wahlweise Emmentaler) am Stück
150 g Mayonnaise
100 g saure Sahne ($^1/_2$ Becher)
4 El Tomatenketchup
1 EL Paprikamark (oder Tomatenmark)
Pfeffer
einige Spritzer Tabasco
1–2 El Weinbrand

Zubereitungszeit: 40 Minuten

Kopfsalat waschen und putzen. Tomaten waschen, Stielansatz herausschneiden und in Scheiben schneiden. Paprikaschote vierteln, von Stielansatz und Kernen befreien, waschen und in Streifen schneiden. Eier hart kochen und mit kaltem Wasser abschrecken. Dann schälen und vierteln. Schinken in Streifen schneiden und Käse hobeln. Auf einer großen Platte anrichten und mit Eiern und Käse garnieren.

Für die Cocktailsauce Mayonnaise mit saurer Sahne, Tomatenketchup und Paprikamark verrühren. Mit Salz, Pfeffer, Tabasco und Weinbrand abschmecken. Cocktailsauce getrennt zur Salatplatte reichen.

Dazu schmeckt Knoblauch-Baguette.

Eignet sich als Hauptmahlzeit.

Nudelsalat

Rezept siehe *Grundrezepte*

Butter und Marinade

Marinade für Grillsteaks

Steaks oder Schnitzel, die du grillen möchtest, kannst du problemlos selbst einlegen.

Zutaten für die Marinade

3 El Ketchup
2 Zwiebeln
5 El Öl
2 El Essig
1 Tl scharfen Senf
2 Knoblauchzehen
Tabascosauce
Worcestershiresauce
Salz
Zucker
Oregano

Zubereitungszeit:
10 Minuten
Marinierzeit:
1 Stunde

Zwiebeln und Knoblauchzehen schälen, Zwiebeln in Scheiben schneiden und Knoblauchzehen zerdrücken, mit Öl, Ketchup, Essig und Senf verrühren. Einige Spritzer der Tabascosauce und Worcestershiresauce zufügen und mit Zucker, Salz und etwa 1 Teelöffel Oregano würzen.

Das Grillfleisch mindestens 1 Stunde lang in die Marinade legen. Kühlstellen.

Vor dem Grillen das Fleisch trocken tupfen.

Knoblauchbutter

Zutaten

1 Päckchen Butter (250 g)
2 Knoblauchzehen
Salz
Pfeffer
Cayennepfeffer
Currypulver
Paprikapulver, edelsüß

Butter bei Zimmertemperatur etwas weich werden lassen. Knoblauchzehen schälen, durch die Presse drücken oder klein schneiden und zur Butter geben. Die Gewürze unter die Butter rühren und kräftig abschmecken. Butter im Kühlschrank wieder fest werden lassen.

Schmeckt sehr gut zu Baguette und Gegrilltem.

Lässt sich gut vorbereiten.

Geht schnell.

Zubereitungszeit:
10 Minuten
Kühlzeit:
1 Stunde

Kräuterbutter

Zutaten

1 Päckchen Butter
1 Knoblauchzehe
Kräutersalz
$^1/_2$ Bund Schnittlauch
$^1/_2$ Bund Dill
$^1/_2$ Bund Petersilie
einige Estragonblätter
Thymian
Liebstöckel

Die Butter bei Zimmertemperatur weich werden lassen. Knoblauchzehe schälen und zerdrücken, zur Butter geben. Die Kräuter waschen und fein hacken, unter die Butter rühren und diese mit Kräutersalz abschmecken. Kühl stellen.

Man kann statt frischer Kräuter auch getrocknete nehmen. Dann benötigt man etwa 5–6 El Kräuter.

Passt zu Gegrilltem, kurzgebratenem Fleisch und aufs Büfett.

Geht schnell.

Lässt sich gut vorbereiten.

Zubereitungszeit:
15 Minuten
Kühlzeit:
1 Stunde

„Und der König bestimmte ihre tägliche Versorgung von der Tafelkost des Königs und von dem Wein, den er trank.“ Daniel 1,5

Desserts

Eingelegte Pfirsiche

Zutaten

$^1/_4$ l Rotwein
100 g Zucker
2 Scheiben Zitrone
1 Dose Himbeeren
1 Dose halbierte Pfirsiche

Zubereitungszeit:
15 Minuten
Marinierzeit:
12 Stunden

Rotwein mit Zucker und Zitrone in einem Topf aufkochen. In der Zwischenzeit den Saft der Himbeeren abgießen. Himbeeren pürieren und durch ein Sieb streichen. Püree mit dem Rotwein mischen. Saft der Pfirsiche abgießen, diese in eine Schüssel legen und mit der Rotwein-Himbeer-Mischung übergießen. Die Pfirsiche sollten bedeckt sein. Über Nacht ziehen lassen.

Die Pfirsiche serviert man mit der Rotwein-Himbeer-Soße oder beides zusammen mit Vanilleeis.

Statt Dosenfrüchten kann man auch 250 g frische Himbeeren und 4 frische Pfirsiche verwenden.

Himbeer-Quark-Traum

Zutaten

500 g Magerquark
1 Becher süße Sahne (200 g)
1 Tafel weiße Schokolade
300 g tiefgefrorene oder frische Himbeeren
(wahlweise andere Beerenfrüchte)

Zubereitungszeit:
10 Minuten
Kühlzeit:
2 Stunden

Schokolade mit der Sahne in einen Topf geben und bei geringer Wärmezufuhr auflösen. Flüssige Schokoladen-Sahne-Mischung unter den Quark rühren und in eine Schüssel füllen. Kühlstellen. Himbeeren (tiefgefrorene rechtzeitig auftauen) auf die Creme geben und servieren.

Lässt sich gut vorbereiten.

Kirschcreme

Zutaten

Für 6 Personen

1 Glas Sauerkirschen
$^1/_8$ l Kirschsaft
1–2 El Kirschwasser
1 El Kirschlikör
$^1/_2$ Zitrone
2 Becher süße Sahne
2 Päckchen Vanillinzucker
1 Msp gemahlenen Zimt
5 El Puderzucker

Zubereitungszeit: 15–20 Minuten

Den Saft der Sauerkirschen auffangen und die Kirschen abtropfen lassen. Die halbe Zitronenschale reiben und zusammen mit 1 El Zitronensaft, $^1/_8$ l Kirschsaft, Kirschwasser und 1 El Puderzucker vermischen. Kaltstellen. Kirschen mit Zimt, Kirschlikör, Vanillinzucker und 4 El Puderzucker mischen und pürieren. Kirschsaft aus dem Kühlschrank nehmen und bei hoher Stufe die süße Sahne (sie muss sehr kalt sein) mit dem *Mixer* unter den Saft zu einer Creme rühren.

Kirschcreme und Kirschpüree abwechselnd in Sektschalen schichten. Sofort servieren.

Mascarponedessert

Zutaten

$^1/_2$ Becher süße Sahne
500 g Mascarpone (ital. Frischkäse)
500 g Sahnequark
2 Vanilleschoten
100 g Zucker
200 g Amaretti (ital. Mandelgebäck)
6 El Amarettolikör
100 ccm abgekühlten Espresso
300 g Himbeeren oder Kirschen
2 El Kakao

Zubereitungszeit: 20 Minuten

Mascarpone, Quark und Zucker mit süßer Sahne glattrühren. Vanilleschoten längs aufschneiden und das Mark auskratzen. Vanillemark unter die Quarkmischung rühren. Amaretti zerbröckeln und ein Drittel davon in eine Schüssel geben. Mit 2 El Amaretto und kaltem Espresso beträufeln. Ein Drittel der Mascarponemischung darauf verteilen, darüber die Hälfte der Früchte. In dieser Reihenfolge die Zutaten wiederholt schichten, mit Mascarponecreme enden. Kühlstellen.

Kurz vor dem Servieren wird die Creme mit Kakao bestäubt.

Gelingt leicht.

Kann gut vorbereitet werden.

Portwein-Melonen

Für 2 Personen

Zutaten

- 1/2 Honigmelone
- 1/2 Glas Portwein
- 1 El Zucker
- 1 Msp Zimt
- 1/2 Becher süße Sahne
- 1/2 Päckchen Vanillinzucker

Zubereitungszeit:
5 Minuten
Marinierzeit:
30 Minuten

Für dieses Rezept benötigt man einen *Melonenausstecher* oder *Kartoffelausstecher*. Das Fruchtfleisch kann zwar auch in Würfel geschnitten eingelegt werden, dekorativer sehen aber Kugeln aus.

Die Honigmelone teilen und die Kerne mit einem Teelöffel entfernen. Mit dem Melonenausstecher Kugeln aus dem Fruchtfleisch lösen und in eine Schüssel legen. Die Melonenkugeln mit Zucker und Zimt bestreuen und etwa 15 Minuten ziehen lassen. Jetzt den Portwein dazugießen und nochmals an kühler Stelle zugedeckt ziehen lassen. Sahne mit Vanillinzucker steif schlagen.

Melonenkugeln mit dem Saft in Sektschalen servieren. Auf die Melonen gibt man einen Klecks Sahne.

Gelingt leicht und schmeckt sehr gut.

Lässt sich gut vorbereiten.

Eignet sich als duftiges Dessert nach einem reichhaltigen Essen.

Tiramisu

Zutaten

500 g Quark
500 g Mascarpone (ital. Frischkäse)
10 Eigelbe (nur ganz frische, gekühlte Eier verwenden!)
200 g Zucker
300 g Löffelbiskuit (lange, ital.) oder normale
100 ccm starker kalter Kaffee
100 g Kaffeelikör, Mokkalikör oder Amaretto
1–2 El Kakao

Das Rezept reicht für 1 große Form
Ergibt ca. 10 Portionen

Quark, Mascarpone, Eigelb und Zucker gut verrühren. Biskuit mit Kaffee und Likör tränken. Quarkmasse und Biskuit abwechselnd in Formen schichten. Für einen halben Tag kühlstellen.

Vor dem Servieren mit gesiebtem Kakaopulver bestäuben.

Das Rezept mindestens 12 Stunden vor dem Verzehr zubereiten, damit die Creme durchziehen kann.

Gelingt leicht.

Eignet sich gut für eine Feier mit vielen Gästen.

Zubereitungszeit: 20 Minuten
Kühlzeit: 12 Stunden

Fürs Sommerfest und viele Gäste

Bananenbowle

Zutaten

1 kg Bananen
150 g Zucker
2 Gläser Bananenlikör
Saft von 3 Zitronen
2 Flaschen guter Weißwein, gekühlt
1 Flasche Sekt oder Prosecco, gekühlt

Geschälte Bananen in Scheiben schneiden und in ein Bowlegefäß geben. Zucker, Bananenlikör, Zitronensaft zugeben und 1 Flasche Wein darüber gießen. Zugedeckt ein paar Stunden ziehen lassen.

Vor dem Servieren werden der restliche Wein und der Sekt dazugegeben.

Tipp

Bei der Wahl des Weines immer auf eine gute Qualität achten. Billiger „Fusel" verursacht Kopfschmerzen.

Erdbeerbowle

Zutaten

750–1.000 g frische Erdbeeren
200 g Zucker
3 Flaschen guter Weißwein, gekühlt
1 Flasche Sekt oder Prosecco, gekühlt

Stiele der Erdbeeren entfernen. Die Früchte dann kurz unter kaltem Wasser abbrausen und in ein bauchiges Bowlegefäß füllen. Zucker und eine Flasche Wein darübergießen. Gefäß abdecken und das Ganze etwa eine halbe Stunde ziehen lassen. Dann wird der restliche Wein dazugegossen.

Kurz bevor man die Bowle serviert, wird der Sekt hinzugegeben.

Tipp

Die Kohlensäure bleibt am besten erhalten, wenn man beim Einschütten den Flaschenhals der Sektflasche in die Bowle eintaucht.
Wer Dosenfrüchte verwendet, muss übrigens nur die Hälfte des angegebenen Zuckers verwenden.

Holunderbowle

Zutaten

5–7 Holunderblütendolden
$^1/_4$ l Holunderblütensirup oder 2 El Honig oder 2 El Zucker
8–10 Minzeblättchen
1 Zitrone, unbehandelt
2 Flaschen guter Weißwein, gekühlt
1 Flasche Sekt oder Prosecco, gekühlt

Blüten mit Sirup, in Scheiben geschnittener Zitrone und einer halben Flasche Weißwein in ein Bowlegefäß geben. Mehrere Stunden zugedeckt ziehen lassen. Vor dem Servieren werden der restliche Wein und Sekt mit den Minzeblättchen zugefügt.

Alkoholfreie Alternative: Statt Weißwein und Sekt werden 1 l guter Apfelsaft und 1 Flasche Mineralwasser zugegeben.

Tipp

Buch-Tipps

„Dr. Oetker Schulkochbuch“ von Dr. Oetker, Heyne Verlag

„Studenten-Kochbuch“ von Christine Lehner, Edition XXL

„Unser Kochbuch Nr. 1. Das Kochbuch für junge Leute“ von Gräfe & Unzer

„basic baking“ und „basic cooking“ von Gräfe & Unzer

Working at the Carwash

Oder: Rund um den (ersten) Job

Der erste Job

Einfach aufstehen, in ein paar Klamotten schlüpfen und hingehen! So einfach könnte der Beginn deines ersten Arbeitstages sein. Und an vielen darauffolgenden Tagen ebenfalls. Stell dir vor, du wüsstest gar nicht, was Klamottenprobleme sind, weil dein Outfit für die Nacht auch für deine Berufstätigkeit herhalten darf. Das spart Geld und Nerven. Unter Umständen gehst du noch mal kurz am Spiegel vorbei und zupfst hier und dort noch mal an deiner Frisur, aber das war's dann auch schon ... Kannst du dir vorstellen, so deinen Arbeitstag zu beginnen – im Pyjama? Nein, nicht im Bett, sondern im Büro! Du glaubst nicht, dass es so etwas gibt? Irrtum, das gibt's tatsächlich. Nach einer Pressemeldung der *afp* (Agence France Press – französische Presseagentur) im Dezember 2006 ist es Arbeitnehmern des arabischen Emirates Ras el Chaimah künftig untersagt, im Schlafanzug im Büro zu erscheinen. Männer müssen nun in der traditionellen weißen Robe und Frauen in der Abaja, einem schwarzen Gewand, auftauchen ... Von Arbeitnehmern aus dem Ausland wird darüber hinaus erwartet, dass sie dort in Kostüm und Anzug mit Krawatte erscheinen.

In unseren Breitengraden sieht die Kleiderordnung für den beruflichen Alltag dagegen schon seit langer Zeit ein wenig anders aus. Sie orientiert sich an der auszuübenden Tätigkeit. Jede Branche hat ihre eigenen (ungeschriebenen) Gesetze. Deshalb musst du bei den nachfolgenden Vorschlägen selbst herausfinden, was dir bei deinem jeweiligen Job passend erscheint. Du musst einfach ein Gespür für das entwickeln, was einerseits zu dir, andererseits aber auch zu deinem Arbeitgeber bzw. deinem Job passt, damit es nicht aufgesetzt oder künstlich wirkt. Du möchtest schließlich, dass deine Vorzüge zur Geltung kommen und Menschen dich gleich sympathisch finden. Mach dir also bewusst, dass der erste Eindruck auf keinen Fall durch einen zweiten ersetzt werden kann.

Das Vorstellungsgespräch

Kleiderordnung

Ist dir die Kleiderordnung des künftigen Arbeitsplatzes unbekannt, erkundige dich gegebenenfalls vorher. Jemand, der als Mechaniker arbeiten möchte, muss nicht unbedingt im dunklen Anzug mit Krawatte zum Vorstellungsgespräch erscheinen. Hier darf das Outfit weniger streng, aber doch sauber und gepflegt sein. Wichtig ist, dass deine Kleidung gut sitzt, dir steht – und vor allem, dass du dich darin wohlfühlst.

Wer im Büro arbeiten wird oder ständigen Kundenkontakt hat, sollte Anzug oder Kostüm wählen. Hast du dich bisher selten in schicker Kleidung bewegt, kannst du es ja zu Hause oder bei sonstigen Gelegenheiten üben. Auf diese Weise gewöhnst du dich schon vorher an die für dich ungewöhnliche Bekleidung und fühlst dich darin sicher, sodass du dich mehr auf das Gespräch konzentrieren kannst. Darüber hinaus solltest du bei einem Vorstellungsgespräch auf bestimmte Angewohnheiten wie Kaugummi kauen oder am Kopf kratzen verzichten, weil sie Unsicherheit signalisieren.

Das eigentliche Gespräch

Bedanke dich zunächst für die Einladung zum Gespräch und versuche, dir den Namen deines Gesprächspartners zu merken. Der Gastgeber hat auch das Privileg, dir als Erster die Hand zu reichen.

Wenn du dich beim Gespräch mit dem Chef oder dem Personalverantwortlichen dann lässig zurückgelehnt im Sessel räkelst, vermittelst du damit nicht gerade großes Interesse an der begehrten Position. Im Gegenzug zeigst du durch gerades Sitzen deine Aufmerksamkeit. Denke auch daran, dich bereits im Vorfeld mit dem Unternehmen und der ausgeschriebenen Position zu beschäftigen, damit dein Gegenüber das Gespräch nicht alleine führen muss, sondern du interessiert antworten und auch selbst Fragen stellen kannst. Auch damit signalisierst du, dass es dir ernst ist mit diesem Job.

Wirst du im Unternehmen weiteren Mitarbeitern vorgestellt, solltest du diesen mit einem freundlichen Lächeln begegnen. Je nach Situation wird sich zeigen, ob die Hand gereicht wird oder ob ein freundliches Lächeln und eine kurze Begrüßung ausreicht.

Beim Abschied wird dir ebenfalls der Chef bzw. Personalchef zuerst die Hand reichen. Ein Dank an ihn für die Einladung und die Verabschiedung des Gegenübers mit seinem Namen (falls du diesen in all der Aufregung noch weißt) ist eine angemessene und höfliche Geste.

Wenn du das Glück hast, einen Einstellungsvertrag zu bekommen, musst du deinem Arbeitgeber folgende Unterlagen vorlegen:

- ✗ Lohnsteuerkarte (auf der Stadtverwaltung beantragen)
- ✗ ggf. Bescheinigung über Vermögenswirksame Leistungen (diese bekommst du bei der Bank)
- ✗ ärztliches Attest nach § 32 Abs. 1 Jugendarbeitsschutzgesetz für junge Leute unter 18 Jahren (bekommst du bei deinem Hausarzt)
- ✗ Mitgliedsbescheinigung der Krankenkasse (erhältst du bei deiner Krankenkasse),
- ✗ ggf. Sozialversicherungsausweis (wird von der Deutschen Rentenversicherung [www.deutsche-rentenversicherung.de] ausgestellt und zugesandt)
- ✗ Bankverbindung

Die richtige Kleidung für den Job

Kleidung

Der erste Arbeitstag ist für den Eindruck, den du hinterlässt, genauso wichtig wie das Vorstellungsgespräch. Ob es nun um die Rasur, die stilvolle Kleidung, den modischen Haarschnitt oder das harmonische Make-up geht: Hier ist Sorgfalt angesagt. Bist du nicht sicher, ob du die richtigen Klamotten anhast, ziehe dich lieber etwas weniger lässig an. Freizeitmode hat im Arbeitsalltag keinen Platz. Passe die Kleidung auf jeden Fall deiner beruflichen Tätigkeit an. Wenn es dein Beruf nicht unbedingt erfordert, verzichte auf Turnschuhe. Behalte sie dir lieber für deine Freizeit vor. Aber keine Sorge: Du kannst dich trotzdem gepflegt kleiden und dein Gegenüber durch deine Persönlichkeit überzeugen.

Du solltest deinem Outfit aber auch später noch besondere Aufmerksamkeit schenken. Arbeitshosen müssen nämlich genauso pfleglich behandelt werden wie Kostüm oder Anzug. Ölverschmierte Arbeitshosen müssen oft gewechselt, und kleine Löcher, die vielleicht durch Funkenflug entstehen, müssen gewissenhaft gestopft werden. Für Anzüge hat sich folgende Regel bewährt: Einen Tag tragen, danach auslüften und ein paar Tage auf einem Bügel ruhen lassen. Schuhe am besten täglich wechseln, damit sie richtig trocknen und lüften. Dazu werden sie auf einen Schuhspanner gespannt.

Weiße Socken zum Anzug zu tragen ist einfach ein No-Go – ebenso ein zu tiefes Dekolleté bei Frauen. Und du kommst ebenfalls auf die Hitliste der Peinlichkeiten, wenn du das Label des Herstellers am Ärmel deines Sakkos nicht entfernst ... Zu Hause lässt sich darüber hinaus leicht vor einem Spiegel ausprobieren, ob Blusen, Hosen oder Jacken spannen oder die gesamte Kleidung richtig sitzt.

Im Beruf sollten die Schultern selbst bei Hitze bedeckt sein. Auch zu durchsichtige Kleidung ist zu vermeiden. Nicht jedermann interessiert es, welche Art von BH du bevorzugst. Zu auffällige Kleidung kommt ebenfalls nicht gut an. Ein zu kurz geratener Rock wirkt meist nicht sexy, sondern ordinär. Du setzt damit deine Würde herab. Außerdem erlaubt ein Minirock kein entspanntes Sitzen. Faustregel: Rocksaum maximal bis eine Handbreit überm Knie.

Junge Männer sollten sich an die Vorschriften ihres Arbeitgebers halten, besonders, wenn sie häufig Kundenkontakt haben. Kleidung mit dezenten Farben wirkt vornehm. In manchen Branchen ist aber mittlerweile eine gepflegte Jeans mit weißem Hemd und dunklem Sakko durchaus salonfähig geworden.

Jetzt wird's ernst

Der erste Eindruck

Plane deinen Weg zur Firma nicht zu knapp. Es macht keinen guten Eindruck, wenn du bereits am ersten Tag zu spät kommst. Wenn du vorher die Gelegenheit dazu hast, kannst du auch ausprobieren, wie lange du von deiner Wohnung zu deinem Arbeitgeber unterwegs bist. Im Idealfall probierst du das zu der Uhrzeit, an der du auch künftig unterwegs sein wirst. Umsteigen, verspätete Anschlusszüge oder Baustellen können deine Zeitpläne schnell über den Haufen werfen. Fährst du mit dem Auto, mach dir schon vorher darüber Gedanken, wo du parken kannst.

Dein Auftreten und die Höflichkeit entscheiden darüber, welchen Eindruck du hinterlässt. Du kannst beim Gehen bereits deine dynamische und lebensbejahende Einstellung unterstreichen. Ob du ausgeglichen bist, verrät auch deine unbewusste Körpersprache: Siehst du dein Gegenüber offen an? Hast du eine gerade Haltung oder ähnelt sie eher einem Kleiderbügel? Bewegst du dich immer hektisch? Ein schlurfender Gang und ein gesenkter Kopf, vielleicht noch die Hände in den Hosentaschen vergraben, machen dich in den Augen der anderen vermutlich nicht gerade zu einem Gewinnertyp.

Jedes Unternehmen hat andere Ziele und Werte, besitzt eine andere Organisation oder Personalpolitik. Beobachte das Miteinander an deinem neuen Arbeitsplatz: Wie redet man sich an? Welcher Umgangston herrscht in der Firma? Begrüßen sich alle täglich mit Handschlag? Wie ist die Kleiderordnung? Darf dein Handy eingeschaltet sein? Gibt es Regeln für Besprechungen? Wird das Mittagessen gemeinsam eingenommen? Wie sind Telefon und Schreibtisch organisiert? Ist es üblich, seinen Einstand zu geben? Wenn ja – süß oder herzhaft? Wie hält man es mit Geburtstagen oder Weihnachtsfeiern? Außer beim Betreten eines Großraumbüros solltest du auch immer zuerst anklopfen, bevor du einen Raum betrittst. Wenn es nicht notwendig ist, wird man es dich wissen lassen.

Stelle dich deinen Kollegen vor. Du kannst ebenso darum bitten, anderen vorgestellt zu werden. Es liegt an allen, die in der Hierarchie über dir stehen, dir freundlich die Hand zu reichen. Damit sind entweder Vorgesetzte gemeint oder Kollegen, die schon länger im Unternehmen tätig sind. Manchmal ist es hilfreich, sich die Namen aufzuschreiben. Sie prägen sich dann in der Regel besser ein. Smalltalk in der Kantine oder am Kaffeeautomaten – es gibt viele Gelegenheiten, in Kontakt zu treten und einander kennenzulernen. Auch nach Feierabend. Nur bei Gerüchten und schlechtem Reden übereinander solltest du Flagge zeigen und dich zurückhalten. Es schadet dem Betriebsklima, der Quasselstrippe selbst und stört das Vertrauensverhältnis. Warte auch mit dem „Du", bis Vorgesetzte und Kollegen es anbieten. Inwieweit „Sie" oder „Du" in der Firma vorherrscht, wirst du sicher sehr schnell merken.

Tipp

Gleichgültig, wo du arbeitest: Es gibt keine dummen Fragen – es ist nur dumm, nicht zu fragen! Mit den beiden Zauberwörtern „Bitte" und „Danke" auf der Zunge kannst du nach Dingen fragen, die du nicht weißt. Gerade in der Anfangszeit solltest du dich nicht scheuen, Tipps und Hilfe in Anspruch zu nehmen.
Was auch immer auf dich einstürzt – bleibe freundlich und ruhig. Dein aufrichtiges Lächeln hilft dir im Umgang mit Kollegen, Vorgesetzten und Kunden. Unsicherheiten darfst du zugeben, denn sie machen dich menschlicher.

Auf gleicher Augenhöhe lässt sich besser miteinander reden. Falls du sitzt, solltest du deshalb aufstehen, wenn ein Besucher dein Büro, die Werkstatt oder den Laden betritt. Du signalisierst dem Besucher damit, dass er dir wichtig ist und dass du ihm deine volle Aufmerksamkeit schenkst. Bist du wegen eines Telefonates gerade verhindert aufzustehen, weise deinen Besucher mit einer entsprechenden Geste auf eine Sitzgelegenheit hin.

Kundenkontakt

Du kannst einem Kunden oder einem Gast auch deine Wertschätzung zeigen, indem du ihm mit einer positiven Einstellung begegnest. Auf diese Weise lassen sich auch Konflikte oder Meinungsverschiedenheiten sachlicher lösen. Natürlich darfst du Grenzen aufzeigen, denn ein vorgegebener Rahmen sorgt ebenfalls für eine transparente Einschätzung. Ein großes Plus ist es übrigens immer, wenn du dein Gegenüber mit Namen anreden kannst: Herr Müller, Frau Dr. Schmidt ...

Angemeldete Kunden oder Besucher, insbesondere hochrangige Gäste, erwarten immer, dass sie korrekt angesprochen werden. Bei bestimmten geschäftlichen Situationen ist es sinnvoll, einen Kunden einem Kollegen oder Vorgesetzten vorzustellen. Außer dem Namen kannst du noch ein paar Worte zu den einzelnen Personen sagen (z. B. in welcher Angelegenheit er die Firma besucht, ob man sich schon länger kennt etc.). Jüngere Menschen werden dabei älteren vorgestellt, Rangniedrigere den Ranghöheren.

Besonders im Beruf ist ein freundlicher Ton am Telefon von großer Bedeutung. Nenne deutlich den Firmennamen und deinen eigenen Namen. Vermittle deinem Gegenüber das Gefühl, dass seine Angelegenheit oder sein Anruf das Wichtigste an diesem Tag ist. Weitere Infos findest du im Kapitel *Darf es ein bisschen Knigge sein?*

Falls du ein wichtiges Telefonat angehst oder an einer geschäftlichen Besprechung teilnimmst, solltest du die entsprechenden Unterlagen zum Vorgang zurechtlegen. Jedes schwierige Gespräch lässt sich gut vorbereitet besser führen.

Ordnung

Ob Schreibtisch oder Werkbank: Lege Wert auf Ordnung. Dinge, die ihren festen Platz haben, brauchst du nicht suchen. Die Sorgfalt an deinem Arbeitsplatz vermittelt deiner Umgebung einen Eindruck von der Qualität deiner beruflichen Tätigkeit. Persönliche Dinge, z. B. deine Handtasche, lass nicht einfach herumliegen. Sie gehören in den Garderobenschrank oder Spind.

E-Mails und das Surfen im Internet

Ob private E-Mails am Arbeitsplatz etwas zu suchen haben, solltest du gleich zu Beginn klären. In der Regel werden sie aber als lästig angesehen und sollten lieber am heimischen Computer gelesen werden. Das gilt übrigens auch für das Surfen im Internet!

Wie man darüber hinaus stressfrei durch den Tag kommt, kannst du im Kapitel *Ordne dein Leben* nachlesen. Wenn du über zu viel Arbeit und zu wenig Zeit jammerst, kommt das erfahrungsgemäß einfach nicht gut an und vermiest deine Laune zusätzlich.

Krankheit

Übrigens: Wenn du mal krank wirst, musst du deinem Arbeitgeber sofort Bescheid sagen. Dauert die Arbeitsunfähigkeit länger als drei Tage, musst du deinem Arbeitnehmer spätestens am ersten darauffolgenden Arbeitstag eine sogenannte Arbeitsunfähigkeitsbescheinigung zukommen lassen (diese erhältst du im Normalfall von deinem Hausarzt). Aus dieser Bescheinigung geht dann hervor, welche Krankheit du hast und wie lange du voraussichtlich krankgeschrieben bist. Allerdings kann es sein, dass dein Arbeitgeber diese Arbeitsunfähigkeitsbescheinigung bereits früher verlangt. Auch danach solltest du dich frühzeitig erkundigen.

Genaueres dazu im Kapitel *Versicherungen/Krankenkasse.*

Ordne dein Leben

Zeitmanagement

Du kannst sie nicht schmecken, nicht sehen, nicht hören. Du kannst sie nur spüren. Nicht auf der Haut, sondern nur im Bewusstsein – spüren, wie sie vergeht – die Zeit. „Na, und?“, sagst du. „Ist doch gut!“ Natürlich ist das gut. „Du [Gott] hast den Mond gemacht, um die Monate zu bestimmen, und die Sonne weiß, wann sie untergehen soll“, heißt es in Psalm 104. Unsere Uhren orientieren sich eben an Sonne und Mond.

Man redet heute ständig von Zeitmanagement. Du kannst die Zeit aber nicht managen, **du kannst nur dich selbst organisieren**. Unser Alltag ist mit mehr oder weniger vielen Tätigkeiten gefüllt. Ob du deine Aufgaben souverän oder hektisch angehst, hängt vielfach davon ab, wie du deinen Tag strukturierst. Als Single hast du beispielsweise die Möglichkeit, deinen Tag ohne Rücksicht auf Familie zu gestalten. Natürlich setzen Beruf oder Studium deiner Flexibilität einen gewissen Rahmen, dennoch brauchst du aber einen Stellenwechsel oder eine Urlaubsreise nicht mit Ehefrau/-mann oder Kindern abzustimmen. Andererseits werden Singles aber bei der Urlaubsplanung von ihren Arbeitgebern auch hintangestellt, während man Familien den Vorzug gibt. Und es kann ebenfalls passieren, dass für Wochenenddienste oder Überstunden eher Alleinstehende eingeplant werden.

Ordne deinen Alltag

In vielen Berufen nehmen Leistungsdruck, Mobbing und Überstunden zu. Und wenn man dann für die geleistete Arbeit kein Lob und keine Anerkennung erhält, ist das in der Tat nicht sehr motivierend. Im Folgenden ein paar Tipps, um einem ungesunden Lebensstil – sei es beruflich oder privat – vorzubeugen. Sie sollen dir dabei helfen, deinen Alltag etwas stressfreier zu organisieren. Ob du nun eine Lerche bzw. ein Frühaufsteher oder eine Eule bzw. ein Spätzünder bist: Du musst für dich herausfinden, wann dein eigenes Leistungshoch und dein Leistungstief ist. Wenn es immer mal wieder vorkommt, dass du irgendwelche wichtigen Termine „verschläfst“, ist das ein echtes Alarmzeichen.

Aus eigener Erfahrung weiß ich, dass Menschen, die planlos in den Tag leben, mit einer zusätzlichen Aufgabe mehr meist überfordert sind. Obwohl ich eine große Familie habe und jahrelang mit einem meiner Kinder immer wieder zu Arzt- und Rehaterminen musste, mich in Gemeinde und Klassenelternbeirat engagierte, fand ich doch Zeit, einen Kuchen für die Klassenfete zu backen. Durch geschickte Tages- und Wocheneinteilung war dies möglich.

Eine vernünftige Planung sollte jedoch nicht dazu führen, dass du *noch mehr* Termine und Aufgaben in den Tag packen kannst! Erst das richtige Gleichgewicht von Beruf, Freundschaften, Hobbys, Familie und sozialem Engagement wird bei dir zu spürbarer Zufriedenheit führen. Sie macht dich innerlich ruhig. Und jemand, der mit sich im Einklang lebt, vermittelt dieses unbewusst auch nach außen.

1. Schritt

Terminkalender

Verwende einen **Terminkalender** mit Stundeneinteilung/Tages- und Wochenübersicht. Zur Jahreswende verschenken Firmen sie oft an ihre Kunden. Ein Taschenkalender für die Hand- oder Aktentasche ist ebenfalls praktisch. Im Schreibwarenhandel gibt es eine große Auswahl, die den eigenen Bedürfnissen entsprechen. Wer häufig mit dem Computer arbeitet, kann auch einen elektronischen Terminkalender (z. B. MS Outlook) benutzen.

Werfe täglich einen Blick in deinen Terminkalender. Das beantwortet dir dann die Frage, was an diesem Tag und dem nächsten „dran“ ist. Übrigens: Der Terminkalender eignet sich außerdem vorzüglich zur Überwachung von abgegebenen Anträgen oder Schreiben. Hast du nach einer bestimmten Frist noch keine Antwort, ist es leicht, bei der entsprechenden Stelle nachzufragen.

2. Schritt

Liste zunächst einmal alle Aufgaben auf einem Zettel **auf**. Das Niederschreiben von Terminen gibt dir einen visuellen Eindruck dessen, was noch erledigt werden muss. Zu diesem Zeitpunkt kannst du auch erkennen, ob diese Aufgaben **wichtig** sind beziehungsweise **dringend** erledigt werden müssen.

Trage alle Termine, Besorgungen, Aufgaben und unerledigte Arbeiten **in deinen Terminkalender ein**.

3. Schritt

Plane die Dauer deiner Termine und Tätigkeiten ein. Sei dabei realistisch! Wenn du viele Aufgaben erledigen musst, wirst du unter Umständen „ins Schwimmen“ geraten und diese nicht gut erfüllen können.

Etwas Spielraum lassen

4. Schritt

Bei einem großen Arbeitspensum musst du unbedingt **„Luft“** zwischen den Terminen einplanen. Unvorhergesehene Ereignisse wie ein Stau auf der Autobahn oder längere Wartezeit beim Arzt kann jede noch so gut durchdachte Planung zunichte machen. Im beruflichen Sektor solltest du ebenso vorgehen. Verplane, wenn möglich, nur etwas mehr als die Hälfte deiner Arbeitszeit. Natürlich hängt dies auch mit der Art deiner Tätigkeit zusammen. Wenn du ein bisschen Erfahrung damit hast, kannst du abschätzen, wie oft unvorhergesehene Unterbrechungen deine Arbeit beeinflussen.

Rangliste der Termine

5. Schritt

Ordne deine Termine täglich nach „dringend“, „wichtig“ und „gelegentlich/zweitrangig“.

Dringend: Erledige sie an diesem Tag, wenn möglich sofort.

Wichtig: Notiere sie an einem bestimmten Tag bzw. zu einer bestimmten Zeit in deinem Kalender und erledige sie dann entsprechend.

Gelegentlich: Notiere dir in deinem Kalender einen späteren Zeitpunkt, an dem sie erledigt werden müssen, oder delegiere sie, falls möglich, an jemand anderen. Vielleicht gehört der Vorgang auch einfach in den Papierkorb, weil er vollkommen unwichtig ist?

Wenn du deine Aufgaben auf diese Weise systematisierst, bekommst du einen besseren Überblick darüber.

Mach den ersten Schritt!

6. Schritt

Beginne mit der Erledigung! Ein Bergsteiger kann den Gipfel nur erreichen, wenn er mit der Besteigung des Berges beginnt. Vom Jammern darüber, wie hoch doch der Berg ist, wie viel Schnee und Eis den Gipfel bedecken und wie teuer die Ausrüstung war, hat noch niemand das Gipfelkreuz erreicht.

Indem du dich selbst bedauerst und dir ständig in Erinnerung rufst, wie viel du noch zu erledigen hast, wird die Arbeit nicht getan. Arbeite bitte nicht nach dem Lustprinzip: „Heute habe ich aber nun wirklich keine Lust, mit der Steuererklärung anzufangen oder das Bad zu putzen oder das Bügeleisen zu schwingen oder ...“

Manche nennen das auch die „Salamitaktik“: eine Aufgabe nach der anderen, einen Termin nach dem anderen bewältigen. So wie man bei einer Salami die Scheiben nacheinander abschneidet, kannst du im übertragenen Sinn auch Dinge nacheinander erledigen.

Erledige Unangenehmes zuerst!

7. Schritt

Aus meiner Erfahrung kann ich nur sagen: **Unangenehmes zuerst!** Du glaubst gar nicht, wie viel Ansporn der Erfolg über eine vollendete unangenehme Aufgabe für andere Erledigungen gibt.

8. Schritt

Bleib am Ball! Lass dein Telefon ruhig mal klingeln oder stelle dein Handy ab. Du musst nicht rund um die Uhr erreichbar sein. Im Beruf ist es natürlich ein wenig anders. Hier kannst du klare Absprachen treffen und möglicherweise Termine für Rückrufe vereinbaren. Lass dich nicht dazu hinreißen, immer neue Gründe fürs Nicht-Anfangen zu finden, wie z. B. erst noch einen Kaffee kochen, die Zeitung reinholen, die E-Mails lesen etc.

Bleib am Ball!

Gerade die elektronische Post verleitet dazu, ständig an den Computer zurückzukehren. Plane maximal zwei Termine am Tag ein, in denen du deine E-Mails sichtest. Selbst wenn du eine Arbeit nicht fertig erledigen kannst, z. B. weil du beim Amt noch etwas erfragen möchtest, das aber leider schon geschlossen hat, gibt dir das einen Teilerfolg.

9. Schritt

Streiche in deinem Tagesarbeitsplan **alle erledigten Tätigkeiten und Aufgaben.** Du wirst zum einen erstaunt sein, was du bereits abgearbeitet hast, und außerdem vermittelt es dir ein Erfolgserlebnis, das dich motiviert. Manchmal gelingt es sogar, alle eingeplanten Vorhaben abzuarbeiten.

Streiche alle erledigten Aufgaben!

10. Schritt

Unerledigt gebliebene Aufgaben trage in deinen Terminkalender für den nächsten Tag ein.

Nimm die unerledigten Aufgaben mit in den nächsten Tag!

11. Schritt

Bitte um Hilfe, wenn es sich um eine Aufgabe handelt, die dich überfordert oder du unter starkem zeitlichem Druck stehst. Beispiel: Deine Steuererklärung muss dringend abgegeben werden, aber du findest einfach nicht die Zeit, die Eintragungen zu machen. Außerdem verstehst du die Fachausdrücke in dem Formular nicht so recht. Frage doch einfach mal bei deinen Eltern an. Dein Vater oder deine Mutter unterstützen dich bestimmt und bringen gern ihre eigenen Erfahrungen ein.

Bitte um Hilfe!

Noch ein paar Tipps zum Thema „Zeitmanagement“

- ✗ Wenn du deinen Tag einmal genau unter die Lupe nimmst und ehrlich zu dir selbst bist, findest du vielleicht heraus, wo du mit deiner Zeit etwas nachlässig umgehst. **Hängst du zu oft an der Strippe?** Eine Freundin ruft an und plaudert und schwätzt und ... Ein freundliches Wort ist immer angebracht, aber wenn wirklich noch etwas erledigt werden muss, solltest du dem Geplauder Grenzen setzen. Bleibe dabei freundlich, aber bestimmt. Natürlich ist es wichtig, dass du immer ein nettes Wort für Nachbarn oder Kollegen hast. Doch es gibt liebe Mitmenschen, die bei

Nicht immer erreichbar

jeder Begegnung erzählen müssen, wie es diesem und jenem geht. Sie kommen vom Hundertsten zum Tausendsten. Hier gibt es nur eine Möglichkeit: Gehe ihnen im Notfall aus dem Weg (natürlich ohne gleich unfreundlich und grußlos an ihnen vorüberzugehen).

Mut zum Neinsagen

✗ **Mut zum Neinsagen:** Jemand fragt dich, ob du noch etwas Bestimmtes erledigen könntest. Vorsicht: **Lass dich nicht für Dinge oder Aufgaben einspannen, die du eigentlich gar nicht machen musst oder willst.** Prüfe genau, ob diese Sache wirklich gerade „dran" ist. Hier musst du von Fall zu Fall entscheiden, ob du jemandem einen Gefallen tust oder mit einer kurzen Erklärung nein sagst. Manchmal ist es sehr hilfreich, wenn man nicht vorschnell zusagt, sondern um Bedenkzeit bittet und einmal über die Entscheidung „schläft". Wo du nein sagst, kann ja ein anderer ja sagen.

Besprechungen klar strukturieren

✗ **Bitte um klare thematische Vorgaben und Zeitbegrenzungen für Besprechungen** – sei es im Arbeitsalltag oder in kirchlichen/gemeindlichen Angelegenheiten. Die Tagespunkte und der zeitliche Rahmen helfen, keine unnötigen Diskussionen zu führen. Gerade bei Treffen von gemeindlichen Mitarbeitern ist es sinnvoll, ein Protokoll zu führen. Dabei werden getroffene Entscheidungen schriftlich festgehalten und später kopiert und an alle Anwesenden verteilt.

Ein gutes Ablagesystem

✗ Gewöhne dir an, **wichtigen Dingen einen bestimmten Platz zuzuweisen.** Damit meine ich, beispielsweise den Wohnungs- und Autoschlüssel immer an der gleichen Stelle aufzubewahren. Dokumente wie Pass, Kontoauszüge, Versicherungsunterlagen etc. gehören ebenso in eine bestimmte Schublade oder einen Aktenordner.

Clever einkaufen gehen

✗ Wenn du ungern einkaufen gehst, **vermeide Stoßzeiten**. Das erspart dir lange Wartezeiten an der Kasse. Unnötige Wege zum Amt oder Arzt kannst du dir ersparen, indem du vorher telefonisch die Öffnungszeiten erfragst.

In der Ruhe liegt die Kraft

Bei allen Informationen, die du hier erhältst, sollst du dir immer wieder **bewusst machen, was dir wirklich wichtig ist.** Nur wenn du das Ziel kennst, kannst du darauf hinarbeiten. Ein altes Sprichwort sagt: In der Ruhe liegt die Kraft. Ich habe es schon oft bei mir selbst beobachtet: Gerade dann, wenn ich es besonders eilig habe, kippt die Kaffeetasse um, fällt mir ein rohes Ei auf den Fußboden, findet der Ketchup seinen Platz auf meiner frischen Bluse statt auf dem Teller ...Wenn du es eilig hast, schalte einen Gang zurück!

Freue dich trotz all des Stresses, dass du arbeiten kannst. Mach dir bewusst, dass es noch viele junge Leute gibt, die gern einen Job hätten, denen aber z. B. ein Handicap dafür keinen Raum gibt. Eine positive Einstellung zu deinen Aufgaben hilft dir bei ihrer Bewältigung! Dann kann sogar Arbeit Spaß machen. Und so unglaublich das auch klingt: Wenn du Frust abbauen willst, dann putze doch mal gründlich deine Wohnung oder räume eine Schublade auf, um die du schon seit Monaten einen Bogen machst. Du wirst erstaunt sein, wie sehr sich deine Laune mit dem Erfolg deiner Tätigkeit bessert. ☺

Plane Frei-Zeiten ein

Erlaube dir auch, Leerlauf in deinem Tag zu haben! Es gibt Menschen, die packen ihren super geplanten Terminkalender noch voller, nur um ja keine Zeit zum Nachdenken zu haben. Andere packen ihren Terminkalender voll, um sich so Anerkennung zu verschaffen oder weil sie einen Hang zum Perfektionismus haben.

„Ich habe keine Zeit!“ Dieser Satz sollte so nicht zu deinem Wortschatz gehören. Für Dinge, die dir wirklich wichtig sind, findest du auch Zeit. Auch wenn es dazu möglicherweise nötig ist, die Prioritäten anders zu setzen und ein Nein zum Unwesentlichen zu finden. Vereinfache deshalb dein Leben! Gerade künstlerische Gaben oder Ideen brauchen Ruhe und Muße, um sich zu entfalten. Ein Hang zum Perfektionismus lässt dafür aber einfach keinen Spielraum.

Zeit zu haben, einfach im Café einen Latte macchiato zu schlürfen und dabei in einer Zeitung zu blättern oder Menschen zu beobachten, kann sehr entspannend sein. Dafür musst du dich nicht entschuldigen. Genieße deine freie Zeit! Chillen ist angesagt!!

Auch ein Motor kann nicht ununterbrochen mit 6.000 Umdrehungen in der Minute laufen. Entsprechend der Fahrstrecke wird einen Gang runter geschaltet oder der Leerlauf eingelegt. Aus diesem Grund ist es wichtig, dass du deinem Körper auch mal Ruhe gönnst. Beschäftigung und Entspannung müssen sich abwechseln. Für eine Auszeit brauchst du dich auch nicht zu entschuldigen, weil sie „von oben“ verordnet ist: „Darauf sagte Jesus: ‚Kommt, wir ziehen uns an einen einsamen Ort zurück, wo ihr euch ausruhen könnt‘“ (Markus 6,31; NL).

Lade deine Probleme bei deinem Schöpfer ab!

Das ausgewogene Verhältnis von Arbeit und Freizeit/Ruhe und Gebet/Anbetung beugt Erschöpfung vor. Wo diese drei Bereiche in einem ausgewogenen Verhältnis deinen Lebensrhythmus bestimmen, bist du auf einem guten Weg. Gott bietet dir auch an, ihm deine Sorgen anzuvertrauen. Du darfst dein Anliegen, dein Vertrauen und alles, was dich kümmert oder freut, bei ihm abgeben. Er verspricht dir Frieden und schafft die Möglichkeit, dich an der Leichtigkeit des Lebens zu erfreuen! Gott verändert nicht immer deine persönliche Situation, aber er hilft dir, die richtige innere Haltung und damit vielleicht auch eine andere Sichtweise einzunehmen. Er lässt dich zu dir selbst – zu deiner Mitte – finden.

Schon im Altertum teilte der weise König Salomo seinem Volk Gedanken über die Zeit mit. Für alle menschlichen Vorhaben gibt es bestimmte Zeiten, doch die Taten Gottes haben ewige Gültigkeit. „Wer weise ist, weiß, welches Verhalten zu welcher Zeit richtig ist. Denn in jeder Situation gibt es die richtige Zeit für die richtige Entscheidung“ (Prediger 8,5–6; NL).

Was sind deine Ziele?

Wenn du Gottes Willen tun willst, stellt er dir auch die nötige Zeit dafür zur Verfügung. Dann kann möglicherweise z. B. die Mitarbeit in einem Teenkreis Platz in deinem Terminkalender finden.

Die Hauptsache in deinem Leben sollte immer die Hauptsache bleiben. Wenn du genau weißt, welches Ziel oder Lebensziel du verfolgst, hilft dir das, herauszufinden, was gerade „dran" ist. Setze Prioritäten und sei gelassen. Vor allem lege Wert darauf, lieber weniger Dinge und diese dafür gut zu erledigen.

Born to be wild

Oder: Was wirst du nun tun?

Gib deinem Leben eine Richtung

Du hast es geschafft! Du bist jetzt König oder Königin deines eigenes Reiches. Du kannst jetzt selbstbestimmt leben. Jetzt heißt es: „Born to be wild" und nicht mehr: „Wo gehst du hin?", „Wo kommst du her?", „War aber ganz schön spät heute Nacht!?", „Willst du dich jetzt nicht mit uns an den Tisch setzen?" oder: „Räum doch mal deine Bude auf!" Diese Sätze gibt es jetzt nicht länger! Auch die Vorschriften darüber, wie du dein Leben zu leben hast, „solange du deine Füße unter meinen Tisch streckst", werden nun sehr wahrscheinlich zu den Akten gelegt.

An welchen Kriterien richtest du dein Leben aus?

Doch im Leben eines Königs oder einer Königin geht es nicht nur ums Regieren und Spaß haben, sondern auch um Verantwortung. In deinem Fall ist es zuerst einmal die Verantwortung für dich selbst. Wie aber sollst du wissen, was gut für dich ist? Um eigenverantwortlich zu leben, gilt es ohne Zweifel einen Maßstab zu finden, an dem man sich orientiert. An welchen Kriterien möchtest du dein Leben ausrichten? Gibt es jemanden, der dir sagen kann, was für dich richtig ist? Möchtest du überhaupt Orientierung haben?

Vor einiger Zeit bekam ich einen Brief, dessen farbenfroher Umschlag aus der herausgerissenen Seite einer Zeitschrift gebastelt war. Ich fand diesen peppigen Umschlag toll! Beim näheren Betrachten fiel mir ein Satz besonders auf: „Du kannst mit Geschwindigkeit nicht wettmachen, was dir an Richtung fehlt!" In der Folgezeit musste ich immer wieder über diesen Satz nachdenken. Das ist wie bei einem neuen Auto, mit dem ich eine Probefahrt mache: Ich muss mir ein Ziel setzen, ich muss wissen, wo ich mit meinem Vehikel hinfahren will. Zwanzigmal eine Runde um den Häuserblock zu drehen ist langweilig und ödet mich an. Wenn ich aber weiß, ich fahre zum Nürburgring oder in die Eisdiele, wird mich eine rote Ampel oder eine geschlossene Schranke nicht davon abhalten, das Fahrtziel beizubehalten. Vielleicht bin ich ein wenig enttäuscht, auf meiner Reise in eine Polizeikontrolle zu geraten, nochmals tanken zu müssen, und möglicherweise ist noch ein Radwechsel fällig, aber im Hinterkopf weiß ich: Irgendwann werde ich mein Ziel erreicht haben.

Das ist vielleicht ein schwacher Vergleich im Kontext all der Fragen, die dich und mich beschäftigen. Fragen, die sich jeder Mensch irgendwann einmal stellt: „Was ist das Ziel meines Lebens? Habe ich überhaupt ein Ziel? Wozu lebe ich denn? Brauche ich einen Lebenssinn? Und vor allem: Wer kann meine Fragen beantworten?"

„Ein Leben ohne Dackel hat keine Perspektive!" stand kürzlich in großen Lettern auf der Heckseite eines geparkten Wagens. Ich musste unwillkürlich lachen, als ich den Satz las. „Bestimmt ein Hundefreund oder Dackelzüchter“, dachte ich. Jeder setzt halt seine Prioritäten!

Du bist jung und nimmst gerade dein Leben selbst in die Hand. Warum solltest du dich mit solchen Fragen herumplagen? Du hast doch jetzt Besseres zu tun, oder? Deine Prüfung willst du erst mal mit Bravour bestehen oder deine Tage sind mit Klausuren ausgefüllt. Vielleicht nimmt dich deine neue Stelle mehr in Beschlag, als dir lieb ist. Du willst dich jetzt zuerst mal auf das Wichtigste konzentrieren! Du möchtest Erfolg im Beruf haben oder viel Geld verdienen. Vielleicht erhoffst du dir Ansehen, ein bequemes Leben oder Hauptsache, Spaß?

Ohne Zweifel sind die Dinge des täglichen Lebens wichtig. Sie haben ihre Berechtigung und ihren Sinn. Sie füllen deinen Tag aus: deine Arbeit, deine Hobbys, deine Freunde, dein Studium und was immer es sein mag. Du hast aber möglicherweise schon mal von den Zehn Geboten gehört. „Zehn Gebote? Die von vor Tausenden von Jahren?“ Genau, es sind die Anordnungen, die Mose vor ewigen Zeiten in Steintafeln gehauen hat. Es kann sein, dass sie dir noch aus dem Religionsunterricht in der Schule oder dem Kindergottesdienst ein Begriff sind.

Die Bibel berichtet im Alten Testament davon, wie Gott dem Volk Israel die Zehn Gebote gab. Sie dienten vielen Generationen als Leitfaden für ein gelungenes und sinnvolles Leben. Gott gab den Menschen diese Richtlinien nicht, um ihnen den Spaß zu rauben oder ihnen das Leben schwerzumachen. Vielmehr regelte er damit die Beziehung zwischen den Menschen und sich bzw. zwischen den Menschen untereinander. Übrigens zeigen neueste Umfragen, dass viele Menschen die Zehn Gebote für überholt halten oder gar nicht kennen. Du kannst sie ja mal im 20. Kapitel des 2. Mose-Buches nachlesen und dir deine eigene Meinung bilden. Ich finde, sie sind eine echte Lebenshilfe. Wenn man bedenkt, dass Gott keine 300 Worte brauchte, um das Miteinander aller Menschen zu regeln – die EU aber unzählige Worte mehr allein für ihre Einfuhr-Vorschriften über die richtige Krümmung von Bananen ...

Das erste Gebot ist das Wichtigste von allen und beginnt mit den Worten: „Ich bin der Herr, dein Gott; ich habe dich aus der Sklaverei in Ägypten befreit.“ Alle nachfolgenden Gebote ordnen sich diesem einen unter. Mose nahm damals auf dem Berg Sinai die Gesetzestafeln mit den Anordnungen für das Volk Israel in Empfang. Die Gebote sollten den Menschen Orientierung geben, damit sie nicht herzlos und rücksichtslos miteinander umgingen. Und Gott wollte ihr Gott sein. Sein Hinweis auf das Land Ägypten zeigt, dass Gott ein Gott ist, der die Menschen befreien möchte. Er möchte, dass wir Menschen ihm in Freiheit dienen, und genau das können wir auch in der Bibel nachlesen: „Mit dem ‚Herrn‘ ist der Heilige Geist gemeint. Wenn er in uns wohnt, sind wir frei von der Herrschaft des Gesetzes“, steht in 2. Korinther 3, Vers 17.

Die Menschen hielten sich seinerzeit nicht lange an diese Vorgaben und wussten deshalb immer wieder einmal nicht, wohin sich ihr Leben entwickeln sollte. Die Gemeinschaft mit Gott blieb eingeschränkt, da sie durch ihre Schuld - weil sie sich nicht an seine Gebote hielten - von ihm getrennt waren. Jahrhunderte später ging in Erfüllung, was Propheten schon lange Zeit vorhergesagt hatten. Gott sandte seinen Sohn Jesus Christus, um die tiefe Kluft zwischen Mensch und Gott, die die Sünde verursacht hatte, zu überwinden. Unser Vater im Himmel wollte, dass wir eine persönliche Beziehung zu ihm haben. Seine Liebe zu uns Menschen zeigte er uns durch das Sterben Jesu am Kreuz von Golgatha und in der Auferstehung. Mit der Menschwerdung Gottes in Jesus Christus haben wir die Möglichkeit, durch Umkehr und Glauben an ihn ein neues Leben zu bekommen. Die Bibel nennt dies „Wiedergeburt" - allerdings ist damit nicht gemeint, dass du in deinem nächsten Leben als Käfer oder als Stein „zur Welt" kommst, wenn du in diesem nicht artig warst. Wenn du daran glaubst, dass der Sohn Gottes tatsächlich auf diese Erde gekommen und für deine Schuld gestorben ist und wenn du diese Tat für dich in Anspruch nimmst, ist dir deine Schuld tatsächlich genommen, und das gibt deinem Leben eine neue Richtung. Dein Leben erhält einen ganz neuen Sinn. Daran wird sich auch deine individuelle Lebensführung ausrichten.

Vermutlich haben sich Tausende von Lesern einer hessischen Tageszeitung am 10. Februar 2006 die Augen gerieben. Eine kleine Pressemitteilung der *afp* mit der Überschrift „Gericht weist Atheisten ab" zog auch meine Blicke auf sich. Darin wurde über einen Prozess berichtet, mit dem sich die italienische Justiz beschäftigen musste. Ein älterer Atheist hatte während der gerichtlichen Anhörung behauptet, Jesus Christus habe nie gelebt und sei von der Kirche erfunden worden. Der Italiener klagte gegen einen katholischen Priester wegen „Missbrauchs der öffentlichen Leichtgläubigkeit". Die Klage wurde abgewiesen, und das Gericht in Viterbo, nördlich von Rom, soll nun nach Anweisung des zuständigen Richters prüfen, ob der Atheist wegen Verleumdung strafrechtlich verfolgt werden kann.

Was gibt deinem Leben Sinn?

Was bewegt einen Menschen dazu, selbst einen Prozess anzustrengen, um öffentlich erklären zu lassen, Jesus Christus, der Sohn Gottes, sei eine bloße Erfindung? Jemand hat einmal das Beispiel von einer Jacke gebraucht, um zu demonstrieren, wie wichtig die richtige Zielorientierung ist. Wenn man beim Zuknöpfen mit dem falschen Knopf beginnt, geht es so lange gut, bis man am Ende der Knopfleiste angelangt ist. Dann erfährt man, dass man sich getäuscht hat. Wie bei dieser Jacke ist der Anfang entscheidend, in diesem Fall die Frage nach Sinn und Ziel deines Lebens. Die Sinnfrage ist gleichzeitig eine Beziehungsfrage, die von vielen Menschen mit Beruf, Karriere, Familie oder sorgenfreiem Leben beantwortet wird. Doch keiner dieser Erklärungsversuche gilt auch in 100 Jahren noch, weil unsere Gesellschaft einfach von Veränderungen geprägt und immer in Bewegung ist. Es gibt zwei Bedingungen, die erfüllt sein müssen, damit ein Maßstab tatsächlich auch nach Hunderten von Jahren noch Gültigkeit hat: Die Bezugsperson und die Aufgabe müssen unveränderlich ein. Diese Bedingungen erfüllt nur Gott. Nur dann, wenn sich dein Leben an den Zielen deines Schöpfers ausrichtet, wird es ein sinnvolles Leben sein.

> *„Schon vor Beginn der Welt, von allem Anfang an, hat Gott uns auserwählt. Wir sollten zu ihm gehören, befreit von aller Sünde und Schuld. Ja, seine eigenen Kinder sollten wir werden, durch seinen Sohn Jesus Christus. Das hat Gott schon damals aus Liebe zu uns beschlossen"* (Epheser 1,4–5).

Der begnadete Chefdesigner einer berühmten Modefirma bekannte in einem Interview, dass sein Selbstwertgefühl fast ausschließlich auf seiner beruflichen Tätigkeit beruhe. Wird seine Arbeit nicht gelobt, plagen ihn Fragen über Sinn und Zukunft. Sein exzessiver Lebensstil, der ihn bereits mehrfach in Entzugskliniken führte, lässt auf eine tiefe, unbefriedigte Sehnsucht schließen.

Jesus bietet uns sinnvolle, klare Orientierung und ein Leben in Fülle. Ein Leben, das nicht von Anerkennung durch andere und Leistung abhängig, aber auch nicht mit materieller Segnung gleichzusetzen ist.

Die Gebrauchsanweisung fürs Leben

Das hat selbstverständlich Konsequenzen für dein Leben und deine Entscheidungen. Da, wo du nach Gottes Willen fragst, wird er dir antworten. Seine grundlegenden Gedanken erfährst du durch das Lesen der Bibel. Beten hilft, die Beziehung zu Gott zu pflegen und seinen Willen herauszufinden. In einem Psalm fasst König David die Freude über die Vergebung der Schuld und die Gewissheit, dass Gott sein Leben in seiner Hand hält, folgendermaßen in Worte: „Der Herr hat mir geantwortet: ‚Ich sage dir, was du tun sollst, und zeige dir den richtigen Weg. Ich lasse dich nicht aus den Augen'" (Psalm 32,8; GN).

Der Hersteller von Spülmaschinen hat diesen eine Gebrauchsanweisung beigelegt. Wenn du sie richtig beachtest, wirst du viel Freude an dem Gerät haben. Aber egal, wie du dich auch drehst und wendest: Du kannst darin keinen Kuchen backen, keine Wäsche waschen und ebenso wenig Kaffee kochen. Der Schöpfer dieser Maschine sagt dir, wie sie zu benutzen ist, damit dein Geschirr herrlich sauber wird. Dieses Beispiel kann man im übertragenen Sinn auch auf uns anwenden.

Gott als Schöpfer hat uns Menschen nach seinem Bilde und zu seiner Ehre geschaffen. Mit dem richtigen Lebensziel werden wir wahre, dauerhafte Erfüllung finden. Wir brauchen dann unser Leben nicht an Launen, Idolen oder dem Zeitgeist auszurichten.

Ständig wird in Funk, Fernsehen und Zeitungen darüber berichtet, welche Anstrengungen Menschen unternehmen, um reich, berühmt oder besonders originell zu werden. Viele suchen den Sinn ihres Lebens in Dingen, die man kaufen oder erleben kann. Sie bleiben trotzdem unbefriedigt und sind verunsichert. Aber das Vertrauen in Gott gibt Selbstvertrauen und wahre, innere Freiheit. Der himmlische Vater liebt dich. Du erhältst Lebensfreude und durch deinen Dank an deinen Schöpfer vermehrt sich diese Freude. Durch den Heiligen Geist schenkt er dir und mir Unterscheidungsvermögen und die Kraft, schwierige Lebensumstände zu bewältigen.

Der Mensch ist das einzige Lebewesen, das sprechen kann und sich seiner Existenz bewusst ist. Gott, der Schöpfer von uns Menschen, hat mit dem Ausspruch: „Ich aber bringe allen, die zu mir gehören, das Leben – und dies im Überfluss" (Johannes 10,10), seinen Wunsch für dein und mein Leben beschrieben. Er möchte, dass unser Leben ein Maximum an Lebensqualität hat! Dieser Satz zeigt, wie unendlich groß seine Liebe zu uns Menschen ist. Sie gibt unserem Leben eine Perspektive mit Ewigkeitswert.

Die Gewissheit, dass wir vor Gott wertvoll sind, bestimmt alle anderen Werte in unserem Dasein. Materieller Besitz ist nicht mit persönlicher Fähigkeit vergleichbar. Für manchen von uns ist freie Zeit, erlebte Zuneigung oder Familie Reichtum. Der Selbstwert definiert sich bei jedem von uns anders und deshalb darf sich jeder auf seine Art und Weise als Millionär fühlen. Deine eigene Stärke ist in deinem Verhältnis zu Gott begründet. Er möchte auch DEIN Gott sein! Nimm dir Zeit, um über dein Lebensziel nachzudenken.

„Was bringt's mir?" – Bring dich ein!

Vor einigen Jahren besuchte ich die Deutschen Leichtathletik-Meisterschaften in München. Es war ein herrlicher, heißer Sommertag, und voller Bewunderung schaute ich den Sportlern bei ihren verschiedenen kräftezehrenden Disziplinen zu, während ich bereits beim Nichtstun ins Schwitzen geriet. Kurz vor Ende eines Langstreckenlaufes brach plötzlich ein junger Mann schreiend auf der roten Tartanbahn zusammen. Selbstverständlich informierte man sofort die in der Nähe bereitstehende Rettungsmannschaft und schon kurz darauf kümmerte diese sich um den Verletzten. Bald traf der Notarzt ein und veranlasste den Transport des jungen Sportlers in ein Krankenhaus. Glücklicherweise konnte der Läufer bereits am Abend wieder entlassen werden. Er hatte während des gesamten Tages viel zu wenig Flüssigkeit zu sich genommen. Durch die starke körperliche Belastung und die erdrückende Hitze dieses Sommertages war sein Körper dehydriert.

Über die Selbstverständlichkeit, mit der man nach dem Rettungsdienst rief, habe ich mir damals keine großen Gedanken gemacht. Auch über die Tatsache, dass es sich dabei um freiwillige Mitarbeiter handelte, war ich mir in diesem Augenblick gar nicht bewusst. Bestimmt ist es den meisten Zuschauern ähnlich ergangen. An diesem Beispiel wird vielleicht deutlich, wie oft man etwas für selbstverständlich hinnimmt, obwohl eine solche Veranstaltung ohne die Bereitschaft vieler Freiwilliger kaum durchzuführen und zu finanzieren wäre.

> *„Frage nicht, was dein Land für dich tun kann, sondern was du für dein Land tun kannst!"* John F. Kennedy

Ehrenamtliche Mitarbeit

Viele Bereiche unserer Gesellschaft sind auf ehrenamtliche Mitarbeit angewiesen. Vereine, kirchliche Gemeinschaften und viele soziale Organisationen könnten ohne den freiwilligen, persönlichen Einsatz vieler Menschen ihre Aufgaben und Ziele nicht verwirklichen. Ohne unbezahlten Einsatz oder Ehrenamt wäre z. B. keine Freiwillige Feuerwehr denkbar. Hast du als Kind am Tennistraining teilgenommen, den Kindergottesdienst besucht oder die angebotene Hausaufgabenhilfe vom Freiwilligenzentrum in Anspruch genommen? Viele Mitbürger möchten anderen Gutes tun und engagieren sich in den unterschiedlichsten Organisationen. Vielleicht hast du dich ja schon mal gefragt, was diese Mitarbeiter motivierte, ihre unentgeltlichen Tätigkeiten zum Wohle der Allgemeinheit auszuüben.

Insbesondere Menschen, die die persönliche Liebe und Rechtfertigung durch Jesus Christus erfahren haben, verspüren meist den im Neuen Testament ausgesprochenen Auftrag, „gute Frucht" hervorzubringen. Sie nehmen die Verantwortung wahr, die ihr verändertes Lebensziel mit sich bringt. Sie wollen nicht nur ein „Licht" sein in der Situation, in der sie sich befinden (Schule, Uni, Firma, Nachbarschaft, Kirche etc.), nein, auch im verantwortlichen Dienst am Nächsten.

Warum solltest du dich ehrenamtlich engagieren?

Klar, dass du während eines Examens oder einer Prüfung die Frage „Soll ich mich engagieren?" nicht beantworten kannst, da du in diesem Augenblick einfach keine Zeit für etwas anderes hast. In der Regel hat man aber für die Dinge Zeit, die einem persönlich wichtig sind.

Entdecke deine Fähigkeiten und Gaben

Wenn du anfängst, dir darüber Gedanken zu machen, was du tun könntest, meinst du vielleicht, dass du keine besonderen Fähigkeiten besitzt. Aber wenn du an deine Freunde denkst, staunst du nur so: Eine Freundin ist ungeheuer kreativ; ein Freund kann traumhaft gut singen; eine Freundin hütet voller Geduld die nervigen Nachbarskinder ...

Ich bin mir sicher, dass du einfach zu gering von dir denkst! Gott hat in jeden Menschen Gaben und Fähigkeiten hineingelegt. Manchmal bedarf es nur der Ermutigung durch Bekannte, Freunde oder Gemeindeglieder, dass man sich entschließt, seine Talente einzusetzen.

Gott möchte, dass wir uns von ihm gebrauchen lassen. Wichtig ist deine innere Einstellung und nicht deine Perfektion oder dass du etwas Besonderes kannst. Die Gaben sind Geschenke von Gott. Sie sollen anderen Menschen dienen und sind nicht zum Selbstzweck bestimmt.

Christen macht der in ihnen wohnende Heilige Geist bereit, eine Aufgabe oder ein Ehrenamt anzunehmen. Dabei geht es nicht um das Ansehen dieses Amtes, sondern darum, seine Fähigkeiten einzusetzen. Gerade christliche Gemeinschaften und Kirchen bieten für jeden ein umfangreiches Betätigungsfeld.

Es kann durchaus auch sein, dass man erst durch das Übernehmen einer Aufgabe von Gott zu diesem Dienst befähigt wird, also erst im Ausüben des Amtes seine Gabe erhält. Gott gibt Menschen, die er für eine Aufgabe gebraucht, die Gaben, die sie dafür benötigen. Besonders deutlich wird dies in der Lebensgeschichte von König David, der weder studierte noch eine besondere Ausbildung genoss. Er lebte als jüngster Sohn in einer ganz normalen jüdischen Familie und verbrachte seinen Tag mit dem Hüten von Schafen.

Doch nicht einen seiner hochgewachsenen Brüder erwählte Gott zum König, sondern David, dessen innere Haltung ihm gefiel (nachzulesen in 1. Samuel 16).

Was kannst du durch dein Engagement lernen?

Eigenschaften, die du durch dein Engagement erwirbst

Der Dienst am Nächsten und das Bewusstsein um die von Gott geschenkten Gaben verleiht dir eine gesunde Selbstsicherheit. Dein Engagement bereichert nicht nur das Leben anderer, sondern auch dein eigenes. Teamfähigkeit, Kreativität, analytisches Denken, Motivation, Durchsetzungsvermögen, Kommunikationsfähigkeit und Organisation sind nur ein paar der Fähigkeiten, die man im Ehrenamt erlernen kann. Ob und welche man bekommt, hängt von der eigenen Persönlichkeit und von der Art der Tätigkeit ab. Natürlich ist es wie in allen Bereichen des Lebens möglich, dass man an einer Aufgabe scheitert. Das sollte dich aber nicht entmutigen, dich möglicherweise an anderer Stelle einzubringen.

Eine ehrenamtliche Tätigkeit gestaltet sich jedoch nicht nach dem „Lust-Prinzip": heute ja, morgen nein. Sie ist regelmäßig, verbindlich und mit Einsatzfreude verbunden. Das Engagement verlangt Verlässlichkeit, Respekt, Höflichkeit und das Verlassen des eigenen Wohlfühlbereichs.

Zum letzten Punkt erzählt Jesus eine interessante Geschichte. Zwei Männer, von denen man aufgrund ihres Berufs erwartet hätte, dass sie einem anderen in Not geratenen Mann zur Seite stehen, stolzieren achtlos an diesem vorüber. Sie wechseln sogar noch die Straßenseite, um ja nicht in ihrem täglichen Trott mit einer lästigen und zeitraubenden Angelegenheit konfrontiert zu werden. Erst ein dritter Mann – heute würde man wohl sagen, dass er ein Ausländer war, dessen Volk ein angespanntes Verhältnis zu dem des Verletzten hat – sorgt sich um den Überfallenen. Der Helfer, der im Lukasevangelium als barmherziger Samariter bezeichnet wird, verlässt seinen eigenen Wohlfühlbereich und hilft diesem zusammengeschlagenen und ausgeraubten Mann. Der Samariter hinterlegt sogar noch Geld für die weitere Pflege in der Pension, wo er den Verletzten untergebracht hat. Erst dann setzt er seine Reise fort.

Die persönlichen „Vorteile" des ehrenamtlichen Engagements

Dem Nächsten zu dienen bringt nicht nur Arbeit oder manchmal Frustration, sondern auch persönlichen Gewinn und Befriedigung. Junge Menschen, die sich in irgendeiner Weise engagieren, blicken über ihren eigenen Tellerrand hinaus. Sie erkennen neue Perspektiven und entdecken Talente und Stärken bei sich selbst. Die meisten Organisationen, christlichen Gemeinden und Kirchen wünschen sich junge Mitarbeiter. Sie fördern sie, begleiten sie und bieten ihnen Möglichkeiten zur Fortbildung (z. B. Seminare), wodurch wiederum die Motivation gestärkt wird.

Der eigentliche Beweggrund für dein Engagement sollte jedoch nicht der sein, dass du dein Ego aufpolierst, in den Augen anderer etwas darstellst oder einen anderen Nutzen davon hast, sondern du solltest letztendlich dem Nächsten, der Gesellschaft, dem Verband oder der christlichen Gemeinde dienen.

Die Bedeutung des ehrenamtlichen Engagements für deinen (ersten) Job

Der Direktor eines Arbeitsamtes erklärte vor einigen Jahren, dass nach seiner Erfahrung gerade junge Menschen mit gesellschaftlichem Engagement ein gesünderes Bild von ihren persönlichen Grenzen und Fähigkeiten hätten als Menschen ohne Verpflichtung. Dies habe auch eine positive Auswirkung auf deren Berufszielfindung und somit für ihr Berufsleben.

Selbstverständlich sehen auch Personalchefs Bewerbungsunterlagen nach diesbezüglichen Hinweisen für ihre Entscheidung über eine Einstellung durch. Ein Ehrenamt kann daher durchaus Fähigkeiten vermitteln, die ein Personalchef u. a. als Kriterium für die Einstellung voraussetzt.

Jetzt wird's praktisch: Wo kannst du einsteigen?

Welche Aufgabe könntest du also übernehmen? Möglicherweise brauchst du dir diese Frage ja gar nicht mehr zu stellen, weil du dich bereits irgendwo engagierst. Dann kann ich dir nur gratulieren! Falls du mit irdischen Gütern gesegnet bist, könnte dein Engagement in materieller Unterstützung bestehen. Vielleicht ist dein Weg aber der Alltägliche und besteht in kleinen „Taten der Liebe", wie etwa Nachbarschaftshilfe.

Vielleicht bist du aber auch ein guter Organisator, hilfst gerne praktisch, kannst problemlos frei reden oder bist technisch begabt – was immer es ist, finde es selbst heraus, indem du um Weisung betest. Es ist auch gut, wenn du dich mit einem Freund oder einer Vertrauten darüber unterhältst. Möglicherweise geht dir schon länger etwas nicht mehr aus dem Kopf. Manchmal musst du einfach ausprobieren, was dir am besten liegt und Freude macht.

Und es gibt unzählige Orte, an denen du dich engagieren kannst. Ich möchte hier nur einige aufzählen. Die Liste kannst du selbst ergänzen:

- ✗ Verein: Übungsleiter, Platzwart, Gerätewart
- ✗ Kirche und christliche Gemeinschaften: Sonntagsschule/Kindergottesdienst, Jugendstunde, Deko-Team, Chor, Musikgruppe, Evangelistischer Arbeitskreis, Gebetsgruppe, Predigtdienst
- ✗ Freiwilliges soziales Jahr
- ✗ Studentenvertretung an Uni/FH
- ✗ Partei, Gemeinde-/Stadtparlament
- ✗ Freiwillige Feuerwehr
- ✗ Organisationen wie Deutsches Rotes Kreuz, THW, Malteser Hilfsdienst
- ✗ Freiwilligenzentrum: Seniorenbetreuung (Spiele, Einkäufe, Gespräche), Hausaufgabenhilfe, Kinderbetreuung, Babysitterdienste

Setz dir einen Schwerpunkt, mit welcher Fähigkeit du dich einbringen möchtest. Lade dir aber nicht zu viel auf. **Mach lieber eine Sache richtig als viele mit halbem Herzen.** Es ist ein bekanntes Phänomen, dass an Menschen, die sich engagieren, meist noch weitere Aufgaben herangetragen werden. Bevor du voreilig ja sagst, solltest du erst einmal darüber nachdenken. Manchmal ist es Stolz, der einen verleitet, zu viel zu machen. Denn wo du nein sagst, kann jemand anderer ja sagen.

„Mit Gott auf unserer Seite vollbringen wir Großes.“ Psalm 60,14 (GNB)

Mund zu, Ohren auf: Die Stille Zeit

Als Jugendliche habe ich immer Menschen bewundert, die schon am frühen Morgen Zeit fanden, in der Bibel zu lesen und darüber nachzudenken. Oft waren es junge Menschen, die sich vor Beginn der Schule, vor Beginn ihrer Arbeit oder noch vor dem Tagesablauf an der Uni Zeit nahmen, um Gemeinschaft mit Gott zu haben. In christlichen Kreisen versteht man unter der Bezeichnung „Stille Zeit“ selbstgewählte Momente, in denen man in Ruhe und Stille Zwiesprache mit Gott hält.

Den Glauben eigenverantwortlich leben

Jetzt, wo du alleine lebst und nicht mehr „ganz automatisch“ sonntags mit deiner Familie in den Gottesdienst gehst oder vor dem Essen betest, bist du vielleicht versucht, am Sonntag auszuschlafen (denn du hast ja schließlich die Woche über hart gearbeitet!), abends mal mit den Kollegen ein Bier zu trinken oder länger in der Bibliothek zu arbeiten, weil du noch für einen Schein lernen musst. Oder du machst dir darüber Gedanken, ob es nicht reicht, wenn du einmal in der Woche die Jugendstunde oder den Gottesdienst besuchst. Gemeindestunden ersetzen aber nicht deinen direkten Kontakt zu Gott. Es kommt auf deine persönliche Beziehung zu ihm an, inwieweit dir die gemeindlichen oder kirchlichen Angebote ausreichen. Außerdem wendest du doch einen ganz bestimmten zeitlichen Rahmen für andere Dinge auf, die dir wichtig sind, ob es nun Hobbys sind, berufliche Weiterbildung oder einfach Nichtstun.

Du hast bestimmt schon gemerkt, dass die Freundschaft mit deinen Freunden gepflegt werden muss. Sonst werden deine zwischenmenschlichen Beziehungen einschlafen. Deine Beziehung zu Gott muss ebenso gepflegt werden. Du kannst ihn näher kennenlernen, wenn du einen lebendigen Kontakt zu ihm hältst. In der Bibel offenbart uns Gott seine Gedanken, seine Liebe und seine Treue zu uns. Er zeigt uns, wie wichtig wir ihm sind und wer er ist. Vom Schöpfungsbeginn bis zu seinen Plänen über die nahe Zukunft hinaus lässt er uns nicht im Unklaren.

König David, der lange vor Christi Geburt regierte, bittet Gott in einem Psalm: „Lass mich am Morgen hören deine Gnade, denn ich vertraue auf dich! Tu mir kund den Weg, den ich gehen soll, denn zu dir erhebe ich meine Seele!“ (Psalm 143,8). Auch von weiteren Personen aus der Bibel wird uns mitgeteilt, dass sie am Morgen Gott anbeten. Im Alten Testament wird uns von Elkana und seiner Ehefrau Hanna berichtet: „Am nächsten Morgen standen Elkana und seine Familie früh auf. Sie beteten noch einmal im Heiligtum“ (1. Samuel 1,19). Auch Hiob betete in der Frühe für seine Kinder (vgl. Hiob 1,5).

Jahrelang bestand meine Stille Zeit aus „stillem Zeitung lesen". Es fiel mir damals wie heute schwer, mich frühmorgens mit Bibellesen zu beschäftigen. Der Begriff „Stille Zeit" wurde mir in jungen Jahren als etwas Verpflichtendes vermittelt. Es weckte manchmal Schuldgefühle in mir, wenn ich hörte, wie sich manche Bekannte regelmäßig in den frühen Morgenstunden Zeit für Gott nahmen. Heute weiß ich, dass Schuldgefühle fehl am Platz sind. Nach meinem morgendlichen Gebet stimme ich mich nach wie vor bei einer Tasse Kaffee und der Tageszeitung auf den Tag ein. Und warum nicht im Gespräch mit Gott die Zeitung lesen? Wer sagt denn, dass das Zwiegespräch mit Gott sich nur auf einen bestimmten Zeitraum beschränken muss oder auf eine bestimmte Aktivität. Etwas Wesentliches habe ich im Laufe der Zeit verstanden: Die Zeit, die ich für meine Kommunikation mit Gott aufwende, hat nichts mit Pflichterfüllung zu tun. Jesus hat mich durch seinen Tod am Kreuz von all meiner Schuld befreit. Eine Freiheit, die einlädt, die persönliche Verbindung zu ihm zu vertiefen.

Im Gespräch mit Gott

Das lässt sich am besten an einem Beispiel zeigen. Als Eltern sind mein Mann und ich sehr daran interessiert, eine tiefe und liebevolle Beziehung zu unseren Kindern zu haben. Ähnlich verhält es sich bei Gott. Er möchte mit uns, seinen Geschöpfen, in eine tiefgehende Beziehung treten. Wie aber spricht er zu uns?

Zum einen tut er das durch sein Wort, die Bibel, und zum anderen z. B. durch das Gebet oder durch eine Predigt. Um zu hören, was er mir zu sagen hat, muss ich mir die Zeit dafür nehmen. Das muss nicht die Morgenstunde sein, wenngleich uns Jesus da als ein Beispiel vorangeht. Manche von uns sind eher Abendmenschen, und daher fällt es ihnen dann leichter, auf Gott zu hören.

Die regelmäßige Stille Zeit wird sich positiv auf dein Glaubensleben auswirken. Deine Beziehung zu Gott wird enger werden und du darfst daraus Kraft für den Tag schöpfen. Du erfährst jedoch nicht nur Ermutigung, sondern kannst auch einmal innehalten. Du kannst zur Ruhe kommen und diese Zeit als Zeit der Erfrischung erleben. Ob der Zeitpunkt nun morgens, mittags oder am Abend ist, hängt von deinem persönlichen Tagesablauf ab. Sinnvoll ist es, eine bestimmte Zeit – vielleicht 15 bis 30 Minuten – fest dafür einzuplanen und möglichst einzuhalten. Termine der verschiedensten Art werden an diesem Vorsatz rütteln, und es ist oft schwierig, sich die Zeit zu gönnen: „Erst muss ich noch lernen oder essen oder die neueste DVD ansehen oder ..." Mit diesen Hindernissen haben Menschen aller Altersgruppen zu kämpfen.

So könnte deine Zeit der Stille aussehen

Wie kann deine Stille Zeit aussehen? Es gibt kein festes Schema dafür. Du kannst sie selbst bestimmen. Hier findest du ein paar Beispiele:

- Du kannst die Augen schließen und dich in die Stille hineinnehmen lassen.

✗ Denke über deine Beziehung zu Gott nach.
✗ Sprich ein Gebet und lies einen Abschnitt aus der Bibel, um anschließend über die Aussage des Textes nachzudenken. Für junge Leute gibt es gute Bibelübersetzungen, die an die heutige Sprache angepasst sind. Dazu gehören zum Beispiel die „Gute Nachricht Bibel" oder „Hoffnung für alle".
✗ Du kannst ein Anbetungslied singen. Lieder helfen, den Alltag hinter sich zu lassen und zur Stille zu finden.
✗ Ein Bibelleseplan ist eine gute Möglichkeit, um durch das Alte und Neue Testament geführt zu werden. Die Erklärungen sind verständlich geschrieben. Andachtsbücher eignen sich ebenso.
✗ Deine Stille Zeit kann auch nur aus Gebet bestehen. Wenn du möchtest, führe ein Gebetstagebuch. Die Gebete können unterschiedlicher Art sein: Fürbitte für Andere, Dankgebete, Anbetung.

Prüfe, was für dich wichtig und gut ist. Vielleicht möchtest du selbst herausfinden, was Gott dir in seinem Wort sagen möchte. Du könntest folgendermaßen vorgehen:

✗ Bete um Verständnis für den Bibeltext, den du lesen möchtest.
Gott möchte dir durch seinen Heiligen Geist Einblick in seine Gedanken geben.
✗ Lies einen Bibeltext. Denke über das Gelesene nach: Was möchte der Text dir sagen und wie ist er zu verstehen?
✗ Sprich einen Dank an Gott aus. Alles, was dir wichtig erscheint, sage ihm im Gebet.

Stille Zeit kann man während eines Spazierganges machen oder während einer langen Bahnfahrt. Wie du siehst, ist sie nicht an Ort und Zeit gebunden. Wichtig ist die Kontinuität.

Bibellesehilfen, Andachtsbücher und sonstige geistliche Literatur findest du in Christlichen Bücherstuben, beim Bibellesebund und in vielen Buchhandlungen. Egal, für welchen Weg oder welche Methode du dich entscheidest: Gott hat versprochen, dir durch den Heiligen Geist seine Gedanken kundzutun: „Im Übrigen wird dir der Herr in allen Dingen die richtige Einsicht geben" (2. Timotheus 2,7).

Tipp

Buch-Tipps

„Leben als Christ“: Tägliche Online-Andachten, nachzulesen bei www.cv-dillenburg.de

„Leben ist mehr. Impulse für jeden Tag“, Dillenburg: Christliche Verlagsgesellschaft

Markus Wäsch: „Sprech-Stunde bei Gott“, Dillenburg: Christliche Verlagsgesellschaft

Ken Davis: „Neuer Saft für müde Birnen“, Asslar: Gerth Medien Verlag

Bill Hybels: „Aufbruch zur Stille“, Asslar: Gerth Medien Verlag

Adrian Plass: „Stürmische Zeiten“, Moers: Brendow Verlag

Mehr als ein Sonntagsflirt – Finde eine neue Gemeinde

Du hast vielleicht schon deine eigenen Vorstellungen, wie die Gemeinde oder Kirche an deinem neuen Wohnort sein sollte. Oder du hast völlig andere Erwartungen an die Gemeinden, weil du es bisher nicht gewohnt warst, regelmäßig den Gottesdienst zu besuchen. Vielleicht gibt es nur eine Gemeinde bzw. Kirche in deiner Gegend, oder du hast die Qual der Wahl, weil es viele unterschiedliche Gruppierungen gibt.

Wie ein Bekannter von mir die Suche nach der „richtigen" Gemeinde erlebte, zeigt seine Geschichte. Dennis zog aus beruflichen Gründen in eine deutsche Großstadt, um dort seine Ausbildung zu beginnen. Schnell gewöhnte er sich ein, und weil er schon als Jugendlicher zum Glauben an Jesus Christus gefunden hatte, tauchte der Wunsch auf, sich am neuen Wohnort einer christlichen Gemeinde anzuschließen. Er machte sich auf die Suche.

An seinem neuen Wohnsitz gab es vielfältige Angebote von Kirchen und Gemeinden. Nach kurzer Zeit hatte er herausgefunden, welche Gemeinden etwa der Gemeinschaft aus seinem Heimatort ähnelten, der er bisher angehörte und nach denen er suchte. Ein paar Gemeinden kamen deshalb in die engere Wahl.

Dennis besuchte die verschiedenen Gottesdienste, erkundigte sich nach Angeboten für junge Leute, Hauskreisen und sonstigen Gruppen. Bald kam er zu dem Schluss, dass die perfekte Gemeinde für ihn nicht dabei war, und beschloss, an den Wochenenden nach Hause zu seiner Familie zu fahren und mit ihr den dortigen Gottesdienst zu besuchen.

Die Gründe für seine ablehnende Haltung, sich einer Gemeinde an seinem neuen Lebensmittelpunkt anzuschließen, waren unterschiedlich. In der einen Gemeinde vermisste er junge Leute – es gab dort einfach zu wenige. Die Räumlichkeiten einer anderen Gemeinschaft waren ihm zu düster. Er fand, das ältere Gebäude in einem Hinterhof sei nicht einladend genug. Wo immer er hinging, es war nach seiner Meinung einfach nicht das Ideale dabei. Mal war der Anfahrtsweg zu lang, mal bemängelte er die ungünstigen Zeiten, zu denen Jugendstunde oder Gottesdienst stattfanden. Kompromisse machen? Fehlanzeige!

Inzwischen sind viele Jahre vergangen und Dennis wohnt immer noch in der gleichen Stadt. Seine Kontakte zur ehemaligen Heimatgemeinde sind ziemlich geschrumpft und bis heute hat er sich keiner Kirchengemeinde oder christlichen Gemeinschaft an seinem Wohnort angeschlossen. Die Kontakte zu anderen Christen sind nahezu eingeschlafen. Das Thema „Gemeinde finden“ hat für ihn keine Priorität mehr. Irgendwie ist der Wunsch nach einer geistlichen Heimat bei ihm inzwischen abhanden gekommen.

Um es vorwegzunehmen: Die perfekte Gemeinde gibt es nicht! Eine liebe Freundin hat es einmal folgendermaßen formuliert: „Selbst wenn es die perfekte Gemeinde oder Kirche gäbe, wäre sie es spätestens dann nicht mehr, wenn ich mich ihr anschlösse.“

„Selbst wenn es die perfekte Gemeinde oder Kirche gäbe, wäre sie es spätestens dann nicht mehr, wenn ich mich ihr anschlösse.“

Was hat Gott sich dabei gedacht, dass wir das Modell „Gemeinde“ leben sollen? Die Gemeinschaft von Gläubigen, wie sie in Gemeinden und Kirchen gelebt wird, ist keine Erfindung von Menschen. Jesus selbst hat die Gemeinde erschaffen und liebt sie tief und innig. Da, wo Christen sich in seinem Namen zusammenfinden, hat er versprochen, unter ihnen zu sein (vgl. Matthäus 18,20).

Die Gemeinde ist im Gegensatz zu Vereinen oder sonstigen Institutionen der einzige Ort, an dem ohne Rücksicht auf Rasse, wirtschaftliche Verhältnisse, Geschlecht, Bildung, Nationalität oder sonstige Eigenschaften Christen ein neues Team bilden. Jesus möchte, dass wir unser Christsein nicht allein leben, sondern in einer Gemeinschaft mit anderen Gläubigen. Die Taufe, das Abendmahl, der Lobpreis – das sind nur einige Bereiche, die nach Gottes Plan für Christen wichtig sind.

Gemeinsam Gott feiern

„Gemeinde ist die einzige Einrichtung, die nicht für sich selber existiert.“ Dieser Ausspruch stammt von Dietrich Bonhoeffer und unterstreicht die Einmaligkeit der Gemeinde. Weil sie aus Menschen besteht, *kann* sie nicht vollkommen sein. Bei Gemeinde geht es nicht darum, die Gottesdienstbesucher zu unterhalten, sondern ein Ort zu sein, an dem Gott gefeiert und angebetet wird. Wo Gott der Mittelpunkt ist, wird seine Liebe das Handeln der Gemeindeglieder bestimmen. Die Gemeinde steht unter dem Segen Gottes, und er möchte Menschen dazu bewegen, füreinander da zu sein, die biblische Botschaft zu verkündigen, sich für Menschen einzusetzen, die am Rande der Gesellschaft stehen, gemeinsam zu beten und Gott zu loben.

Hinterfrage deine Erwartungen an die neue Gemeinde

Was erwartest du von deiner neuen Gemeinde?

Möchtest du nur Gast sein, vielleicht als sogenannter „Gemeindehopper“ – jemand, der die Unverbindlichkeit sucht? Oder möchtest du dich fest anschließen?

Was erwartest du von einer Gemeinde? Auf welche Angebote legst du Wert (gute Predigten, Musik, missionarischer Dienst, Hauskreise etc.)? Möchtest du, dass die Gemeinde dir etwas bringt oder dass die Zusammenkünfte Gott dienen?

Was ist die Glaubensgrundlage der Gemeinde bzw. Kirche? Ist die Bibel in allen Glaubensfragen ihr Maßstab?

Bist du bereit, dich dort mit deinen Gaben und Stärken zu engagieren?

Welche Gemeinden gibt es an deinem neuen Wohnort?

So findest du eine neue Gemeinde

Im Telefonbuch und der örtlichen Tageszeitung findest du die Adressen und Telefonnummern einiger Gemeinden und Kirchen. Leider sind diese Verzeichnisse in der Regel unvollständig. Es ist daher sinnvoll, sich weitere Informationen einzuholen.

Adressen gibt es im Internet:

- ✗ www.gemeindeatlas.de (auf der Website von glaube24.de)
- ✗ www.christ-online.de (unter „Gruppen & Gemeinden"; Portal für aktuelle Infos, Gemeindedatenbank, Jugendtage, Konferenzen, Freizeiten etc.)
- ✗ www.meinestadt.de (Lokaler Suchdienst für dt. Städte. Neuen Wohnort eingeben, unter der Rubrik „Kirche und Weltanschauung" werden einige, aber nicht alle Kirchen und freikirchlichen Gemeinden genannt)
- ✗ www.smd.org (SMD Studentenmission in Deutschland, Universitätsstr. 30, D-35037 Marburg. Die SMD ist ein deutschlandweites evangelikales Netzwerk für Christen in Schule, Hochschule und Beruf)

Wie kannst du ganz praktisch vorgehen?

Vielleicht kennst du an deinem neuen Wohnsitz schon jemanden? Sprich mit Kommilitonen und Kollegen und frage sie um Rat. Am Schwarzen Brett der Universität gibt es möglicherweise ebenfalls Hinweise auf Treffpunkte von Christen. Du kannst aber auch entsprechende Anfragen in christlichen Foren wie www.jesus.de posten, wo Menschen aus dem gesamten deutschsprachigen Raum zusammenkommen.

Richtig interessant wird es für dich, wenn du erst einmal die Gottesdienste besuchst. Dein eigener Eindruck von einer Gemeinde ersetzt nicht die

Empfehlung eines Freundes. Geh ruhig mehrmals hin und informiere dich über ihre Schwerpunkte.

Viele, jedoch längst nicht alle Gemeinden und Kirchen sind mit einer eigenen Website im Internet vertreten. Du kannst nachlesen, ob die Basis, an der sich eine Gemeinde ausrichtet, Jesus Christus ist. Das muss der wichtigste Gesichtspunkt einer biblisch orientierten Gemeinschaft sein. Schaukästen und Gemeindebriefe geben ebenfalls Hinweise auf die Angebote und die Ansprechpartner. Im Gespräch mit Menschen aus der Gemeinde erfährst du, ob die Lehre, Überzeugungen und Richtung in wichtigen Punkten mit deiner Auffassung übereinstimmen. Jede Gemeinde setzt ihre eigenen Schwerpunkte.

Die Atmosphäre einer Gemeinde und die Offenheit, mit der sie Menschen begegnet und zu einer Begegnung mit Gott einlädt, wird für dich ebenfalls von großer Bedeutung sein. Arbeitet die Gemeinde bei manchen Aktivitäten auch mit Christen anderer Denominationen und Richtungen zusammen?

Diese Überlegungen werden dir helfen, deine Eindrücke auszuwerten. Dabei treten Fragen wie in welchem Gebäude der Gottesdienst stattfindet oder ob die Anzahl der jungen Leute stimmt, vielleicht in den Hintergrund. Weil es keine perfekte Gemeinde gibt, wirst du Kompromisse eingehen *müssen*. Äußerlichkeiten sind nicht wichtig und du selbst kannst Dinge verändern! Dazu gehört aber deine Bereitschaft, dich aktiv am Gemeindeleben zu beteiligen.

In seinem Buch „Mehr als ein Sonntagsflirt" weist Joshua Harris eindringlich darauf hin, wie wichtig es ist, dass man die Gemeindesuche mit der richtigen inneren Einstellung beginnt. Zu den wichtigsten Kriterien für die Entscheidung gehören seiner Ansicht nach die folgenden drei Aspekte:

- ✗ Suche nach einer Gemeinde, die Gottes Wort lehrt.
- ✗ Suche nach einer Gemeinde, die Gottes Wort schätzt.
- ✗ Suche nach einer Gemeinde, die Gottes Wort lebt.

Bitte Gott im Gebet, dir bei deiner Entscheidung zu helfen, und suche das Gespräch mit der Gemeindeleitung. Dein Wunsch nach verbindlicher Zugehörigkeit wird schneller wahr, wenn du selbst aktiv wirst und nicht wartest, bis du angesprochen wirst. Regelmäßige Besuche der Gemeindestunden helfen dir, neue Kontakte zu vertiefen und eine wirkliche geistliche Heimat zu finden.

Tipp

Buch-Tipps

Joshua Harris: „Mehr als ein Sonntagsflirt – Gib der Gemeinde dein Ja-Wort", Asslar: Gerth Medien Verlag

Philip Yancey: „Auf der Suche nach der perfekten Gemeinde", Asslar: Gerth Medien Verlag

David Schäfer (Hrsg.): „Die jungen Wilden – Storys über Jugendkirchen, Emerging Churches und Gemeindegründer", Witten: R. Brockhaus Verlag

„Küss die Hand, gnädige Frau" – Darf es ein bisschen Knigge sein?

Kannst du dich noch an die Zeiten erinnern, als dein Vater sagte: „Sitz gerade!" oder: „Mund zu beim Kauen!"?

„Nein, nicht schon wieder!", denkst du. „Schließlich ziehe ich aus, um endlich mein Leben selbst zu meistern. Ich bin jetzt erwachsen!" Ja? Nun, dann hast du auch das Privileg, dich entsprechend verhalten zu dürfen.

In diesem Kapitel geht es nicht um irgendwelche Vorschriften, die dich irgendwie verbiegen sollen. Meine Anregungen sollen verdeutlichen, dass es selbst im 21. Jahrhundert wichtig ist, gewisse Grundregeln zu kennen und zu beachten.

Hier stelle ich nur einige Themen vor. Es gibt inzwischen eine Vielzahl an guten Büchern im Handel, die auf verschiedene Fragen in Familie und Beruf eingehen. Wer sich tiefgründig mit dem Thema „Benimm" auseinandersetzen möchte, dem rate ich zum Kauf eines entsprechenden Buches. Inzwischen werden sogar zunehmend Kurse zu diesem Thema (z. B. in Volkshochschulen) angeboten.

Regeln für das zwischenmenschliche Miteinander

Das Wort „Knigge" verbinden viele Menschen mit starren Umgangsformen. Im 18. Jahrhundert stellte Adolph Freiherr von Knigge der Öffentlichkeit sein Buch „Über den Umgang mit Menschen" vor. Es bezog sich auf das Leben und Verhalten in der damaligen Zeit. Nachfolgende Generationen haben immer wieder ihrer Zeit gemäß eigene Grundsätze für ihr Verhalten aufgestellt und die bereits bestehenden abgeändert. Gute Umgangsformen sind damals wie heute die Grundlage für ein harmonisches Zusammenleben. Die Art und Weise deines Benehmens öffnet nicht nur Türen, sondern auch die Herzen deiner Mitmenschen. Es wäre nicht das erste Mal, dass eine ausgeschriebene Arbeitsstelle an einen Mitbewerber geht, der die besseren Umgangsformen hat, denn nicht immer entscheiden Zeugnisnoten über die berufliche Zukunft. Freundlichkeit und sicheres Auftreten sind ein hervorragender Ausgangspunkt für die kollegiale Zusammenarbeit. Personalabteilungen legen großen Wert darauf, denn ein gutes Arbeitsklima fördert die Produktivität und den Umsatz eines Unternehmens. Interessant ist, dass auch für viele Beschäftigte nicht in erster Linie das Gehalt den Ausschlag gibt, sondern das gute Betriebsklima.

Freundlich sein kann man lernen, glaubt eine Studie herausgefunden zu haben. Wer etwa 22-mal pro Tag lächelt, dessen Gehirn prägt es sich ein. Fakt ist, dass man beim Lächeln weniger Muskeln bewegen muss als beim Grimmig-Dreinschauen! Schön ist auch, wenn die Freundlichkeit echt ist und von Herzen kommt.

Kannst du dich in verschiedenen Lebenssituationen souverän benehmen? Als junger Mensch ist dir vielleicht aufgrund deiner häuslichen Prägung manches nicht bekannt. An der Uni wird dir nur das berufliche Wissen vermittelt und kein Anti-Blamier-Kurs angeboten. Selbst hochrangige Politiker fordern inzwischen wieder Grundeigenschaften wie Anständigkeit und Verlässlichkeit.

Die weitgehend antiautoritäre 68er Generation mit ihrem Brechen von Regeln ist zum Glück wieder aus der Mode gekommen. Es hat sich eben gezeigt, dass diese Lebensform nicht dem Menschen dient.

Du kannst mit ein wenig gutem Willen dazulernen und die Tipps beherzigen. Es wird dich sicherer und sympathischer machen. Der erste Eindruck ist in vielen Lebenssituationen entscheidend für das weitere Geschehen. Trotzdem brauchst du dich nicht zu verbiegen. Sei so wie du bist – *freundlich, respektvoll und sicher.*

Bitte und Danke

Mein früherer Chef sagte etwas zu unserer Auszubildenden.

Sie verstand es nicht richtig. „Was?“, fragte sie nach.

Er lächelte und sagte: „Das heißt nicht ‚Was?‘, das heißt ‚Häää?‘!“

Hast du Sprachprobleme? Selbst im 21. Jahrhundert wirken *Bitte* und *Danke* noch Wunder! Diese beiden Worte sollten in deinem Wortschatz großen Raum einnehmen. Sie sind die Grundlagen der Höflichkeit. Benutze sie immer!

Grüßen und Vorstellen

Wer grüßt wie?

Ob du ein Geschäft betrittst, den Fahrstuhl oder das Wartezimmer: Grüße! Es ist die wichtigste Form der Höflichkeit. Faustregel: Wer dazukommt oder den anderen zuerst sieht, grüßt. Du willst bestimmt nicht als „Muffel“ bekannt werden. Einen freundlichen „Guten Tag“ zu wünschen gehört zum guten Ton und verbessert das Miteinander. Begegnet man sich täglich mehrmals, reicht ein Kopfnicken oder Lächeln.

Wenn du Gäste hast, solltest du diese erst hereinbitten, bevor du sie begrüßt. Du kannst die Hand reichen oder vertrauten Personen die Wange hinhalten. Geküsst wird in diesem Fall nicht, sondern nur angedeutet, sozusagen ein Luftkuss.

Bei offiziellen Anlässen oder im Geschäftsleben reicht der Ranghöhere dem Rangniederen die Hand. Wenn man sich näher kennt, kann die Begrüßung herzlicher und individueller ausfallen.

Wie begrüßt man sich?

- „Guten Morgen" (bis max. 10 Uhr)
- „Guten Tag" (bis 18 Uhr)
- „Guten Abend" (ab 18 Uhr)
- Die Begrüßung besteht aus verschiedenen Teilen: dem Gruß (siehe oben), dem Titel und der Anrede, dem Namen. Beispiel: Guten Tag, Herr Prof. Winkelmann! Oder: Guten Abend, Frau Müller!

Tipps

Sieh dein Gegenüber lächelnd an.
Dein Händedruck sollte fest und herzlich sein.
Achte auf ein dezentes Parfüm, damit dein Gegenüber nicht von deinem Duft erschlagen wird.

Die Anrede mit Funktionsbezeichnungen erfolgt nur bei Personen in besonderen kirchlichen, militärischen oder politischen Ämtern. Beispiel: Herr Kardinal, Frau Bundeskanzlerin etc.

Doppelnamen werden immer ganz ausgesprochen! Beispiel: Frau Deborré-Schech.

In welcher Reihenfolge begrüßt du?

- ✗ Weibliche Personen werden zuerst begrüßt.
- ✗ Ältere Personen grüße vor jüngeren.
- ✗ Ranghöhere vor Rangniederen.

Es gibt Situationen, in denen die höfliche Reihenfolge schwierig einzuhalten ist. In diesem Fall begrüße zuerst den näher stehenden Gast, dann die entfernter stehende Person. Du kannst dich auch mit der Frage: „Darf ich Sie der Einfachheit halber der Reihe nach begrüßen?“ aus einer kniffligen Lage retten. Sitzt du, wenn dir jemand vorgestellt wird, erhebe dich. Männer schließen dann generell ihr Jackett! Inzwischen stehen ebenfalls Frauen zur Begrüßung auf. Nur gebrechliche Personen bleiben sitzen. Und natürlich erhebst du dich, wenn du dich jemandem vorstellen möchtest oder für eine Person, die zur Begrüßung auf dich zukommt. **Halte Distanz** zu deinem Gesprächspartner. Faustregel: mindestens einen halben Meter. **Nur Eskimos berühren sich mit der Nase!**

Du stellst dich vor: „Mein Name ist Gustav Grünschnabel“ oder: „Ich heiße Hanna Hering.“ Eine **Antwort** kann sein: „Guten Tag, Herr Grünschnabel!“ oder: „Herzlich willkommen, Frau Hering!“ Nur bei offiziellen Anlässen oder in manchen geschäftlichen Bereichen ist es noch Sitte, sich mit „Darf ich vorstellen?“ oder „Darf ich mich vorstellen?“ bekannt zu machen.

Im geschäftlichen Bereich ist es sehr wichtig, **die Hand zu reichen**. Grundsätzlich solltest du bei gesellschaftlichen Anlässen den Gästen die Hand reichen. Wenn mehrere Personen aufeinandertreffen, werden die Hände nicht über Kreuz gereicht. Begrüße sie mit einem festen Handschlag, allerdings nicht so fest, dass dein Gegenüber vor dir in die Knie geht. Ein schlaffer Händedruck erinnert an einen Waschlappen im eigentlichen Sinne. Deshalb: Zeige mit deinem Händedruck Aufrichtigkeit und Selbstvertrauen! Nur unter guten Freunden darf man die Hand auf die Schulter seines Gesprächspartners legen. Im offiziellen Rahmen ist es nicht angemessen.

Pünktlichkeit ist Trumpf

Bei großen Gesellschaften ist Händeschütteln weniger angebracht. Hier entscheidet oft die Situation. Beispiel einer Ausnahme: Du kommst etwas später zu einer Einladung, bei der viele Gäste bereits am Tisch sitzen und mit dem Essen beschäftigt sind. Hier reicht ein „Guten Abend allerseits“ vollkommen aus.

Pünktlichkeit bei einer Einladung zum Essen ist ein Muss! Wer damit nachlässig umgeht, gilt meist als rücksichtslos. Partys kannst du ruhig ein, zwei Stunden später besuchen. Sie sind in der Regel zwanglos. Übrigens: Wenn es dir schwerfällt, pünktlich zu sein, kannst du es üben. Im Kapitel *Ordne dein Leben* erfährst du etwas über das richtige Zeitmanagement.

Wohin mit Mantel, Jacke oder Schal? Egal, ob im Restaurant oder bei einer Einladung: Sie gehören an die Garderobe oder werden dort abgegeben.

Einladung

Wie lädt man richtig ein?

Grundsätzlich hängt die Art der Einladung vom Anlass ab:

- ✗ *Mündlich:* Nachbarn zum Begrüßungsdrink, Verwandte und Freunde zum Essen, Kollegen zum gemütlichen Abend mit Getränken, lockere Geburtstagsfete.
- ✗ Wann? Kurzfristig oder ein paar Tage vorher.
- ✗ Was soll sie beinhalten? Anlass, Datum und Uhrzeit, Ort, ob mit oder ohne Essen.
- ✗ *Schriftlich:* Bei allen hoch feierlichen Anlässen wie Taufe, Verlobung, Hochzeit, Geburtstagsparty, Ausstand.
- ✗ Wann? Faustregel sind vier Wochen vorher.
- ✗ Was soll sie beinhalten? Anlass, Datum und Uhrzeit, Ort, Hinweis auf die Kleiderordnung, Bitte um Rückmeldung.
- ✗ *Mit Karte/Brief:* Am Computer, handschriftlich oder gedruckt verfasst, bitte mit vollem Namen unterschreiben.
- ✗ *Mit E-Mail:* Wird oft als Zeichen für eine bloß zwanglose Einladung betrachtet. Deshalb überlege dir gut, ob du diesen Weg wählst.

Wie antwortet man auf eine Einladung?

Du hast eine Einladung bekommen? Möchtest du zusagen, dann erledige dies so bald wie möglich, spätestens bis zu einem gegebenenfalls angegebenen Termin. Bist du verhindert, so lasse dies ebenfalls den Gastgeber frühzeitig wissen. In den meisten Fällen reicht ein kurzes Telefonat. Bedanke dich dennoch für die Einladung.

Du bist unsicher, was du anziehen sollst? Frage telefonisch nach der Kleiderordnung. Dabei geht es nicht darum, dass viele junge Damen ratlos vor ihrem überquellenden Kleiderschrank stehen und doch nichts finden, was sie anziehen könnten. Vielmehr möchte man doch dem Anlass entsprechend gekleidet sein. Übrigens: Männer ziehen sich der Gelegenheit entsprechend an, Frauen nach Gefühl. Sagt man jedenfalls ...

Auf manchen schriftlichen Einladungen findet man darüber hinaus **Abkürzungen**. Hier die Erklärungen:

- ✗ U.A.w.g. = Um Antwort wird gebeten
- ✗ r.s.v.p. = répondez s'il vous plaît; bedeutet ebenfalls U.A.w.g.
- ✗ c.t. = cum tempore, angegebene Zeit mit einigen Minuten Verspätung erlaubt; manche nennen es auch das akademische Viertel
- ✗ s.t. = sine tempore, es ist wichtig, pünktlich zu erscheinen.

Kleidung

Die richtige Kleidung für jeden Anlass

Auf Einladungen finden sich oftmals Hinweise, die sich auf die erwartete Kleidung beziehen.

- ✗ Leger: Bitte nicht im Anzug/Kostüm erscheinen, es gehen Jeans und Pullover oder Shirt – also Freizeitkleidung.
- ✗ Sommerlich: Sommerhose mit Hemd und Sakko, Sommerkleid, unpassend sind kurze Hosen oder Bermudas.
- ✗ Anzug oder sonntäglich: Männer tragen eine Kombination oder einen normalen Anzug und Krawatte. Frauen tragen Kostüm, Kleid oder Hosenanzug.
- ✗ Dunkler Anzug: Männer tragen einen Anzug in schwarz, grau oder dunkelblau und Krawatte. Frauen tragen das „kleine Schwarze".

Es gibt zahlreiche Anlässe, bei denen die gewünschte Kleidung nicht bekannt ist. Du spürst vielleicht nur, dass hier eine Jeans sehr wahrscheinlich fehl am Platz ist. In diesem Fall bist du mit **sonntäglich** immer richtig angezogen.

Wer sich zu feierlich kleidet, fühlt sich ebenfalls nicht wohl. Dies bezeichnet man allgemein als **overdressed.**

Hier noch ein paar Hinweise, welche **Kleidung zu welchem Anlass** passt.

- ✗ *Beerdigung:* Frauen tragen ein dunkles Kostüm mit Strumpfhosen oder Strümpfen oder einen Hosenanzug. Männer tragen einen dunklen Anzug.
- ✗ *Mittagessen:* Frauen tragen einen Hosenanzug oder ein Kleid mit Strumpfhosen bzw. Strümpfen. Männer tragen einen normalen Anzug oder eine Kombination.
- ✗ *Empfang am Vormittag:* Frauen tragen ein Kleid mit Strumpfhosen bzw. Strümpfen, ein Kostüm, es kann aber auch ein Cocktailkleid sein. Männer tragen einen dunklen Anzug.

Krawatte

Du weißt zwar jetzt, was du anziehen wirst, aber, wie bitteschön, sollst du eine Krawatte binden, wenn du es nicht kannst? Eine Möglichkeit ist, sich vom Verkäufer im Geschäft oder deinem Vater die Krawatte binden zu lassen, oder er zeigt es dir. Ich empfehle dir, es selbst zu versuchen. Allerdings solltest du damit nicht unbedingt bis eine halbe Stunde vor dem eigentlichen Anlass warten, sonst ist deine Verzweiflung vorprogrammiert. Probiere es in aller Ruhe vor dem Spiegel aus. Hier meine Anleitung:

Normaler Knoten

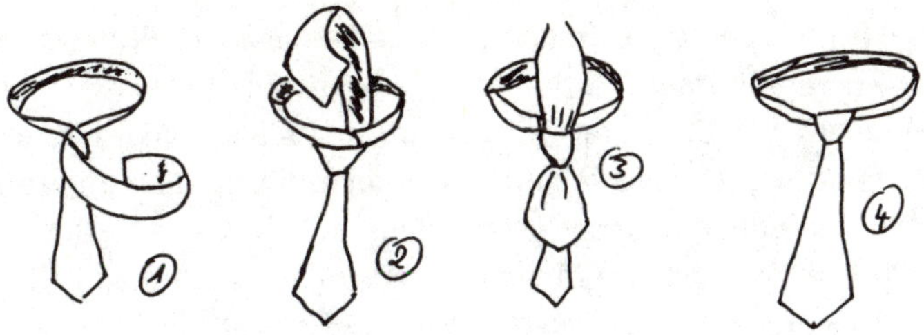

Windsor-Knoten

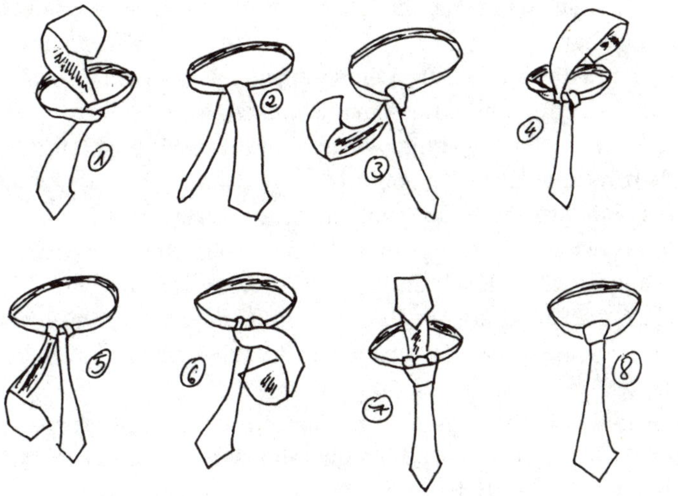

Manhattan-Knoten

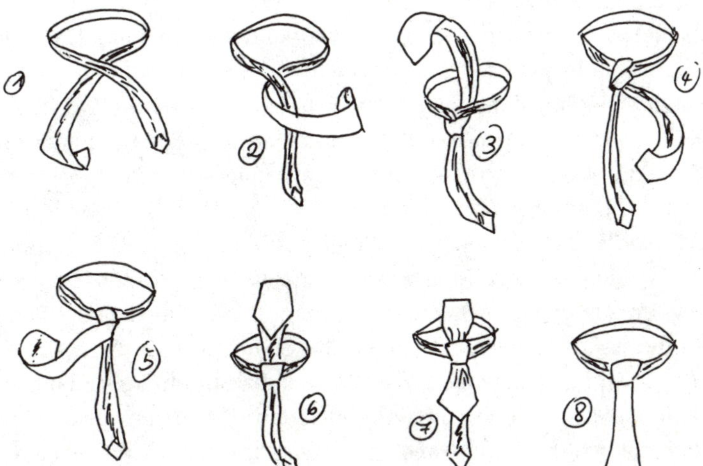

Mit Stil

Rund um den richtigen Auftritt

- ✗ Mitbringsel für die Dame des Hauses: Schnittblumen oder Pralinen. Bitte das Papier von den Blumen vor der Übergabe entfernen. Rote Rosen und Friedhofsblumen, wie etwa Chrysanthemen, sind tabu! Sind die Blumen in Folie verpackt, überreiche den Strauß in der Folie. Ist man untereinander sehr gut bekannt, kann das Gastgeschenk individuell ausfallen.
- ✗ Bei einer Einladung bei einem Junggesellen bringt man ihm natürlich ebenfalls etwas mit, z. B. eine Flasche Wein.
- ✗ Es nützt die schönste Kleidung nichts, wenn die Schuhe ungeputzt sind und die Strumpfhosen Laufmaschen haben.
- ✗ Weniger Schmuck ist manchmal mehr. Wer mag schon aussehen wie ein Weihnachtsbaum?
- ✗ Die Kleidung bitte der Tageszeit entsprechend wählen. Ein provozierender Stil gibt Anlass zum mitleidigen Schmunzeln.
- ✗ Zu enge Kleidung wirkt gerade bei etwas kräftigeren jungen Damen als klarer Regelverstoß. Außerdem möchtest du doch, dass deine Kleidung deine Persönlichkeit unterstreicht, anstatt sie abzuwerten.
- ✗ Schiefe Absätze verzerren das Bild, das man von einem Menschen hat.
- ✗ Bei offiziellen Anlässen sollten Männer keine weißen oder auffallend gemusterten Strümpfe tragen. Braune Schuhe dann lieber im Schrank lassen. Übrigens: Blasse Waden, die aus der dunklen Hose blitzen, „turnen up“. Wähle am besten lange dunkle Strümpfe.
- ✗ Häufig wird das Thema Schuhe bei Männern vernachlässigt, aber: Ein zeitloser schwarzer Lederschuh ist für jeden Mann ein Muss und kann zu sehr vielen Gelegenheiten und über Jahre getragen werden.
- ✗ Gürtel und Schuhe sollen zum Anzug passen. Lieber etwas mehr Geld für einen schlichten, eleganten Schuh aus weichem bequemem Leder ausgeben. Die Investition lohnt sich.
- ✗ Manschetten werden nicht über den Sakko-Ärmel gestülpt. Das war mal vor 25 Jahren in Mode.
- ✗ Der Schmuck eines Mannes ist eine schöne Armbanduhr. Wer trotzdem noch etwas tragen möchte, sollte nicht mehr als einen Ring oder einen schlichten Gürtel anlegen. Auch mit einer modischen Brille kann er sich aufpeppen. Bei jungen Männern ist schon mal eine Halskette erlaubt.
- ✗ Im Ausland gelten oft andere Bekleidungsregeln als zu Hause. Informiere dich vor Reiseantritt. Shorts behalte dir für den Strandbesuch vor.
- ✗ Im Jogginganzug ins Restaurant zu gehen ist hier wie dort ein Fauxpas.
- ✗ Bauchfrei ist inzwischen megaout und hervorblitzende Tangas ebenfalls.
- ✗ Übrigens: Wenn schlechtes Wetter dir auf die Stimmung schlägt, kannst du dem entgegenwirken, indem du dich dann besonders geschmackvoll kleidest. Bei allen Kleiderfragen bedenke aber, dass dein Gesichtsausdruck am eindrucksvollsten ist.

- ✗ Schuhe dem Anlass und der Farbe der Kleidung entsprechend abstimmen. Wichtig: Generell die Schuhe nicht zu hell für den Anlass aussuchen. Außerdem sollten kleinere Frauen nicht zu hohe Absätze tragen.

Apropos Schuhe: Beim Schlendern durch die Fußgängerzone einer Großstadt kamen meine Freundin und ich an einer Kirche vorbei, vor der eine große Hochzeitsgesellschaft stand. Das glückliche Brautpaar nahm lächelnd die Glückwünsche seiner Gäste entgegen. Wie üblich wollten wir einen Blick auf die Braut erhaschen, was uns gelang: Sie trug ein elegantes cremefarbenes Kleid und sah einfach umwerfend gut aus. Neben ihr stand ihr frisch angetrauter Ehemann in einem schicken schwarzen Anzug. Wir setzten unseren Spaziergang fort. Meine Freundin meinte später, irgendetwas habe sie beim Blick auf das Brautpaar als störend empfunden. Etwa drei Straßenecken weiter wussten wir, was ihr unbewusst aufgefallen war: die braunen Schuhe des Bräutigams!

Tisch decken

Tischlein, deck dich

Du hast Gäste eingeladen und möchtest den Tisch geschmackvoll decken. Dazu gehören:

- ✗ Tischdecke oder Tischsets
- ✗ Geschirr
- ✗ Gläser
- ✗ Besteck
- ✗ Servietten
- ✗ Blumenschmuck, Kerzen oder ein paar Accessoires nach Belieben. Hier gilt: Du solltest dein Gegenüber trotz Deko noch sehen können.

Tipp

Deko-Tipp

Äpfel als Kerzenständer nehmen. Dazu werden grüne Äpfel mit einem Apfelausstecher vom Kerngehäuse befreit. In die entstandenen Löcher steckst du lange Kerzen.

Tipp

Buch-Tipps

Annette Bayer: „Fantasievolle Tischdekorationen. Neue Ideen für den schön gedeckten Tisch“, Stuttgart: Frech-Verlag

Emily Chalmers/David Brittain: „Tischdekorationen. Stilvoll – witzig – zeitgemäß“, München: Christian-Verlag

Die richtige Anordnung des Bestecks:

- ✗ Gabel links, Messer rechts vom Teller
- ✗ Suppenlöffel rechts
- ✗ Gläser alle rechts
- ✗ Dessertbesteck oberhalb des Tellers
- ✗ Brotteller links, darauf das Brotmesser

Seit „Pretty Woman“ wissen wir darüber hinaus, dass man das Besteck von außen nach innen benutzt, wenn es mehrere Gänge gibt. Das bedeutet, dass das äußerste Besteck beim ersten Gang benutzt wird, beim zweiten das nächste und so weiter.

Tipp

Buch-Tipps

Sylvia Winnewisser: „Servietten falten“, München: Verlag Bassermann

Do's and Don'ts beim Essen

- ✗ Bist du Gastgeber, solltest du darauf achten, dass deine Gäste sich trotz musikalischer Untermalung auch noch unterhalten können.
- ✗ Zum Wein immer ein Glas Wasser bestellen oder reichen.
- ✗ Deine Unterarme liegen nicht auf dem Tisch, sondern nur deine Hände. Es sieht nicht gut aus, wenn du deine Ellenbogen auf dem Tisch abstützt

und möglicherweise deinen Kopf noch festhältst. Er ist doch angewachsen, oder?

- ✗ Wenn du Gastgeber bist, kannst du laut ein Gebet sprechen. Als Gast senke den Kopf und bete im Stillen.
- ✗ Fang erst mit dem Essen an, wenn alle am Tisch ihr Gericht haben. Das gilt natürlich nicht, wenn in großen Zeitabschnitten serviert wird oder das Essen zu erkalten droht.
- ✗ Spaghetti werden nicht zerschnitten, sondern aufgewickelt.
- ✗ Suppe schlürfen ist nach wie vor out!
- ✗ Bitte schneide Baguette oder Brötchen nicht, sondern brich ein Stück ab. Lege angebrochene Stücke nicht in den Korb zurück.
- ✗ Servietten sind keine Deko für deinen Ausschnitt und ersetzen nicht dein Taschentuch! Lege sie ganz einfach auf deinen Schoß und nach dem Essen gefaltet neben deinen Teller. Nur Papierservietten dürfen auf dem Teller landen.
- ✗ Anstoßen kann man mit Sekt oder Wein, nicht mit Kaffee oder Bier. Die eleganteste Lösung ist, das Glas anzuheben und sich freundlich zuzunicken.
- ✗ Der Teller muss nicht leer gegessen werden.
- ✗ Den kleinen Finger spreizt du natürlich *nicht* ab!
- ✗ Ist ein Büfett aufgebaut, solltest du darauf achten, dass dein Teller nicht überquillt. Du kannst nochmals nachnehmen und wirst bestimmt satt werden.
- ✗ Beschränke dich bei einem Geschäftsessen auf maximal zwei Gläser Wein oder Bier. Du willst doch Herr deiner Sinne bleiben!
- ✗ Trinken deine Geschäftspartner alkoholfreie Getränke, bleibe bitte auch dabei. Auf Schnaps oder ähnliches solltest du auf jeden Fall verzichten.
- ✗ Lass dir Nachschub für deinen Teller reichen und greife nicht quer über den Tisch oder den Teller deiner Tischnachbarin.
- ✗ Make-up wird nicht am Tisch erneuert.
- ✗ Niesen oder Nase putzen: Immer vom Tisch abwenden oder die Nase auf der Toilette putzen.

Smalltalk

Die richtigen Themen

Mit etwas gutem Willen kannst du mit jedem ins Gespräch kommen, selbst wenn du dein Gegenüber nicht kennst. Ich finde es immer wieder spannend, mit welchen interessanten Menschen man in Kontakt kommt. Es gibt für solche Gelegenheiten nur ein paar kleine Tipps:

- ✗ Rede nicht negativ über andere Personen.
- ✗ Wähle ein allgemeines Thema.

- ✗ Krankheit, Politik oder Wetter sind als Gesprächsthemen nicht geeignet.
- ✗ Du kannst Diskussionen oder Streitgesprächen vorbeugen, indem du ein Thema wählst, in das du vielleicht nicht allzu sehr eingebunden bist.

„Über was, bitteschön, soll ich denn reden?“, fragst du zu Recht. Mögliche Themen sind beispielsweise Reisen, Gemeinsames, Freizeit und Musik. Bei allen Plaudereien solltest du auf jeden Fall Wertschätzung deinem Gesprächspartner gegenüber an den Tag legen. Kritik und Neugier sind hier nicht angebracht.

Sieh deinen Gesprächspartner an! Das signalisiert Interesse und Aufmerksamkeit. Schau nicht in der Gegend herum, während man mit dir spricht.

Die **Lautstärke** deines Tonfalls sollte der Situation angemessen sein. Zu lautes Reden wirkt auf andere anmaßend. **Ausreden lassen** gehört ebenfalls zur guten Gesprächsführung und zum Respekt, den du deinem Gegenüber damit entgegenbringst. Solltest du wirklich mal in die Fänge einer Quasseltante geraten sein, kannst du dich mit „Entschuldigung, ich möchte nicht unhöflich sein, aber ich habe noch einen dringenden Termin!“ oder einem entsprechenden Hinweis retten.

Du hast den **Namen** deines Gegenübers vergessen? Mit „Entschuldigung, darf ich Sie nochmals um Ihren Namen bitten?“ kannst du dich auf den neuesten Stand bringen. Es gibt eine kleine Eselsbrücke zum Namen merken: Zum Nachnamen, entsprechend auch Vornamen, denke dir ein Eigenschaftswort aus, das mit dem gleichen Buchstaben wie der Nachname beginnt. Vielleicht passt das Eigenschaftswort sogar zum Typ. Beispiel: Frau Metz – muntere Metz, Herr Orth – ordentlicher Orth.

Vor einigen Jahren waren mein Mann und ich zu einem Essen bei einem befreundeten Ehepaar eingeladen. Wir saßen mit etwa zwölf Personen am Tisch und es gab ein herrliches Menü. Es waren auch Gäste eingeladen, die wir bis dahin nur vom Sehen kannten. Es war eine illustre Gesellschaft und an Gesprächsstoff mangelte es nicht.

Neben mir saß ein Arzt mit seiner Ehefrau. Während ich mich mit dem netten Mediziner unterhielt, vergaß ich, mein volles Rotweinglas wieder auf dem Tisch abzustellen.

Und während ich erzählte und erklärte und mit meiner Hand in der Luft herumwedelte – uups –, da ergoss sich auch schon der teure Merlot auf meinen Tischnachbarn.

Die schicke Seidenkrawatte, der am Tag zuvor gekaufte Anzug und das hellblaue Hemd waren von unzähligen Flecken in einem satten Dunkelrot übersät! Wer hat sich schon mal eine Naturkatastrophe, etwa ein Erdbeben, herbeigesehnt? Niemand so sehr wie ich damals. Ich wünschte mir, der Boden würde sich unter mir auftun und mich verschlingen! Doch nichts dergleichen geschah.

Stattdessen saß ich peinlich berührt in der lachenden Runde. „Wenn wir uns schon so nah gekommen sind", sagte mein Tischnachbar und erhob sein Weinglas, „dann können wir uns auch duzen!" Das taten wir auch. Heute gehören der Arzt und seine Ehefrau zu unseren besten Freunden und selten hat mich jemand mit einer solchen Eleganz aus einer peinlichen Situation gerettet.

Nach dem Essen

Am Ende der Mahlzeit werden Messer und Gabel parallel nebeneinander auf dem Teller platziert: Messer rechts von der Gabel mit Schneide nach links zeigend. Dies drückt aus, dass man mit dem Essen fertig ist. Liegen Messer und Gabel noch offen auf dem Teller, weiß der Gastgeber oder der Ober im Restaurant, dass man eine kleine Pause einlegt bzw. noch etwas essen möchte.

Wann beendet man den Besuch?

Wann ist der Zeitpunkt gekommen, an dem man sich verabschieden sollte? Als Gast solltest du dich, wenn es sich z. B. um eine Einladung bei deinem Chef handelt, eine halbe Stunde nach dem Digestif („Verdauungsschnaps") verabschieden. Bietet dir dein Gastgeber freudig weiterhin Getränke an, darfst du auch noch ein bisschen verweilen. Bei einer Einladung zum Kaffeetrinken am Nachmittag gehe vor dem Abendessen, das heißt spätestens um 18 Uhr. Warte nicht, bis dein Gastgeber anfängt, die Aschenbecher auszuleeren ...

Unserer Familie ist vor Jahren Folgendes passiert: Mein Mann und ich luden eine Bekannte und ihren Ehemann zum sonntäglichen Nachmittagskaffee ein. Damals waren unsere beiden ältesten Kinder noch sehr klein und in einem anstrengenden Alter. Da unsere Kinder mit dem Sonnenaufgang aufzustehen pflegten, war um 5 Uhr morgens die Nacht für mich meist vorüber. Es war ein nettes Zusammensein an diesem Sonntag. Wir saßen im Garten und plauderten bei Kaffee und Kuchen. Unsere Gäste machten jedoch auch nach Stunden keine Anstalten zu gehen und deshalb luden wir sie noch zum Abendbrot ein. Es störte sie auch nicht, als unsere Kinder quengelig wurden und zu Bett gebracht werden mussten. Langsam machte sich bei meinem Mann und mir die Müdigkeit breit. Inzwischen war es kurz vor 23 Uhr. Ich hatte Mühe, mich noch auf den Beinen zu halten. Aber der Gesprächsstoff ging unseren Gästen immer noch nicht aus. Dann fasste ich mir ein Herz. Inzwischen war mir gleichgültig, ob es höflich oder unhöflich war. Ich bat das Paar mit dem Hinweis, dass wir etwas Schlaf bräuchten, nach Hause zu gehen. Sie gingen tatsächlich! Jetzt interessiert dich bestimmt, ob wir sie nochmals eingeladen haben. Ich kann dir versichern, sie gingen für immer! Auf einen so anstrengenden Besuch wollten wir in Zukunft gern verzichten.

Verschiedenes von A–Z

Alkoholische Getränke

Hier gilt: Weniger ist mehr! Gegen ein Glas Bier oder ein Glas Wein ist nichts einzuwenden. Doch solltest du dir immer bewusst sein, dass diese Getränke Alkohol enthalten. Mixgetränke (z. B. Cola-Bier) sind tückisch, da sie den wahren Alkoholkonsum verschleiern. Deshalb solltest du so wenige alkoholische Getränke wie möglich zu dir nehmen! Lass dich nicht von anderen verleiten („Ach, komm, nur noch ein Gläschen ..."). Zeige Stärke und lehne ab! Auf Alkohol zu verzichten erspart außerdem Kopfschmerzen (Kater) und peinliche Situationen. Bleibe Herr bzw. Frau deiner Zunge!

Wer noch Auto fahren muss, für den gilt: Hände weg vom Alkohol! Selbst kleine Promillegehalte können bei einem Unfall mit Verletzten den Versicherungsschutz gefährden und negative Konsequenzen für dich und andere haben.

An der Kasse

Im Supermarkt stehen viele Kunden an der Kasse. Das erfordert ein wenig Geduld. Wenn du es sehr eilig hast, bitte die Kunden vor dir, dich aus Zeitgründen vorzulassen. Eine höflich vorgetragene Bitte wird in der Regel nicht abgeschlagen.

Dasselbe gilt natürlich, wenn dich jemand darum bittet, ihn aus Zeitgründen vorzulassen!

Bezahlung und Reklamation einer Rechnung

Meist wird die Rechnung vom Ober auf einem Tellerchen gebracht. Prüfe diskret die Rechnung und lege sie gefaltet mit dem Betrag wieder auf das Tellerchen zurück. Du kannst unbesorgt einen höheren Betrag hinlegen, wenn du es nicht passend hast. Der Restbetrag wird dir wieder auf dem Tellerchen gereicht.

Möchtest du mit Karte zahlen, lege diese zur Rechnung. Du erhältst sie zusammen mit einem Duplikat über die Abbuchungshöhe zurück, diesen Zettel musst du dann unterschreiben. Damit deine Gäste nicht sehen, wie hoch deine Rechnung ist, kannst du auch zum Ober gehen und sie dort begleichen. Das ist besonders empfehlenswert, wenn du eine größere Runde eingeladen hast. In vielen Ländern ist die Zahlung mit Kreditkarte weitaus gängiger als Barzahlung (z. B. USA). Wenn du im Fall von Kreditkartenzahlung Trinkgeld geben willst, hast du zwei Möglichkeiten: Entweder du notierst das Trinkgeld auf dem Zettel, den dir der Kellner zum Unterschreiben bringt, und das Geld wird mit abgebucht. Oder du legst etwas Geld auf das Tellerchen.

Sollte deine Rechnung nicht stimmen, das Essen scheußlich geschmeckt haben (weil es z. B. versalzen war) oder wenn du mit dem Service unzufrieden warst, kannst du reklamieren. Wende dich an das Personal und trage dein Anliegen ruhig und besonnen vor. Bist du als Gast geladen und hast Anlass zur Reklamation, wende dich bitte an deinen Gastgeber und nicht direkt an den Service.

Duzen

Engländer oder Amerikaner kennen dieses Problem nicht. Wenn dir das Du angeboten wird, kannst du darauf eingehen, und in der Regel wird mit einem Getränk darauf angestoßen.

Schwieriger ist es, eine Ablehnung auszusprechen, ohne seinen Gegenüber vor den Kopf zu stoßen. „Ich würde gern beim Sie bleiben. Unsere gute Zusammenarbeit wird aber nicht darunter leiden!", ist ein Beispiel dafür, wie man eine Ablehnung aussprechen kann. Man ist nicht gezwungen, am kollektiven Duzen teilzunehmen, wenn man es nicht möchte. Eine Ablehnung patzig mit „Ich kann mich nicht erinnern, dass wir beide schon mal zusammen im Straßengraben gelegen hätten!" zu formulieren, ist wahrscheinlich nicht die feine englische Art.

Das Du bietet in der Regel der Ranghöhere oder, wenn nur das Alter ausschlaggebend ist, der Ältere an.

E-Mail

Baue deine geschäftliche E-Mail oder deine privaten Schreiben an Behörden wie einen ganz normalen Brief mit höflicher Anrede und richtiger Verabschiedung auf. Private E-Mails kannst du nach Belieben gestalten; in diesem Fall bist du an keine feste Form gebunden.

Enge in öffentlichen Verkehrsmitteln

Überfüllte Busse und Züge sind nicht immer zu vermeiden. Auch heute wird Schwangeren, Behinderten oder gebrechlichen Personen noch ein Platz angeboten. Leider verhalten sich manche Mitmenschen immer noch so, als seien ihre „vier Buchstaben" am Sitz angewachsen. Aber du kannst mit gutem Beispiel vorangehen.

Darüber hinaus wurden Ellbogen nicht dazu erfunden, um im Gang voranzukommen. Hier hilft meist ein „Entschuldigung, darf ich bitte mal vorbei?" weiter.

Unsittliche Berührungen brauchst du nicht hinzunehmen. Wenn dir jemand an den Hintern grapscht, kannst du ruhig laut und deutlich: „Nehmen Sie Ihre Hände weg!" sagen.

Flugzeug

Sich über den Wolken zu befinden heißt nicht, abgehoben zu sein. Es ist auch in diesem Kontext eine schöne Geste, wenn du deinen Sitznachbarn grüßt.

Handy

Du willst immer und überall erreichbar sein!? Bitte nicht im Restaurant! Deshalb das Handy ausschalten oder auf lautlos/Vibrationsalarm stellen. Das gilt ebenso für Besuche im Kino und Theater. Telefonieren ist ebenfalls tabu in Kirche, Klinik, Museum und auf dem Friedhof.

Gemeinschaftseinrichtungen

Unter Umständen wohnst du in einem Mehrfamilienhaus, wo Keller, Waschküche oder Speicher von mehreren Mietparteien benutzt werden. Um den Hausfrieden nicht zu gefährden, solltest du pfleglich mit diesen Räumen und der Einrichtung umgehen. Aus diesem Grund solltest du keine Wäschekörbe mit Wäschestücken einfach dort stehen lassen, sondern die Räume aufgeräumt für den nächsten Benutzer hinterlassen.

Jahreswechsel

Wer möchte, kann zum Ende eines Jahres Postboten oder Mitarbeitern der Müllabfuhr als Dankeschön ein kleines Geschenk überreichen. Das kann eine Flasche Wein oder ein kleines Geldgeschenk sein.

Kavalier

Welche Frau hat es nicht gern, wenn ihr in den Mantel geholfen wird? Eine aufgehaltene Tür sollte sie lächelnd mit einem Dank quittieren. Aber auch weibliche Personen dürfen älteren Menschen in den Mantel helfen.

Kondolenz

Damit ist die Beileidsbekundung am Grab gemeint. Ebenso kann das Mitempfinden in einem Brief ausgesprochen werden. Es gibt vorgefertigte Karten, die man nach Belieben ergänzen kann. Für die Angehörigen ist es tröstlich, wenn man ihnen ein paar persönliche Sätze in den Brief schreibt. War das Verhältnis zum Verstorbenen nicht immer konfliktfrei, hebe nur die positiven Dinge hervor. Telefonisch sollte kein Beileid gewünscht werden, da die Angehörigen mit vielen Formalitäten und Behördengängen beschäftigt sind.

Blumengebinde und Kränze, die man in einer Gärtnerei oder Blumenhandlung bestellt hat, trägt man nicht selbst zum Grab. Das erledigt die beauftragte Gärtnerei. Sie bringt die Blumen zur Aussegnungshalle. Eine Schleife oder eine Karte lässt die Hinterbliebenen wissen, wer der Auftraggeber ist.

Krankheit

Dies ist ein sensibles Thema, und wer Mitmenschen in einer Krise begleiten möchte, empfindet und begegnet seiner eigenen Furcht. Kranke oder Trauernde begleiten bedeutet auch mitfühlen und mitleiden.

Die Verfasserin eines Buches beschrieb dies folgendermaßen: „In uns Gesunden rührt sich die Angst. Wir könnten ja, so ahnen wir, auch unsere Gesundheit verlieren, unseren aufrechten Gang, unsere Sicherheit und am Ende unsere Selbstachtung" (E. Schuchardt: „Warum gerade ich?", Göttingen: Vandenhoek & Ruprecht).

Es gibt Sätze, die man Verzweifelten nicht sagen sollte, wie etwa: „Das wird schon wieder!" Eine Karte, ein mitfühlender Brief oder auch ein Telefonat können hingegen ermutigen und sind immer ein Zeichen von Anteilnahme. Manchmal ist die schriftliche Form vorzuziehen. Das hängt aber von der Situation ab. Anrufe kommen oft zur unpassenden Zeit.

Besuche in der Klinik oder zu Hause sollte man auf maximal eine halbe Stunde begrenzen. Es gibt nichts Anstrengenderes als Menschen, die nicht mehr nach Hause finden. Lieber mehrere kurze als ein langer Besuch.

Gesprächsthema sollten keine Leiden des Besuchers oder ähnliche Fälle im Bekanntenkreis sein. Bietest du ein Fürbittegebet an, vergiss es später nicht!

Küsse

In der Öffentlichkeit ist Küssen und Umarmen generell erlaubt. Du solltest jedoch Rücksicht auf Anwesende nehmen, diese könnten sich sonst peinlich berührt fühlen. Jeder weitergehende Austausch von Zärtlichkeit ist Privatsache und sollte nicht unter den Augen von Zuschauern stattfinden.

Lautstarke Tätigkeiten

Bohren, hämmern oder Rasen mähen ist immer noch den Werktagen (Montag bis Samstag) vorbehalten. Aus Gründen guter Nachbarschaft solltest du sonntags auf solche Arbeiten verzichten. Auch die Mittagsruhe (üblicherweise von 13–15 Uhr) ist „heilig". Ebenso ist ab 22 Uhr auf lautstarke Tätigkeiten zu verzichten.

Mutter und Kind

Mütter mit Kindern im Kinderwagen bereitet es manchmal große Probleme, eine Treppe zu überwinden oder in den Zug zu gelangen. Zeige dich von deiner besten Seite und biete deine Hilfe an! Weibliche und männliche Kavaliere sind nach wie vor gefragt.

Nachbarn

Du bist in deine neue Wohnung eingezogen. Wann und wie sollst du deine Nachbarn begrüßen oder einladen? Dazu findest du Anregungen unter *Auf gute Nachbarschaft*.

Rauchen

Seit 1. September 2007 gilt in allen Zügen der Deutschen Bahn und Bahnhöfen ein generelles Rauchverbot. Ebenfalls ist seit dem 1. September das Rauchen in allen Verkehrsmitteln des öffentlichen Personen-Nahverkehrs nicht gestattet, dazu gehören ebenfalls Taxis. Auf Flughäfen gelten bereits seit den 1990er Jahren entsprechende Regelungen.

Dasselbe gilt auch für Gaststätten, Restaurants oder Gebäude des öffentlichen Lebens (Ämter, Theater etc.). Darüber hinaus dürfen auch keine Tabakwaren an Kinder oder Jugendliche (Personen, die das 18. Lebensjahr noch nicht vollendet haben) verkauft werden.

Aber selbst wenn du bereits volljährig bist, gilt:

- ✗ Du solltest nicht rauchen, während die anderen Gäste noch essen.
- ✗ Bitte den Gastgeber um Erlaubnis.
- ✗ Pfeifen werden nicht in einem Restaurant genossen.
- ✗ Ansonsten solltest du darauf verzichten oder vor der Türe deiner Sucht frönen.

Rolltreppe

In den USA ist es längst Sitte, hierzulande ist es nur in manchen Großstädten bereits üblich: Auf Rolltreppen heißt es **rechts stehen, links gehen.** Mit dieser Regel haben es Eilige leichter voranzukommen.

Sonnenbrille

Wenn du dich mit einer anderen Person unterhältst, solltest du deine Sonnenbrille abnehmen, da du sonst unhöflich und distanziert wirkst. Nur in Ausnahmefällen behältst du sie auf.

Straßenverkehr

Ob du nun mit dem Fahrrad, Roller oder Auto unterwegs bist, ist unerheblich: Lautstarkes Schimpfen oder Vogel zeigen im Straßenverkehr bleibt tabu.

Telefonieren

Du hast dich verwählt? Kein Problem! „Entschuldigen Sie, ich habe mich verwählt!“ oder: „Ich bitte um Entschuldigung, falsch verbunden!“ sind zwei Sätze, die dir jedes Mal über die Lippen kommen sollten. Wortlos einfach den Hörer aufzulegen ist eine Unart.

Wenn du den richtigen Gesprächspartner erwischt hast, solltest du deinen Namen nennen – das gilt übrigens auch, wenn du ein Gespräch entgegennimmst. Ein bloßes „Ja“ wirkt auf deinen Gesprächspartner ausgesprochen unhöflich.

„Guten Tag“ und „Auf Wiederhören“ sollten immer das Gespräch umschließen.

Trinkgeld

Als Faustregel gilt 10 % vom Rechnungsbetrag. Entweder rundest du den Rechnungsbetrag entsprechend auf und lässt es den Ober wissen oder du legst nach Bezahlung den entsprechenden Betrag auf das Tellerchen. Letzteres gilt auch bei Bezahlung mit Karte. Im Ausland ist die Höhe des Trinkgeldes meistens unterschiedlich: In den USA werden mindestens 20 % erwartet, in Spanien zwischen 10 und 15 %. Mache dich daher vor Reiseantritt über die dortigen Gepflogenheiten kundig.

Unterwäsche

Sie wird im Geschäft nur über der eigenen Unterwäsche anprobiert und nie auf der nackten Haut.

Wäsche aufhängen

Auch wenn gerade viele Berufstätige immer mehr dazu übergehen (müssen), aus beruflichen Gründen die Hausarbeit auf den Sonntag zu verlegen, sollte deine Wäsche nach Möglichkeit sonn- und feiertags nicht draußen aufgehängt werden.

Zu spät dran

Im Kino oder im Theater fällt es meistens auf, wenn man zu spät kommt. Quält man sich stilvoll durch die vollbesetzte Reihe, wendet man beim Durchgehen den Sitzenden das Gesicht zu.

Gegenseitige Wertschätzung und Höflichkeit bilden eine gute Ausgangsbasis im täglichen Miteinander. Und das ist davon unabhängig, ob du im Beruf oder zu Hause bist: Freundlichkeit, die von Herzen kommt, erreicht auch deine Mitmenschen. Einfühlungsvermögen und gute Beobachtung helfen dir, stilvoll und sympathisch unterschiedlichen Situationen zu begegnen.

Stichwortregister